浙江智能农机装备产业发展动态系列研究报告

谌　凯　应向伟　吴磊琦　等　编著

科学技术文献出版社
SCIENTIFIC AND TECHNICAL DOCUMENTATION PRESS
·北京·

图书在版编目（CIP）数据

浙江智能农机装备产业发展动态系列研究报告 / 谌凯等编著. —北京：科学技术文献出版社，2019.2（2020.4重印）
ISBN 978-7-5189-5184-0

Ⅰ.①浙… Ⅱ.①谌… Ⅲ.①智能控制—农业机械—制造工业—产业发展—研究报告—浙江 Ⅳ.① F426.4

中国版本图书馆 CIP 数据核字（2019）第 021012 号

浙江智能农机装备产业发展动态系列研究报告

策划编辑：孙江莉　　责任编辑：刘　亭　　责任校对：文　浩　　责任出版：张志平

出　版　者	科学技术文献出版社	
地　　　址	北京市复兴路15号　　邮编 100038	
编　务　部	(010) 58882938，58882087（传真）	
发　行　部	(010) 58882868，58882870（传真）	
邮　购　部	(010) 58882873	
官方网址	www.stdp.com.cn	
发　行　者	科学技术文献出版社发行　　全国各地新华书店经销	
印　刷　者	北京虎彩文化传播有限公司	
版　　　次	2019 年 2 月第 1 版　　2020 年 4 月第 2 次印刷	
开　　　本	787×1092　1/16	
字　　　数	431千	
印　　　张	19	
书　　　号	ISBN 978-7-5189-5184-0	
定　　　价	78.00元	

《浙江智能农机装备产业发展动态系列研究报告》
编 著 人 员

谌　凯　　应向伟　　吴磊琦　　吴巧玲　　林志坚

赵志娟　　仇秋飞　　周武源　　赵云飞　　潘婷婷

金少军　　林　坤　　李雪吟　　王　涛　　童业城

吴叶青　　李兴祥　　郏一丁

前　　言

农业是国民经济的基础,其根本出路在于机械化,农业机械化是农业现代化的重要标志,关乎"四化"同步推进全局。智能农机装备代表着农业先进生产力,是提高生产效率、转变发展方式、增强农业综合生产能力的物质基础,也是国际农业及装备产业技术竞争的焦点。当前,我国农业现代化加速发展,农村土地规模经营、农业劳动力大量转移、农业结构调整,农机装备技术供给与需求的矛盾更加凸显,农机产品技术创新促进产业升级、转变农业发展方式的任务更加迫切。实施创新驱动,加快推动智能农机装备技术与产业发展,对支撑现代农业发展,保障粮食安全、食品安全和生态安全意义重大。

浙江省科技信息研究院结合专业特长,对接省内农机产业园区和相关农机企业需求,选择智能农机装备领域,组建研究团队,开展智能农机装备产业发展动态研究工作。研究主题覆盖了喷药无人机、农业采摘机械手、农机多地形行走机构、农机装备动力装置供油系统和移栽机械。在研究过程中,梳理了智能农机装备产业相关市场信息和政策信息,探讨了各研究领域发展现状和趋势,研究了相关技术专利申请保护情况、技术发展水平、研究热点、主要国家相关技术专利布局状况、全球主要企业相关技术专利布局状况、核心专利等。在此基础上,采用 SWOT 法分析浙江省智能农机装备产业发展前景,从政府和企业两个层面提出浙江省智能农机装备产业发展建议,从而为浙江省农机装备产业转型发展战略的制定,为浙江省农机企业共性关键技术水平和自主创新能力的提升提供情报支撑和决策参考。

本书由谌凯、应向伟和吴磊琦总体策划,谌凯、吴巧玲负责结构框架设计,应向伟、吴磊琦负责审核,谌凯承担全书统稿工作。在成书过程中,谌凯、潘婷婷、金少军和吴叶青负责撰写第一部分；仇秋飞、林志坚、李兴祥和郏一丁负责撰写第二部分；周武源、王涛、童业城和李雪吟负责撰写第三部分；吴磊琦、赵志娟、应向伟和赵云飞负责撰写第四部分；应向伟、吴磊琦、吴巧玲和林坤负责撰写第五部分。本书中的农机装备图片均引自各相关企业的网站。

本书相关研究工作得到了中国科学技术信息研究所赵志耘书记，科技报告服务与产业情报研究中心郑彦宁主任、赵蕴华副主任、梁琴琴博士后，浙江农林大学应义斌校长、雷良育教授，浙江大学俞小莉教授，浙江工业大学胥芳教授、蒋建东教授，浙江理工大学武传宇教授的支持和指导，也得到了永康市科技局原局长李兴周、永康现代农业装备高新园区原书记李浩峰的大力支持，在此表示衷心的感谢。

由于报告中专利文献的数据采集范围和专利分析工具的限制，加之研究人员水平有限，报告的数据、结论和建议仅供社会各界借鉴研究。

《浙江智能农机装备产业发展动态系列研究报告》编著组

2019 年 1 月

目　　录

第一部分　喷药无人机发展动态研究

第一章　喷药无人机发展概述 ·· 3

  1.1　喷药无人机定义 ·· 3

  1.2　喷药无人机分类及优势 ·· 3

  1.3　喷药无人机的主要技术 ·· 4

  1.4　国外喷药无人机发展概况 ·· 6

  1.5　国内喷药无人机发展概况 ·· 7

  1.6　喷药无人机发展趋势 ·· 8

第二章　喷药无人机市场情况 ··· 10

  2.1　喷药无人机市场规模 ··· 10

  2.2　喷药无人机主要厂商和产品 ······································· 10

第三章　喷药无人机专利分析 ··· 18

  3.1　全球专利申请基本状况 ··· 18

  3.2　技术领域专利分布状况 ··· 20

  3.3　专利区域分布状况 ··· 26

  3.4　专利竞争机构分析 ··· 31

  3.5　主要发明人和团队 ··· 37

  3.6　技术引证分析 ··· 38

  3.7　失效专利 ··· 39

  3.8　小结 ··· 44

第四章　喷药无人机技术难点和技术发展趋势分析 ··························· 46

  4.1　动力系统 ··· 46

  4.2　飞控系统 ··· 46

  4.3　喷药系统 ··· 47

  4.4　施药技术 ··· 47

4.5　航空专用剂 ·· 47

第五章　浙江省喷药无人机产业发展前景分析与对策建议 ········ 48

5.1　浙江省喷药无人机产业发展 SWOT 分析 ············· 48
5.2　浙江省喷药无人机产业发展建议 ······················ 51

第二部分　农业采摘机械手发展动态研究

第六章　采摘机械手发展概述 ······························· 57

6.1　农业采摘机械手国外发展现状 ······················· 57
6.2　农业采摘机械手国内发展现状 ······················· 60
6.3　农业采摘机械手发展方向 ···························· 62

第七章　农业采摘机械手最新研究进展及国内相关项目 ········· 64

7.1　农业采摘机械手最新研究进展 ······················· 64
7.2　国内相关项目 ···································· 69

第八章　农业采摘机械手专利分析 ·························· 71

8.1　全球专利申请基本状况 ····························· 71
8.2　技术领域专利申请状况 ····························· 74
8.3　专利区域分布状况 ································· 78
8.4　专利竞争机构分析 ································· 82
8.5　主要专利发明人及发明团队 ························· 87
8.6　技术引证分析 ···································· 88
8.7　失效专利 ······································· 91
8.8　技术难点及技术发展趋势分析 ······················· 98
8.9　小结 ··· 100

第九章　浙江省农业采摘机械手发展建议 ···················· 103

9.1　浙江省发展农业采摘机械手的 SWOT 分析 ············· 103
9.2　浙江农业采摘机械手发展建议 ······················· 105

第三部分　农机多地形行走机构发展动态研究

第十章　农机多地形行走机构发展概述 ···················· 109

10.1　多地形行走机构概述 ····························· 109

10.2 农机多地形行走机构 ·· 109

第十一章 轮式农机行走机构专利分析 ··· 113

11.1 轮式农机行走机构全球专利申请基本状况 ······················· 113

11.2 结论与建议 ··· 138

第十二章 履带式农机行走机构专利分析 ······································· 139

12.1 履带式农机行走机构全球专利申请基本状况 ··················· 139

12.2 结论与建议 ··· 151

第十三章 农机多地形行走机构难点分析 ······································· 152

第十四章 浙江省多地形农机行走机构发展建议 ······························· 154

14.1 浙江省多地形农机行走机构发展 SWOT 分析 ·················· 154

14.2 浙江省多地形农机行走机构发展的建议 ······················· 156

第四部分 农业装备动力装置供油系统发展动态研究

第十五章 概述 ··· 161

15.1 农机装备动力装置发展概述 ··· 161

15.2 国内外柴油发动机供油系统发展概述 ····························· 163

第十六章 国内外主要农机企业及其动力装置产品 ···························· 167

16.1 美国约翰迪尔 ··· 167

16.2 美国凯斯纽荷兰 ·· 168

16.3 美国爱科 ··· 171

16.4 德国克拉斯 ··· 172

16.5 日本久保田 ··· 174

16.6 日本洋马 ··· 176

16.7 日本井关农机 ··· 179

16.8 中国一拖集团有限公司 ·· 180

16.9 玉柴集团 ··· 182

16.10 天津雷沃动力股份有限公司 ······································· 183

16.11 江苏常发农业装备有限公司 ······································· 186

第十七章 柴油机供油系统关键技术分析 ······································· 188

17.1 电控泵喷嘴系统关键技术分析 ······································ 188

17.2 电控单体泵系统关键技术分析 ································· 188

17.3 电控共轨燃油喷射系统 ································· 189

第十八章 单体泵、泵喷嘴系统专利分析 ································· 191

18.1 全球专利申请基本概况 ································· 191

18.2 中国专利申请分析 ································· 198

18.3 在农用发动机中的应用分析 ································· 200

18.4 小结 ································· 201

第十九章 共轨燃油喷射系统专利分析 ································· 202

19.1 全球专利申请基本概况 ································· 202

19.2 中国专利申请分析 ································· 210

19.3 在农用发动机中的应用分析 ································· 213

19.4 小结 ································· 214

第二十章 国外主要农机企业燃油喷射系统专利分析 ················· 216

20.1 日本洋马 ································· 216

20.2 日本久保田 ································· 221

20.3 德国安德烈斯蒂尔股份两合公司 ································· 226

20.4 美国约翰迪尔 ································· 232

20.5 日本井关农机 ································· 237

20.6 美国凯斯纽荷兰 ································· 242

20.7 小结 ································· 245

第二十一章 中国主要农机企业燃油喷射系统专利分析 ··········· 246

21.1 中国一拖 ································· 246

21.2 广西玉柴机器股份有限公司 ································· 248

21.3 天津雷沃动力股份有限公司 ································· 249

21.4 常柴股份有限公司 ································· 251

21.5 江苏常发实业集团有限公司 ································· 253

21.6 潍柴动力股份有限公司 ································· 254

21.7 小结 ································· 256

第二十二章 我国农业装备动力装置供油系统发展建议 ··········· 257

22.1 我国农业装备动力装置供油系统存在问题 ··········· 257

22.2 推动我国农业装备动力装置供油系统发展建议 ······· 258

第五部分　移栽机械发展动态研究

第二十三章　移栽机械发展概述··265

23.1　移栽机械国外发展现状··265

23.2　移栽机械国内发展现状··266

23.3　移栽机械发展方向··267

第二十四章　移栽机械主要成果··269

24.1　移栽机械主要产品··269

24.2　国内相关项目··274

第二十五章　移栽机械专利分析··275

25.1　全球专利申请基本状况··275

25.2　技术领域专利申请状况··276

25.3　专利区域分布状况··278

25.4　专利竞争机构分析··280

25.5　主要专利发明人及发明团队··284

25.6　技术引证分析··286

25.7　小结··288

第二十六章　浙江省移栽机械产业发展前景及建议································289

26.1　浙江省发展移栽机械产业的SWOT分析······································289

26.2　浙江省移栽机械产业发展建议··290

第一部分　喷药无人机发展动态研究

第一章　喷药无人机发展概述

1.1　喷药无人机定义

无人机作为一种性能优越的空中平台，最早应用于军事领域。但随着技术发展及社会变革，无人机开始在民用领域迅速发展，尤其是在农业喷药方面。

喷药无人机是用于农林植物保护作业的无人驾驶飞机，主要是通过地面遥控或 GPS 飞控，来实现喷洒药剂作业。无人机喷药作业与传统喷药作业相比，具有精准作业、高效环保、智能化、操作简单等特点，为农户节省大型机械和大量人力的成本。

1.2　喷药无人机分类及优势

1.2.1　喷药无人机分类

喷药无人机种类多样，按照不同划分依据，可分为多种类型。

按动力划分，喷药无人机可划分为油动喷药无人机和电动喷药无人机。

按机型结构划分，喷药无人机可划分为固定翼喷药无人机、单旋翼喷药无人机和多旋翼喷药无人机。

1.2.2　喷药无人机优势

（1）高效安全：农用无人直升机飞行速度快，规模作业能达到每小时 120 ~ 150 亩（1 亩 ≈ 666.67 平方米），其效率比常规喷洒至少高出 100 倍；喷药无人机通过地面遥控或 GPS 飞控操作，喷洒作业人员远距离操作避免暴露于农药下的危险，提高了喷洒作业的安全性。

（2）节约水药，降低成本：电动无人直升机喷洒技术采用喷雾喷洒方式至少可以节约 50% 的农药使用量，节约 90% 的用水量，很大程度地降低资源成本。

（3）防治效果显著：无人直升机具有作业高度低，飘移少，可空中悬停等特点，喷洒农药时旋翼产生的向下气流有助于增加物流对农作物的穿透性，防治效果好。

（4）成本低，易操作：电动无人机整体尺寸小，重量轻，折旧率低，易保养，单位作业人工成本低；容易操作，操作人员通常经过 30 天左右的训练即可掌握要领并执行任务。

1.3 喷药无人机的主要技术

1.3.1 飞行平台

农用无人机喷药航空平台主要有3种：固定翼式飞机、单旋翼直升机和多旋翼直升机。

固定翼飞机主要应用于农田信息采集与农田遥感。固定翼飞机载量大、飞行速度快、作业效率高，作业时采用超低空飞行，距作物冠层5~7 m，对作业区域地形条件要求较高，易受田间周边障碍物如电线、电杆、树木等影响，引起飞行安全问题。

单旋翼直升机和多旋翼直升机多用于喷药作业，使用直升机作业，螺旋桨造成的空气涡流能使农药喷洒到植物茎叶的背面，提高喷洒效果，与固定翼飞机相比耗油量稍大，可以垂直起降，起飞降落的场地占用少，空中飞行速度调节灵活，适应于地形较复杂的地区，装载质量在5~30 kg，能够满足中小田块的农药喷洒需求。单旋翼直升机分为燃料动力、电池动力和混合动力3种机型。电动直升机由于动力源和输出功率与多旋翼相似，所以其续航时间和载质量等与多旋翼接近但抗风能力差，续航时间短、电池价格高寿命短、电池折旧成本高，电池充电时间长。燃料动力直升机载质量可以达到30 kg，续航时间可达1.5 h，适合较大地块的喷洒作业但噪音较大，维护程度相对复杂。油电混合动力的续航能力超过60 min，油电混合动力的一些机型能达到35 kg以上。单旋翼直升机价格较为昂贵，维护保养成本略高，操作手培训周期长。

多旋翼直升机采用对称结构的多个旋转中心带动旋翼产生风力进行飞行作业。多旋翼直升机价格适中，操作灵活，培训周期短。但由于采用电池作为动力来源，使得多旋翼直升机的作业覆盖半径在300 m之内，单次作业时间在30 min之内，比较适合于田间小地块（<6.7 hm²）。

近年来我国农用小型无人喷药飞机发展势头迅猛，目前国内生产无人喷药飞机的厂家已经超过10家，并呈快速增长趋势。现有的农用无人喷药机以农用小型无人直升机较多，而农用固定翼无人机研发得较少，主要机型有单旋翼直升机和多旋翼直升机两种。农用航空施药机型以大型固定翼飞机为主，用于中国东北三省、新疆、内蒙古等大面积的农垦地区；以旋翼无人机为辅，用于中国南方丘陵、地形复杂的山地地区。国内农用无人机研发始于2005年，目前已有10多家企业和科研单位研发生产农用无人机，并呈现快速增长的趋势。生产的无人机分为油动力、电池动力和油电混合动力3种，油动力的又有风冷和水冷两种，载药能力在5~20 kg，价格在6万~20万。目前，已基本定型的农业喷药系列无人机型任务载荷在10 kg、15 kg、20 kg，产品已经进入小批量生产。此类无人机由于受机体和载重限制，大多采用了半自驾的方式，经济性较差，飞行高度、速度与航线易受操控手目测判断差异的影响而产生一定的偏差，对施药效果造成一定的影响。

1.3.2 飞控系统

国外发达国家的农用航空飞机都配备精密的GPS导航设备与系统，便于操作人员根据

GPS 仪制定出施药作业航线图，确定飞机施药飞行线，以避免重喷和漏喷。

我国的农用无人直升机飞行控制系统基本都是以地面操纵杆控制的形式，能自主飞行机型很少。虽然具备一定的完全自主喷洒功能，但是成本较高，机身载质量小，配备的传感器有限，飞行控制系统功能较少，抗扰动因素能力弱，容错能力也较差。我国针对农用喷药目的的无人机飞行控制系统现阶段处于空白状态，基本采用国外开发成型的非空平台或国内自主研发的非空平台加载喷药系统形成。北京工商大学的陈天华、卢思翰研发了基于 DSP 的小型农用无人机导航控制系统，该导航控制与数据采集采用单独 DSP 芯片进行处理，系统以 TMS320F2812 芯片为核心，集成了 GPS、红外传感器和电子罗盘，扩展了 DSP 芯片异步串行通信接口，实现了无人机的自主导航控制。

1.3.3　喷药系统

由美国系列静电喷雾器公司（Spectrum Electrostatic Sprayers，Inc）制造的航空静电喷雾系统（Air Electrostatic Spraying System）是自 20 世纪 90 年代以来最先进的航空静电喷雾器械，适用于各种中小型螺旋桨飞机和直升机挂载，该系统设备综合应用静电发生与航空低量和超低量喷雾技术，可广泛应用于森林、草原、果园及农作物的航空喷洒作业。在美国还十分注重航空喷头的研究，其航空喷头根据雾化方式主要分为液力雾化喷嘴和旋转离心雾化器两种，美国农业部航空应用技术研究中心研究出一种航空喷头喷洒模型，可以清晰了解喷头产生的雾滴情况，以便选择并设计合适的作业参数。

主要实例有：

（1）基于航模的农药喷洒机：通过航模遥控器控制航模飞行到达需要喷洒区域上空，控制航模飞行速度和方向，再通过喷洒按键自动控制农药喷洒。喷洒机上还装有液位传感器，通过液位传感器输出数据，单片机可以准确地读出喷洒机中农药的剩余量。当农药低于一定量时，单片机控制小型气泵停止工作，进而自动停止农药喷洒。地面航模遥控器装有液晶显示屏，航模遥控器可实时接收农药喷洒机上传出的数据，并把相关信息显示到液晶屏上，即可以准确地显示喷洒机中的剩余农药量，当低于一定量时还可声光报警，提醒返航。

（2）无人直升机远程控制喷雾系统：采用德国 VARIO 公司的多用途无人直升机的远程控制航空喷雾系统，开发适应低空、低量航空喷洒技术雾化器件。远程控制系统通过操作地面发射端，实现远程控制无人机中无线接收模块内继电器的通、断。将无线控制的接收模块接入到无人机的喷雾系统的控制箱中，即可实现远程对泵与喷头电动机的控制。无人机起飞前，先在地面闭合开关，系统进入待命状态。在无人机进入预定施药区域后，远程控制接收模块中的继电器导通，泵与喷头内的电动机工作，喷雾系统施药。离心雾化装置：设计了喷洒面积相对较广、施药均匀、喷洒效率高的离心雾化喷头。离心雾化喷头由导柱、螺套、喷头座、罩壳、流量器、雾化盘、直流电动机和螺钉等组成。喷头座、罩壳用聚丙烯制成。喷头固定在喷杆上，塑料输药管穿过喷杆与喷头的流量器连接，将药箱中的药液送入喷头。流量器呈长锥形管状，伸向雾化盘，用来输送药液和控制药液流量。直流电动机利用飞机自带电源为雾化盘提供动力，雾化盘呈圆台盆状，内壁设有多个细槽，供药液均匀分布，实现超低量喷雾。

1.3.4 施药技术

我国农用施药技术首先从研究国外施药技术入手，但在实际操作中发现国外施药飞行高度一般在 3~5 m，而国内因受防风林、电力电信布线及作业安全的影响，作业高度一般在 4~20 m。这就注定了我国需要根据自身情况研发适合于我国飞行平台、地理地形特征和喷洒系统的施药技术。

与发达国家的农业航空应用相比，我国在航空施药基础理论，低空喷洒沉降规律，航空静电喷雾技术，航空变量施药技术等方面，还存在不足：载药量小，集成化、智能化程度偏低，生产成本高，耐用性需要检验。

复合喷施技术：进入 20 世纪 80 年代以后，随着科学技术和国民经济的发展，人们开始注重经济效益和综合技术的应用，航空喷雾综合作业技术应运而生。综合作业是指在喷施适期相吻合时，在不影响农药使用效果的情况下，将两种或两种以上的农药与作物肥料进行混合喷施，达到一次作业、多重效果的目的。在黑龙江垦区和新疆生产建设兵团、河南及辽宁等省区分别在小麦和水稻上得到了大面积的推广应用，产生了巨大的经济效益。农业航空复合作业技术的迅速发展和应用，表明我国农业航空喷施技术已逐步走向成熟。

航空静电喷雾技术：将静电喷雾技术与航空喷雾技术结合，能较好地解决前述问题，因为航空静电喷雾具有独特的优点：一方面飞机喷洒作业时产生的雾滴借助于静电场的作用，增强了喷雾粒子对预定目标的吸附；另一方面，飞机喷洒作业时的雾滴是由上向下运动，在重力和静电场力的双重作用下加速了雾滴向下运动，减少了雾滴飘移损失。此外，飞机飞行时产生较大的气流，提高了雾滴在植株中的穿透性，提高了药液的利用率。因此，根据我国国情，研发航空静电喷雾装置特别是适用于我国运五、运十一、蜜蜂、蜻蜓等飞机挂载的各种静电喷雾装置，是我国航空喷洒设备发展的重要方面。

无人机低空施药技术：无人机低空施药技术是利用轻小型无人机为载体，在飞行器上搭载农药喷雾设备，研究解决雾滴合理沉积分布，并拟将 GPS 系统引入无人机施药作业中，实现精准化作业，为农作物种植实现低空低量航空施药提供技术支持，为提高我国农业生产信息化、数字化水平提供技术支撑。

1.4 国外喷药无人机发展概况

世界各国对喷药无人机应用程度有所不同，但总的来说，农业航空技术是国家农业生产的重要组成部分，在农业生产中的应用比重不断加大。

从 20 世纪 90 年代起，日本在大田作物、果树和蔬菜的病虫害防治上开始应用无人直升机。1990 年，日本山叶公司最先推出世界第一架主要用于喷洒农药无人直升机。日本在无人直升机喷药技术上一直处于领先地位。在无人机的管理上，已经从 1995 年的 307 架增加到现在的 2400 多架。日本农用无人机因其独特优势已经得到快速发展，包括播种、耕作、施肥、喷洒农药等。据统计，日本用无人直升机进行病虫害防治的水稻种植总面积有 45%，日本常年将 3000 余架无人直升机应用在其 533.33 万 hm² 农田中。由于日本是一个人口多、耕地少的国家，农民每户平均耕地面积较小，种植规模较小，所以日本的施药装备以小型机动喷雾机和直升机航空喷雾设备为主。近几年来，具有作业效率高、单位面积施药液量小和农药飘移少等优点的无人驾驶超低空作业农用轻型直升机在日本发展迅猛。目前，在田间作业的无人机有 3000 余架，飞手 14 000 多人。无人机的防治面积已经超过了有人驾驶农业直升机的防治面积。日本雅马哈喷药无人机有 30 多年的技术积累和持续改进，该产品成为全球行业的标杆。

美国是农业航空应用技术最成熟的国家之一，经历了由有人驾驶直升机喷药技术向无人机喷药技术的发展过程，现已形成较完善的农业航空产业体系。据统计，美国目前农用飞机达 9000 多架，占世界总拥有量 28%，农业航空对农业的直接贡献率为 15% 以上。

除日本、美国之外，俄罗斯、韩国等国家也将喷药无人机广泛应用于农业。俄罗斯地广人稀，拥有数目庞大的农用飞机作业队伍，数量高达 1.1 万架，年处理耕地面积约占总耕地面积 35% 以上。韩国于 2003 年首次引进无人直升机用于农业航空作业，其后农用无人机数量及农业航空作业面积都在逐年增加，截至 2016 年年底，投入使用的农用直升机超过 600 架。

1.5　国内喷药无人机发展概况

航空喷洒技术在我国正式开展起来是在 20 世纪 50 年代。经过几十年发展，中国农业航空作业量不断增加，主要以有人驾驶固定翼飞机和直升机为主，到 2012 年，中国农业航空作业量约为 31 900 h。

2008 年，我国才真正系统研究小型农业无人机喷洒技术。近年来，全国各地都积极开展了农用无人机喷药技术的研发和应用，机型越来越多，应用范围越来越广，推广速度越来越快，技术研究也越来越深入。

我国生产航模的企业有近 200 家（包括旋翼和固定翼无人机），具有自主研发能力，并已进入农业市场的单位和企业 10 余家；相关无人机农业装备技术研究院所 20 余家。按技术水平、生产能力和单位类型可分为：无人直升机农业航空技术研究单位、无人机生产企业、农机农药生产厂家与农机服务组织。

目前，作为农业用途的无人驾驶轻型直升机处于初级研究阶段。国内通用轻型农用无人直升机主要有中国人民解放军总参第六十研究所开发的"Z-3"无人直升机，南京农业机械化研究所开发的喷药无人机，浙江大学和浙江得伟工贸有限公司开发的"DWH-1"等无人机。广西田园生化有限公司与中航工业所共同研制的 1800E 折叠式农用喷药无人机，两块快速充电蓄电池供电，多组蓄电池轮换使用，飞行系统远程地面站操控，可按照预先设定的航线自主飞行，作业效率 4 hm²/h，农药喷洒量 4.5 ~ 7.5 L/hm²。无锡汉和航空技术有限公司（以下简称"无锡汉和"）研发了 CD-10、CD-15、CD-20 ~ 40 农用喷药无人机，采用第三代全自动、半自动飞行状态自动切换，气压传感、GPS 传感、加速传感融合系统，自动航路规划，定高飞行（精度达到 0.5 m），自动增稳，自动悬停，自动起降，"儿"字形规定姿态飞行（或其他规定姿态自动飞行），三合一设计，飞控计算机 + IMU + GPS，3 台飞控计算机备份表决系统，配备轨迹记录仪。

相对于军事及其他行业，农业作业对无人机性能要求更高，上述机型应用于农业还有许多技术难点需要攻克，农业航空发展还任重道远；但相对于需求，其发展空间很大。

近年来随着民用无人机的发展，喷药无人机也开始"飞"入寻常百姓家。据有关人士称，随着土地流转规模的扩大，我国喷药无人机产业存在着近千亿元的潜在市场。虽然国内喷药无人机发展前景可观，但目前发展仍面临诸多障碍。

1. 喷药无人机价格令人望而却步

价格是当前阻碍绝大多数农业大户使用喷药无人机的关键因素之一。目前，国内多数省份尤其是在农业规模化生产条件较好的北方平原地区，喷药无人机开始尝试使用，但是能够享受到"农机补贴"的省份却寥寥无几，一些潜在客户面对高额价格望而却步。据了解，国内喷药无人机制造商多达 100 余家，其产品价格参差不齐，但基本保持在 5 万 ~ 20 万不等。

为此，农业人士希望政府在机械购置上给予补贴；喷药无人机企业则希望政府在资金和场地、税收等方面予以更多支持。

2. 喷药无人机配套服务滞后

目前，我国喷药无人机在实际应用中存在一大瓶颈，"行业实力不均，配套服务不足"。首先，近年来民用无人机逐渐兴起，全国各地均有喷药无人机制造企业，但相关配套的产业链分布地区不均，因而农户在喷药无人机使用过程中如遇到产品部件损毁等问题，不能及时得到维修或者是维修时间成本很高。其次，喷药无人机保险服务近年刚刚兴起，不像汽车行业保险业务那样成熟，还需要不断完善。

3. 行业标准不完善

有专家表示，我国喷药无人机产业已经起步，但是目前业内并无明确的行业标准，包括无人机自身技术、性能标准和喷药标准。这就使得无人机企业鱼龙混杂，同时政府也无法出台确切的支持和扶持政策。据了解，目前我国明确出台有关民用无人机相关技术标准的省份屈指可数，仅有深圳对于各种业务类型的民用无人机制定了较为完备的标准体系。

1.6 喷药无人机发展趋势

随着科学技术力量的投入，我国无人机低空喷洒技术将呈现以下趋势：

（1）中小型旋翼为主，大型固定翼为辅。中小型旋翼无人机虽然载药量小，作业效率没有大型固定翼无人机高，但是其体积小、质量小和成本低廉，并且具有垂直起降功能，无须专用起降场地、低空作业，不妨碍航空秩序，作业过程不需要报请航空管理部门备案，简化了手续。大型固定翼无人机虽然载药量大、喷洒效率高，但是成本昂贵，需要专用跑道，还需要报请航空管理部门备案，手续较为麻烦，适用于大型农场喷洒作业。

（2）精准施药技术的发展应用。无人机采用地理信息系统（GIS）、遥感系统（RS），分析农田植物的水分、营养状况，对农田病虫害进行初步估算，利用空间统计学分析空间图像。通过图像处理将遥感数据转换成处方图，制定变量施药方案，并对喷雾速度、流量和压力等进行控制，结合全球定位系统（GPS）等手段，快速准确测量烟田基本情况和无人机自身位置，结合路径优化算法确定无人机飞行轨迹，进而选择最优航迹实现精准喷药。

（3）喷雾方式的革新。目前，航空农药喷洒过程中，雾滴云团的形态参数不可控，只能是操作者根据气向变化的经验来控制喷洒方式。未来的喷洒技术应在目前设计的基础上，对风向风速及外界环境对喷雾装置的耦合作用进行分析，建立雾滴云团有限元模型，并进行模拟仿真，寻求雾滴云团在变量环境中的基础运动理论。利用化学凝胶，控制喷口尺寸、流速、形状等方法对雾滴云团进行控制，减少喷洒过程中农药在非靶标作物上的飘移量，最大限度地优化喷洒质量。

（4）高载质量、高效率是发展趋势。目前，旋翼无人机普遍存在的缺点就是载质量小，一般为 10～20 kg。随着土地流转和单位面积喷洒收入的提升，高载药量的无人机需求会逐步显现出来。高载质量、高效率的中小型无人机将是今后的发展趋势。

（5）操作，喷药无人机操作复杂，尤其是无人直升机，对操作手的能力要求更高。随着喷药无人机技术的不断发展，喷药无人机操作会更加简单化，利于使用者上手。

（6）价格。价格是阻碍喷药无人机普及的关键因素之一，国内喷药无人机价格参差不齐，但至少也在 5 万～20 万元不等。首先，技术不断发展，喷药无人机成本下降，价格也就会越来越低。其次，喷药无人机企业相互竞争，采用提升技术控制成本的方式，以此降低价格产生竞争优势。

（7）服务。国内目前关于喷药无人机的配套服务比较滞后。随着喷药无人机行业的不断发展，相关配套服务维修、保险等也会更加完善和成熟。

（8）补贴。我国越来越多的省市开始引入农用无人机，实现了农业现代科技化，但是目前，河南、湖南、福建、浙江、安徽、江西、广东、重庆、山东、宁夏等省市对购买农用无人机实行补贴政策，农用无人机飞入农田已成不可阻挡之势。

第二章　喷药无人机市场情况

2.1　喷药无人机市场规模

在世界范围内，无人机发展最好的国家是日本，具有较为完善的服务体系及售后服务，使用成本费用大概为 160 元/亩，市场占有率高，达到 60% 以上。其次是美国，主要采用有人驾驶固定翼飞机，年喷雾面积高达 3200 万 hm^2，占总耕地面积的 50%，全美 65% 的化学农药采用飞机作业完成喷洒。

我国农业植保方式以手动施药为主，占比高达 93%，地面机械式植保药械占比约 6%，航空植保占比极低；我国的农田状况不同于美国。美国主要为大地块形态，农药喷洒用固定翼的载人机即可解决大部分问题。从纬度、地块形态来看，我国和日本的农田状况更为相似，从作物类型来看，我国和日本都大面积种植水稻，因此，使用无人机是必然的。所不同的是，日本的田地间水泥机耕道比较完备，农民收入比较高，喷洒作业收入是中国的 10 倍。因此，日本选择起飞质量 110 kg 的雅马哈油动无人机作为植保无人机，可以达到出入田间作业，而且较长的滞空时间降低了起降的次数，从而降低了事故率，提升了作业效率。对中国植保无人机而言，既要达到一定的载药量和滞空时间，以满足中国田地间作业经济的需求，同时还要满足中国复杂地况的起降，包括复杂的田埂、沟渠、树林带、田间电线等地况。因此，100 kg 以上的起飞质量和无人机价格，在现阶段是不适合中国市场的，比较实际的机型是载药量 10 ~ 15 kg 的起飞质量在 35 kg 左右的工程型油动无人机。

我国目前有近 20 亿亩的耕地，但使用植保无人机进行作业的不足 1%，有广阔的市场尚未开发。从近几年发展情况来看，植保无人机的市场保有量及作业量均呈倍增方式增加。2019 年，植保无人机市场保有量有望突破 10 万台，飞防植保作业面积有望突破 8 亿亩，飞防作业比例将达到 10% 以上。以每年喷洒 5 次，每亩作业价格 10 ~ 20 元为例，植保无人机一年的理论作业收入接近千亿元。

2.2　喷药无人机主要厂商和产品

日本是喷药无人机发展最发达的国家，国外喷药无人机产商以日本产商为代表，如雅马哈和洋马。我国虽然起步较晚，但是发展迅速，涌现了无锡汉和、深圳天鹰兄弟、浙江空行飞行器、重庆金泰航空、深圳翔农创新、湖南金骏农业、深圳大疆创新等一批领军厂商。

2.2.1 日本雅马哈——RMAX 植保无人机

日本雅马哈 RMAX 植保无人机（图 2.1、表 2.1）有 30 多年的技术积累和持续改进，使得该产品成为全球行业的标杆。

图 2.1 日本雅马哈 RMAX 植保无人机

表 2.1 日本雅马哈 RMAX 植保无人机技术指标

性能	载药量/kg	28
	实用范围/m	达 400
	控制系统	YACS-G（RMAX Type Ⅱ G)/YMCS（RMAX Type Ⅱ)
发动机	类型	二冲程，水平对置，两缸
	气缸/mL	246 mL
	最大输出功率/kW	15.4
	起动系统	电起动
	燃料	常规汽油混合二冲程机油

2.2.2 日本洋马——YF390 植保无人机

YF390 植保无人机（图 2.2、表 2.2）是日本洋马的主打机型。

图 2.2 日本洋马 YF390 植保无人机

表 2.2　日本洋马 YF390 植保无人机技术指标

性能	药品/kg	最多 24
	实际距离（可视范围）/m	达 150
引擎	类型	四冲程，横向反对两缸
	发动机排量/mL	390
	最大输出/kW	19.1
	始动形表达式	起动器类型
	燃料	普通汽油
外形尺寸	转子/mm	3115
	尾旋翼直径/mm	550
	包括长度/转子长度/mm	2782/3665
	宽度/mm	770
	整体高度/mm	1078

2.2.3　无锡汉和——CD-15 型油动植保无人机

无锡汉和 CD-15 型油动植保无人机（图 2.3）的系统构成包括机械平台、动力系统、飞控系统、喷洒系统和轨迹记录仪。副翼和尾翼采用极简无副翼设计，同时采用翘尾设计，不仅操控性能更佳，而且可以避免喷洒农药对尾翼的影响。任务载荷（载药量）可达 15 kg，工作 12 ~ 15 min 可喷洒 20 ~ 30 亩地。若全部载荷用于装载汽油，则可连续飞行 150 min。作业及飞行控制系统方面采用 GPS、气压和加速度多参数定位技术，可实现自动航路规划、定高、紧急悬停等各种控制功能。可进行半自动和全自动飞行，并可在空中实现两种模式的自由切换。

图 2.3　无锡汉和 CD-15 型油动植保无人机

2.2.4　深圳天鹰兄弟——电动系列和燃油动力系列植保无人机

1. 电动植保无人机

深圳天鹰兄弟电动植保无人机有：

（1）17 kg 电池动力植保飞机（图 2.4a）。是载荷 17 kg 级的电池动力的单旋翼植保无人机，载荷大，航时长，植保效果好，是市场上最受欢迎的植保电动无人机之一。

（2）10～15 kg 多轴植保机（TY-D10，图 2.4b）。是载荷 10～15 kg 级的多旋翼电动无人机，产品设计采用一体化结构工业设计防水、防尘、防腐；易学易用，15 天就能学会。

（3）10 kg 级电池动力无人机（TY-777，图 2.4c）。是载荷 10 kg 的电池动力单旋翼植保无人机，具有飞行稳定，易于操控、维护保养简单，搭载任务装置可以执行各种不同农作物的植保无人机。

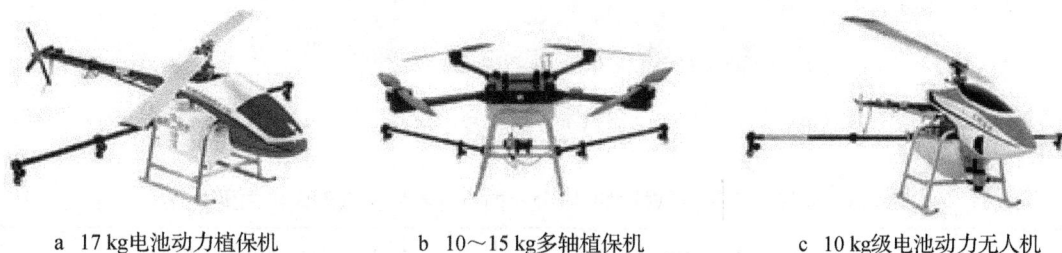

| a　17 kg电池动力植保机 | b　10～15 kg多轴植保机 | c　10 kg级电池动力无人机 |

图 2.4　深圳天鹰兄弟电动植保无人机

2. 燃油动力植保无人机

深圳天鹰兄弟燃油动力植保无人机有：

（1）35 kg 燃油动力植保飞机（TY-R35，图 2.5a）。是载荷 35 kg 的燃油动力无人机，具有载荷大，作业时间长，作业效率高等特点。

（2）30 kg 燃油动力植保飞机（TY-R30，图 2.5b）。是载荷 30 kg 的燃油动力无人机，采用总参谋部第六十研究所最新研发的水冷对置二冲程发动机，具有作业时间长，作业效率高等特点。

（3）10～15 kg 燃油动力植保飞机（TY-R10，图 2.5c）。是载荷 10～15 kg 级的燃油动力无人机，具有航时长，作业效率高等特点。

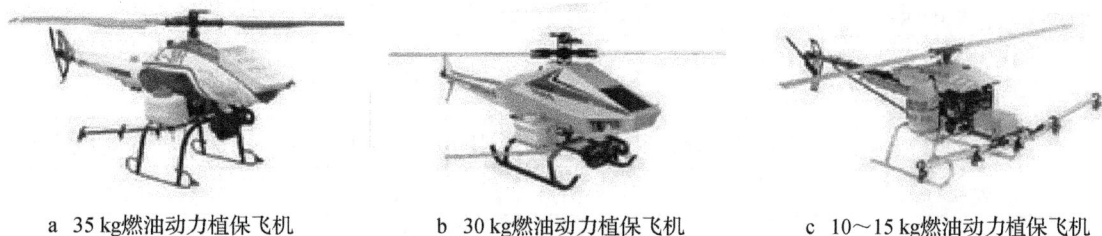

| a　35 kg燃油动力植保飞机 | b　30 kg燃油动力植保飞机 | c　10～15 kg燃油动力植保飞机 |

图 2.5　深圳天鹰兄弟燃油动力植保无人机

2.2.5 浙江空行飞行器技术有限公司——空行 5 kg、10 kg、15 kg 农用植保无人机

浙江空行飞行器技术有限公司的空行农用植保无人机（图 2.6）的主要参数见表 2.3。

图 2.6 浙江空行飞行器技术有限公司的空行农用植保无人机

表 2.3 浙江空行飞行器技术有限公司的空行农用植保无人机主要参数

技术参数	1DE-10（Ⅰ）电池动力多旋翼无人机	1ZO-10（Ⅰ）燃油动力单旋翼无人机	1ZE-10（Ⅰ）电池动力单旋翼无人机
外形尺寸/mm	1500（轴距）	2150×500×650	1980×280×420
旋翼直径/mm	380	2200	2100
尾旋翼直径/mm		330	380
农药容器容量/L	10	10	10
最大有效载荷/kg	12	15	15
主电机功率	520 W×6	5510 W	5400 W
锂聚合物动力电池	6s22000mAh		14s21000mAh
发动机		80 mL	
作业速度/（m·s^{-1}）	2~5	2~4	2~4
作业效率/（亩·min^{-1}）	1~2	1~2	1~2
单组电池/每箱燃油作业量/亩	10~15	15~20	15~20
相对飞行高度	距离农作物顶端1~3 m	距离农作物1~3 m	距离农作物1~3 m
喷幅/m	2~3	4~5	4~5
喷洒流量/（L·min^{-1}）	1~1.5	1~2	1~2
高浓度农药消耗/（L·亩$^{-1}$）	0.5~1.0	0.5~1.0	0.5~1.0
单机喷洒作业效率/（亩·h^{-1}）	35~40	45~50	40~45

2.2.6 重庆金泰航空——多轴无人机 – 30 kg

重庆金泰航空——多轴无人机 – 30 kg（图 2.7）特点：

（1）全自主作业；

（2）载重大，有效任务荷载达 30 kg；

（3）采用多旋翼设计，飞行稳定；

（4）工业级产品设计生产，高质量保证；

（5）全地形作业，应用环境无限制。

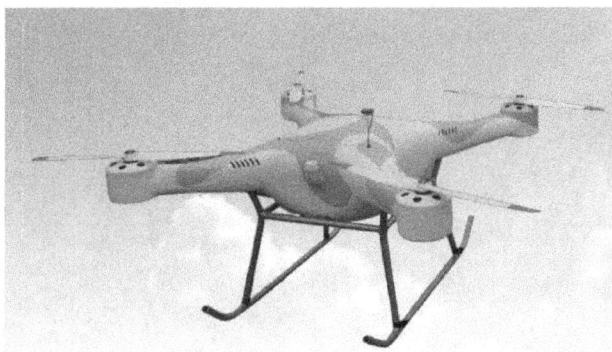

图 2.7　重庆金泰航空——多轴无人机 – 30 kg

2.2.7 深圳市翔农创新科技有限公司——TXA – 翔农植保无人机

TXA – 翔农植保无人机（图 2.8）电池，正常充放电 150 ~ 300 次（注意日常保养，长期用低电压缓慢充电，可以延长电池寿命）；续航时间：TXA – 翔农植保无人机正常满载作业续航时间为 10 ~ 12 min，平原一次起落 8 min 可以完成 20 亩喷药作业；TXA – 翔农植保无人机喷药作业，平原 500 亩/天，丘陵 200 ~ 350 亩/天；TXA – 翔农植保无人机空机仅重 10 kg，双药箱设计，可携带 16 kg 农药；正常满载作业续航时间为 10 ~ 12 min，平原一次落 8 min 可以完成 20 亩喷药作业。电池的可循环解决了电动无人机的续航问题。

图 2.8　TXA – 翔农植保无人机

2.2.8 湖南金骏农业——金骏3ZD-15油动植保机

金骏3ZD-15油动植保机（图2.9）由一台湖南金骏农业科技有限公司（以下简称"湖南金骏农业"）自主研发的双缸水冷发动机驱动，飞行速度快，航程大。应用领域相当广，主要有大型农田植保、电力巡线、航测监测、森林防火、交通巡视等。该机型旋翼由主旋翼和尾翼组成，无副翼，由舵机控制平衡，大大提高飞行的平稳度。装有4个喷头，喷头置于主旋翼的下方，工作中螺旋桨的下吹气流大，穿透性强，适性广。飞行速度快，作业时间长，整体操作相对复杂，经过培训30～60天可完全掌握操作及设备维护。

图2.9 金骏3ZD-15油动植保机

金骏3ZD-10（4）电动植保机（图2.10）主要特点：主要用于中小型农田的作物中晚期植保作业的飞行器。该飞行器装有4个旋翼，3个喷头，喷头置于旋翼的下方，旋翼较大，工作中螺旋桨的下吹气流较大，穿透性大，适于作物中晚期植保作业。飞行平稳，整体操作简单，经过培训7～15天即可完全掌握操作及设备维护。

图2.10 金骏3ZD-10（4）电动植保机

2.2.9 深圳大疆创新——MG-1农业植保机

深圳大疆创新科技有限公司（简称"深圳大疆创新"）为MG-1农业植保机（图2.11）

配备了强劲的八轴动力系统，使其载荷达到 10 kg 的同时推重比高达 1 : 2.2，每小时作业量可达 40 ~ 60 亩。MG-1 药剂喷洒泵采用高精度智能控制，与飞行速度联动。在自动作业模式下，可实现定速、定高飞行和定流量喷洒。MG-1 配备精度高达厘米级的调频连续波雷达和先进的飞控系统，作业过程中实时扫描植物表面的高低起伏，自动保持与农作物间的距离，确保均匀喷洒。用户可根据不同地形条件选择智能、辅助及手动 3 种作业模式。MG-1 的电机下方搭载 4 个喷头，旋翼产生的下行气流作用于雾化药剂，让药剂到达植物靠近土壤部分及茎叶背面，喷洒穿透力强。此外，采用压力式喷洒系统，可根据不同药剂更换喷嘴，灵活调整流量和雾化效果。

图 2.11 MG-1 农业植保机

第三章 喷药无人机专利分析

我国喷药无人机的研究起步较晚，处于技术模仿与改进向自主创新研发过渡阶段。在此环境下，做好对喷药无人机知识产权的战略规划尤为重要。而且，近年来，省内外企业纷纷推出喷药无人机产品，抢占市场，浙江省的农业装备企业更需要开阔视野，了解喷药无人机技术发展趋势，获得关键技术信息，把握发展机遇，实现弯道超车。而专利分析可以帮助用户实现这些目的。

专利分析是提高企业创新水平、把握市场方向的重要途径，是避免专利纠纷、规避经营风险的有效手段，是提高经济增长质量和效益的保障。本项目通过对喷药无人机领域国内外专利产出趋势、技术生命周期、重点技术和热点技术、专利区域分布、专利竞争机构排名和技术布局、主要发明人和团队、技术引证等内容进行数据采集和分析，掌握喷药无人机技术发展现状和趋势，绘制喷药无人机专利地图，为浙江省喷药无人机产业的发展提供全面、系统和可靠的竞争情报，并提出相应的专利战略建议。

本章节中，使用了德温特专利数据库，结合关键词、IPC 分类、德温特手工代码的方法进行专利检索和数据采集，共得到与喷药无人机技术相关的德温特专利 609 项专利族，784 件专利；中国专利 432 项（495 件），其中，中国申请人申请的中国专利为 427 项（463 件）（检索时间范围为 1962 年至 2016 年 5 月）。专利分析工具上，综合应用了 Thomson 公司的 TDA、Thomson Innovation 及国家知识产权局知识产权出版社专利分析软件 PIAS 等工具，其中，PIAS 用来导入 Derwent 专利中的中国专利，以进行相关分析。

3.1 全球专利申请基本状况

3.1.1 年度专利走势

从年度专利走势（图 3.1）来看，喷药无人机技术发展大致可分为 3 个阶段：

第一阶段：技术孕育阶段。该阶段申请专利数量少，最早的喷药无人机技术专利申请出现在 1976 年，由意大利 NEBBIA UGO 公司申请，在之后 15 年内，每年专利申请量都不超过 1 项，专利申请主要来自法国，专利技术主要集中在抛投或释放粉状、液态或气态物质的用于与飞机配合或装到飞机上的设备。

第二阶段：快速发展阶段。1994—2011 年，喷药无人机技术专利申请量出现快速增长，在 1996—1997 年和 2004—2005 年各出现一个小高峰，专利申请量达 15 项左右，这可能与无人机技术的成熟并投入农业应用相关。专利申请主要来自日本，而中国也开始积极投入喷药无人机的研发。申请主力为日本雅马哈、洋马和 New Delta，均为日本企业，表明日本在

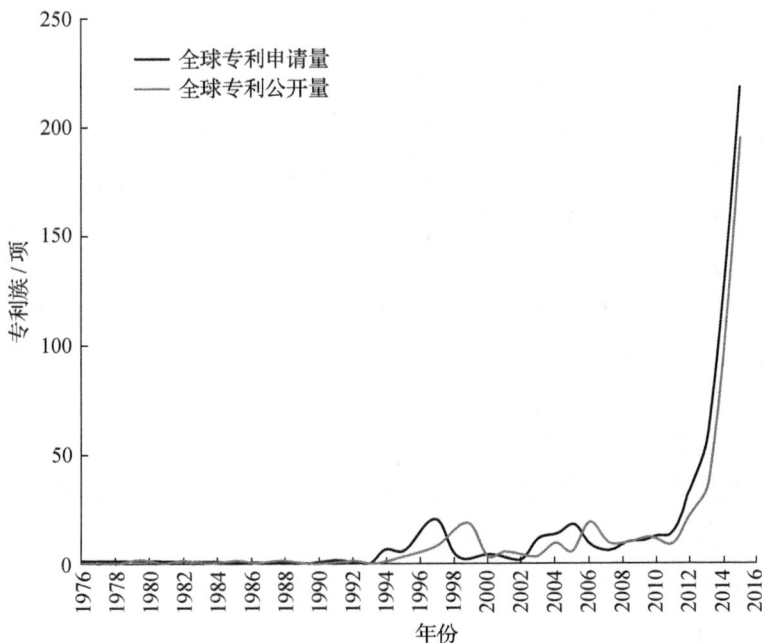

图 3.1　年度专利走势

喷药无人机的研发和产业化方面走在世界前列。专利技术主要集中在直升机，用于消灭有害动物或有害植物的液体喷雾设备的专门配置或布置，喷射粉状、液态或气态物质的用于与飞机配合或装到飞机上的设备，用辐射信号自动操作的起动装置。主要研究成果：日本雅马哈在这个时期内陆续推出 R-50、RMAX 等型号喷药无人机产品。

第三阶段：高速发展阶段。2012—2015 年，喷药无人机技术的专利申请量出现进一步增长，每年专利申请量从 2012 年前的每年不足 20 项高速增长至 2012 年的 34 项、2013 年的58 项、2014 年的 126 项，而且这段时间的喷药无人机相关专利基本由中国机构申请，表明中国受民用无人机技术扩散影响、国家鼓励农用航空政策影响及专利奖励政策影响，对喷药无人机技术研发的投入和专利的申请在显著加强。专利技术主要集中在喷射粉状、液态或气态物质的用于与飞机配合或装到飞机上的设备，用于消灭有害动物或有害植物的液体喷雾设备的专门配置或布置，有两个或多个旋翼的旋翼机（通过专利技术研发重点的对比可以看出，日本侧重直升式喷药无人机的研发，中国侧重旋翼式喷药无人机的研发），飞行器三维的位置或航道的同时控制等。

由于专利申请中存在的 18 个月公开期，使得大量专利还处于未公开状态，所以 2015 年的专利申请数据还不完整，仅作参考，但 2015 年专利申请量已达 218 项，相比 2014 年增长显著。

纵观喷药无人机技术专利申请数量，其真正的发展阶段出现在 1994 年以后，专利申请量总体呈现快速增长，而且这一趋势延续至今。表明国际上对喷药无人机技术的研发热情很高，短期发展前景毋庸置疑。

3.1.2 技术生命周期

一般而言，技术的发展需要经过 4 个阶段：第一阶段为技术孕育期，早期技术萌芽期，企业进入意愿低，专利申请数量和申请人数量均很少；第二阶段为技术成长期，这一阶段产业技术有突破或厂商对于市场价值有了认知，竞相投入发展，专利申请量与专利申请人数急速上升；第三阶段为技术成熟期，厂商投资于研发的资源不再扩张，只剩少数继续发展此类技术，且其他厂商进入此市场意愿低，专利申请量与专利申请人数成长逐渐减缓；第四阶段为技术瓶颈期，产业技术研发遇瓶颈难以突破或此类产业已过于成熟，专利申请量与专利申请人数呈现负增长。

从图 3.2 可以看出，全球喷药无人机技术经过 20 世纪 70 年代中至 90 年代初的第一阶段技术孕育期后，大致在 1994 年前后开始进入第二阶段技术成长期，虽然专利数量在1994—2011 年出现反复，但在 2012 年后出现大幅增长，而且申请人数量总体也呈现大幅攀升。目前，正处于此阶段。

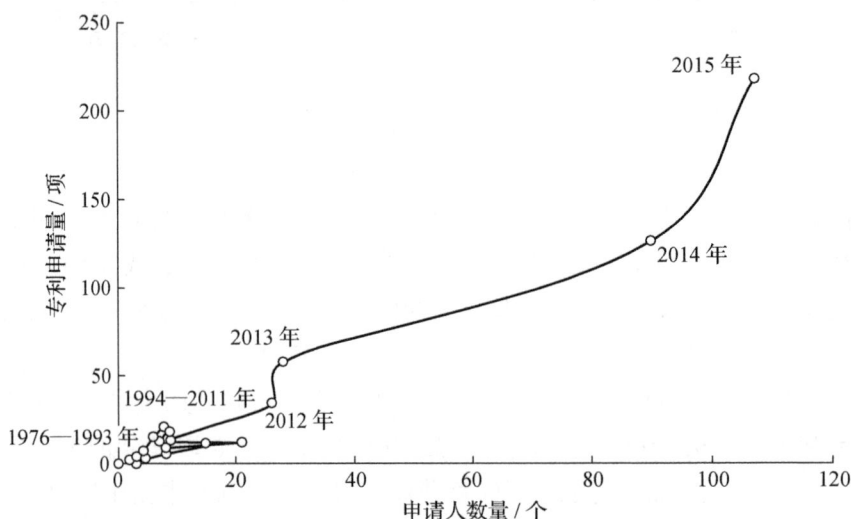

图 3.2　技术生命周期

3.2　技术领域专利分布状况

3.2.1　重点技术领域

国际专利分类号（IPC）和 DII 手工代码包含了专利的技术信息，通过对喷药无人机技术相关专利进行基于 IPC 和 DII 手工代码的统计分析，可以了解、分析喷药无人机专利主要涉及的技术领域和技术重点等。

表 3.1 和表 3.2 分别列出了喷药无人机技术的 TOP 20 的 IPC 代码和手工代码，从中可以看出喷药系统、飞行平台和飞控系统等是该技术领域的重点。

表 3.1　喷药无人机技术专利申请的 TOP 20 IPC 代码

排名	申请量/项	IPC	IPC 类目	所占比例
1	280	B64D 01/18	喷射粉状、液态或气态物质的用于与飞机配合或装到飞机上的设备	46.0%
2	134	B64C 39/02	以特殊用途为特点的飞行器	22.0%
3	120	A01M 07/00	用于消灭有害动物或有害植物的液体喷雾设备的专门配置或布置	19.7%
4	54	B64C 27/04	直升飞机	8.9%
5	47	B64C 27/08	有两个或多个旋翼的旋翼机	7.7%
6	46	B64D 01/16	抛投或释放粉状、液态或气态物质的用于与飞机配合或装到飞机上的设备	7.6%
7	25	B64C 13/20	用辐射信号自动操作的起动装置	4.1%
8	24	G05D 01/10	飞行器三维的位置或航道的同时控制	3.9%
9	22	B05B 17/04	用特殊方法操作的液体或其他流体喷射或雾化的装置	3.6%
10	21	B64D 47/08	照相机的布置	3.4%
11	20	B64D 47/00	用于与飞机配合或装到飞机上的其他类目不包含的设备	3.3%
12	14	B64C 01/00	机身；机身，机翼，稳定面或类似部件共同的结构特征	2.3%
13	12	B64C 27/06	有一个旋翼的旋翼机	2.0%
14	12	B64D 27/24	利用蒸汽、电力或弹簧力的飞机	2.0%
15	11	A01M 09/00	粉剂喷雾设备的专门配置或布置	1.8%
16	11	A63H 27/133	直升飞机；旋翼机	1.8%
17	10	G05B 19/418	全面工厂控制的程序控制系统	1.6%
18	9	B64C 27/02	旋翼飞机	1.5%
19	9	B64C 27/32	旋翼	1.5%
20	9	B64D 45/00	飞机指示装置或防护装置	1.5%

表 3.2　喷药无人机技术专利申请的 TOP 20 手工代码

排名	申请量/项	手工代码	手工代码类目	所占比例
1	165	Q25-B15	其他飞行器辅助装置	27.1%
2	148	Q25-P15	特殊用途的飞行器	24.3%

续表

排名	申请量/项	手工代码	手工代码类目	所占比例
3	104	W06-B01C	飞行器用电气设备	17.1%
4	90	W06-B15B	直升机；旋翼机	14.8%
5	87	W06-B15U	无人机	14.3%
6	83	W05-D08C	遥控系统	13.6%
7	79	Q25-P02	直升机；旋翼机	13.0%
8	57	W05-D07D	飞行器用控制或测量信号的传输	9.4%
9	47	T01-J07D1	飞行器微处理器系统	7.7%
10	42	Q25-P30	其他特殊用途的飞行器	6.9%
11	39	W06-B01	飞行器	6.4%
12	38	W06-B15X	其他类型的飞行器	6.2%
13	35	W06-B01A5	影响航线的飞行器控制系统	5.7%
14	26	X25-N01B	植保装备	4.3%
15	25	W05-D06A1A	控制用无线电传输系统	4.1%
16	24	X25-N01	耕种装备	3.9%
17	23	Q25-C01A1	螺旋桨	3.8%
18	23	T01-J07D3A	导航用地理信息系统	3.8%
19	23	T06-B01X	飞行器三维的位置或航道的同时控制	3.8%
20	22	W06-B01A	飞行控制系统	3.6%

图 3.3 是喷药无人机技术领域的地形图，从中可以看出喷药系统用药箱和喷药装置、飞行平台和飞控系统是该技术领域的重点。

综合文献综述及以上分类和聚类分析结果，得出以下喷药无人机技术领域关键技术（表 3.3），喷药系统、飞行平台和飞控系统，专利申请量所占比例分别为 68.6%、47.9% 和 44.0%，这 3 种关键技术共涉及专利 587 项，占喷药无人机所有专利的 96.4%。

表 3.3 关键技术专利族分布

专利申请量/项	关键技术	所占比例
418	喷药系统	68.6%
292	飞行平台	47.9%
268	飞控系统	44.0%

在 268 项飞控系统相关专利中，涉及飞控器（可实现自主飞行）的专利有 157 项，涉及遥控器（需要通过遥控来飞行）的专利有 111 项（图 3.4）。

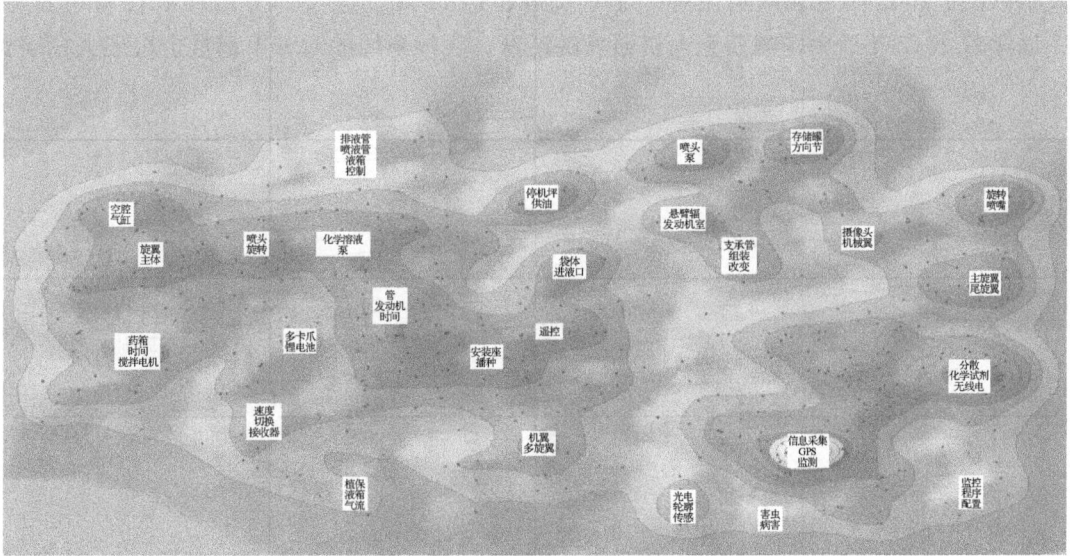

图 3.3　技术研发领域地形图

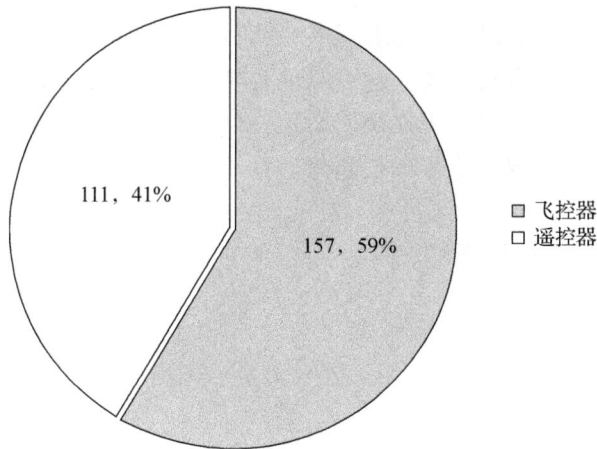

图 3.4　飞控系统相关专利分布情况

3.2.2　关键技术年度发展情况

进一步对主要技术领域进行年度走势分析，可以发现喷药无人机各项关键技术年度发展情况。如图 3.5 所示，在 3 种关键技术中，飞行平台即无人机技术最先得到快速发展，专利申请开始于 1976 年，在 1996 年出现一个小高峰，这是由于喷药无人机要产业化，喷药系统的载体——无人机是需要首要考虑的问题。而喷药系统是喷药无人机区别于其他民用无人机的核心技术，因此在 3 种关键技术中是研发投入最大、最为热门的技术，近年来专利申请量显著高于其他技术。喷药无人机飞控系统的第一项专利申请出现于 1987 年，涉及遥控飞行器，而关于喷药无人机飞控器的第一项专利申请出现于 1994 年，自此也开启了飞控系统的研发活跃期，2005 年专利申请出现一个小高峰，达 12 项，绝大部分由日本雅马哈公司申请，而随着 2012 年后中国喷药无人机研发的活跃，飞控系统的专利申请量也出现大幅增长。

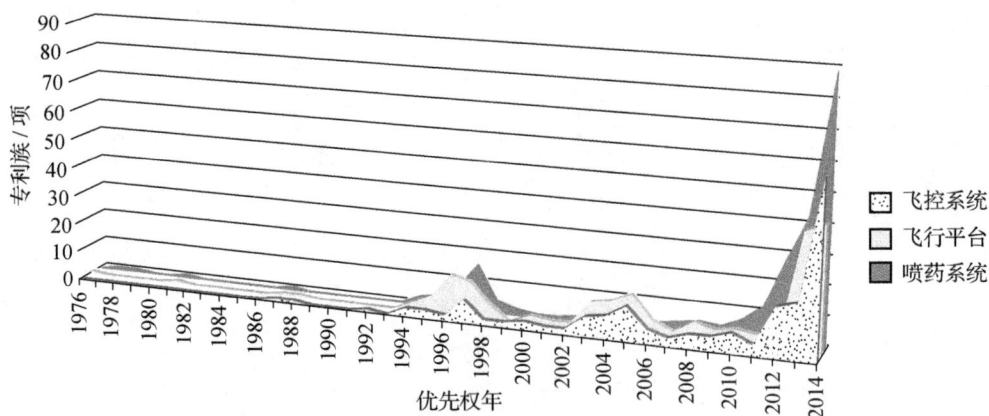

图 3.5 关键技术专利族年度分布

3.2.3 技术发展趋势

从图 3.6 和图 3.7 可以看出，有越来越多的发明人进入喷药无人机技术领域，同时，该领域每年都有大量的新技术条目涌现。这可以证实喷药无人机技术正处于快速发展时期，全球市场需求很大，相关技术研发投入在快速增长，可以预测，在未来几年中，全球喷药无人机技术专利申请量将会继续保持稳步增长趋势。

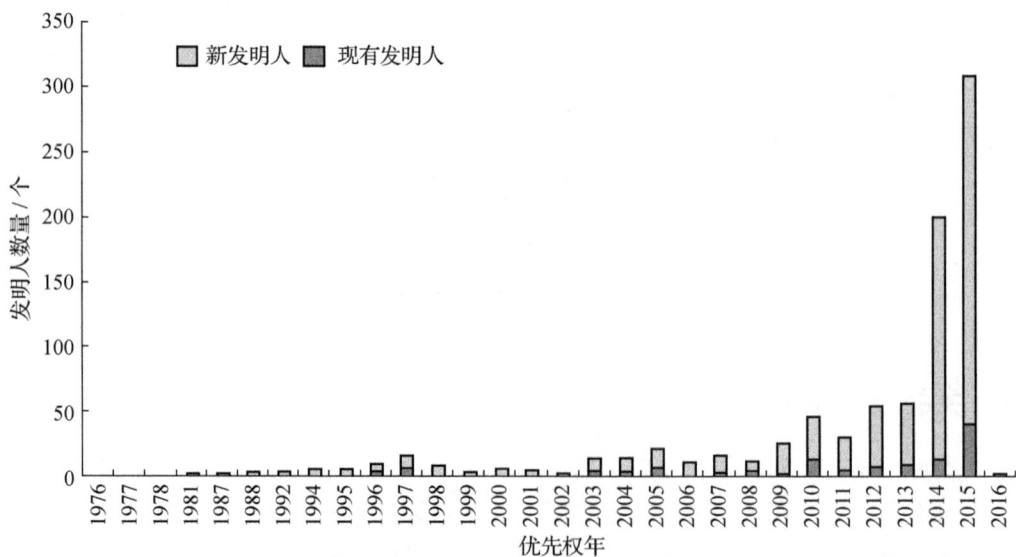

图 3.6 发明人的时序分布

表 3.4 列出了喷药无人机技术领域 2014—2016 年期间首次使用的 IPC 代码，其中，与喷药无人机用地面设施和喷药容器相关的 IPC 技术代码最多，说明这是该领域潜在的新研发

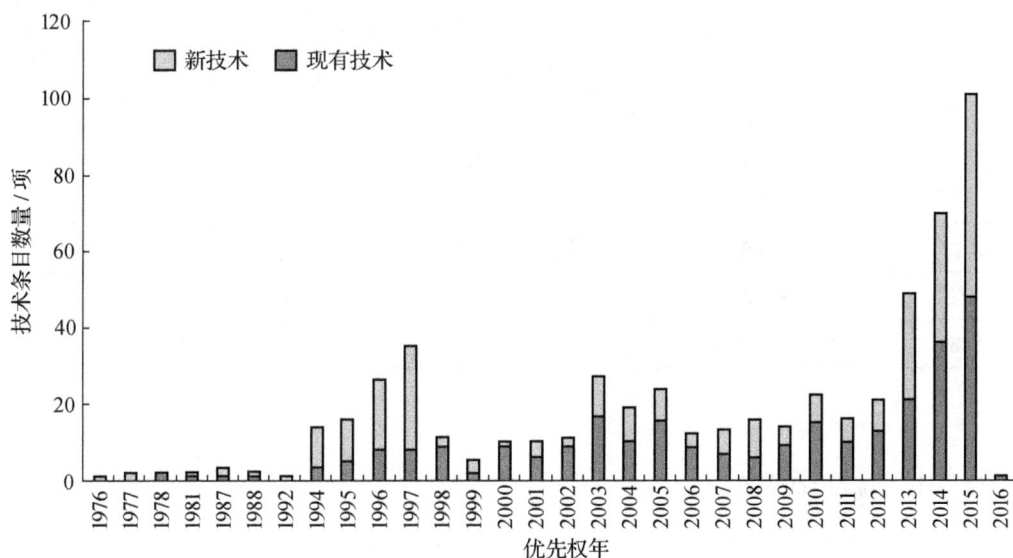

图3.7　技术条目的时序分布

热点,我国企业和高校院所应对这些潜在研发热点保持关注并进行专利布局。

表3.4　喷药无人机领域2014—2016年期间首次使用的IPC代码

代码	含义	专利数/项
B64F 1/00	地面设施	7
B64D 1/02	与飞机配合或装到飞机上的抛投、弹射或释放物品的设备	5
G08C 17/02	无线电线路信号传送装置	5
B64C 1/14	窗;门;舱盖或通道壁板;外层框架结构;座舱盖;风挡	4
B64F 3/02	具有飞行时向飞机供电的装置的地面设施	4
B65D 25/04	刚性或半刚性容器的隔板	4
B67D 07/06	移动式容器内的液体输送设备或装置的零件或附件	3
G01D 21/02	用不包括在其他单个小类中的装置来测量两个或更多个变量	3
G05B 19/042	使用数字处理装置的程序控制系统	3
B64D 17/80	与飞机结合的降落伞	2
B64D 37/00	与动力装置燃料供给有关的装置	2
B64D 47/02	信号或照明设备的布置或配置	2
B05B 15/06	当使用时或不使用时喷头或其他出口的座架,支撑或固定装置或支架	2
B64F 1/02	停机装置;液体停机装置	2
B64F 1/28	专门适用于静止飞机加油的液体输送设施	2

代码	含义	专利数/项
B64F 3/00	专门适用于系留飞机的地面设施	2
B64C 13/00	用于驱动飞行操纵面，增升襟翼，空气动力制动装置或扰流片的操纵系统或传动系统	2
A01C 23/04	加压撒布；撒布泥肥；施用液肥的浇水系统	2
B65D 81/24	应用食品防腐剂、杀菌剂、杀虫剂或动物防蛀剂的容器或包装材料	2
B65D 85/84	用于腐蚀性化学制品的容器	2

3.3 专利区域分布状况

本节主要从全球专利分布、主要国家专利申请量年度分布、主要国家关键技术布局、主要国家全球专利布局等角度对全球喷药无人机技术的区域竞争格局进行分析和研究。

3.3.1 国际技术分布格局

所谓专利优先权是指申请人在一个国家第一次提出申请后，可以在专利法规定的期限内就同一主题向其他国家申请保护，这一申请在某些方面被视为是在第一次申请的申请日提出的。通常而言，发明人会在本国就其发明创造第一次提出专利申请，所以优先权专利申请的地域分布可以反映国家的技术实力。

如图 3.8 所示，从喷药无人机 609 项优先权专利的区域分布看，中国专利申请量处于绝对的领先地位，占据产业技术所有优先权专利的 70.1%；排名第二的是日本，占据产业技术所有优先权专利的 22.3%；接下来是韩国、美国等。排名前 3 位的国家占了所有优先权专利的 95.2%。

但是，应该注意到，427 项中国专利中，高达 58% 的专利是实用新型专利（图 3.9），

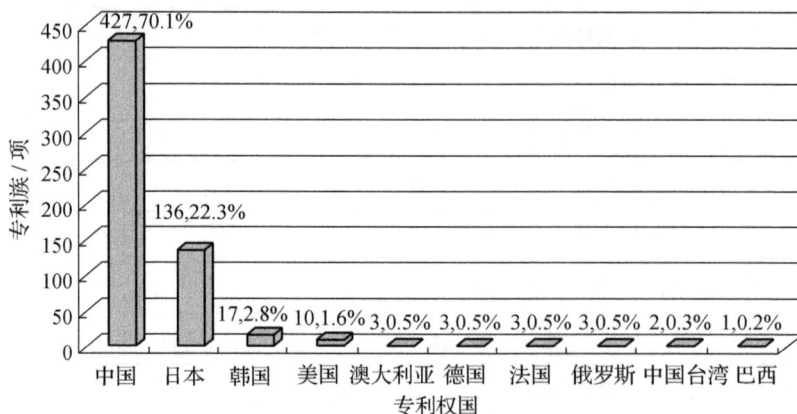

图 3.8　优先权专利国际区域分布

说明我国喷药无人机方面的专利更多侧重实用性的技术改进，而原始创新相对较少。

在 427 项中国专利中，63% 专利的法律状态为有效，29% 为在审，3% 为视为撤回，2% 为有效期届满，1% 为驳回，1% 为失效（图 3.10），有效专利居多，这也说明我国喷药无人机正处于快速发展期，相关企业通过专利布局来对自身喷药无人机技术和产品进行保护。

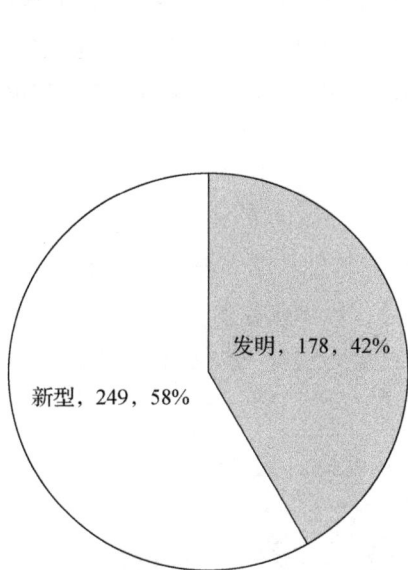

图 3.9　中国专利申请类型

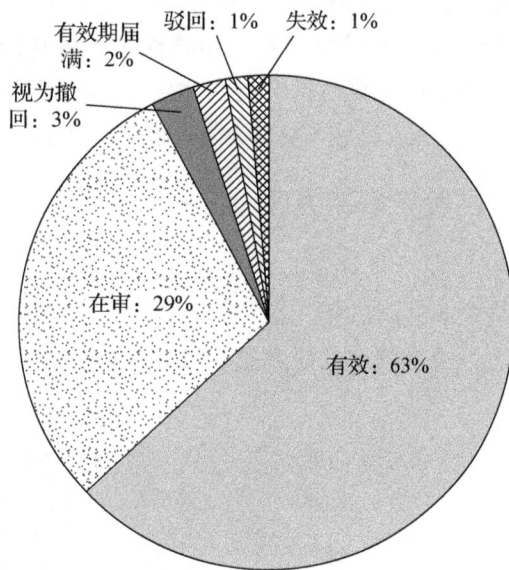

图 3.10　中国专利法律状态

图 3.11 是 TOP 4 优先权国的专利申请随年代的分布图。从图中可以明显看出，日本在 TOP 4 优先权国中于 1988 年首先开展喷药无人机技术的研发工作，有两个活跃期，分别在 1997 年前后和 2005 年前后，与之对应日本雅马哈发动机公司在这段时间陆续推出 R-50、RMAX 等型号喷药无人机产品。而中国起步较晚，直到 2003 年才有第一件专利申请（上海

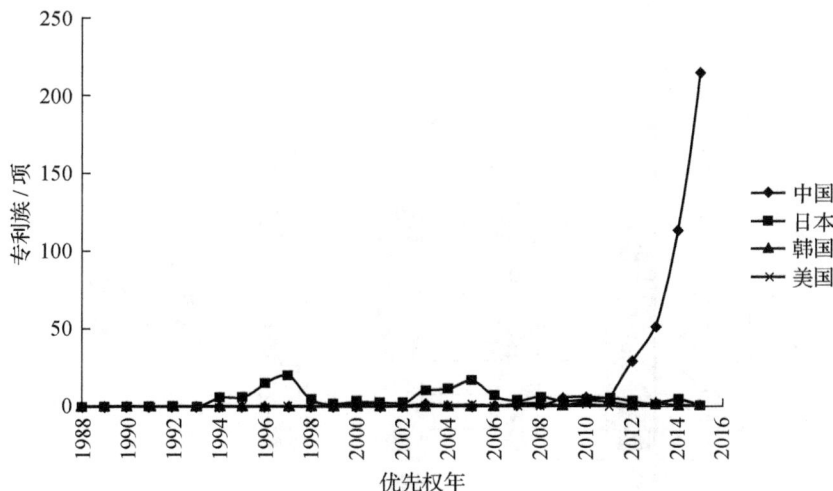

图 3.11　TOP 4 优先权国专利族年度分布

雏鹰科技有限公司申请的"超视距自主飞行无人驾驶直升机系统"），但是从 2012 年开始，专利申请量呈现爆发式增长，远远高于同期其他国家对于喷药无人机技术的专利申请量，这可能有三方面原因：第一是中国消费级无人机市场的火爆带动了专业级无人机的发展；第二则与国家对无人机植保的政策支持有关，如国务院在《"十三五"规划纲要》和《中国制造2025》中均提出"推进干支线飞机、直升机、通用飞机和无人机产业化"，农业农村部在2013 年的《关于加快推进现代植物保护体系建设的意见》提出"鼓励有条件地区发展无人机、直升机和固定翼飞机防治病虫害"，中央则在 2014 年的一号文件中提出要"加强农用航空建设"；第三可能与各级政府的专利奖励政策有关。

3.3.2 国际技术实力区域分布

从图 3.12 主要国家技术领域布局来看，中国在喷药系统、飞行平台和飞控系统的专利申请量均处于绝对的领先地位，并侧重喷药系统的研发；日本则是侧重飞行平台的研发；韩国对于 3 种关键技术的研发投入较为均衡；美国则相对更为重视飞控系统的研发。

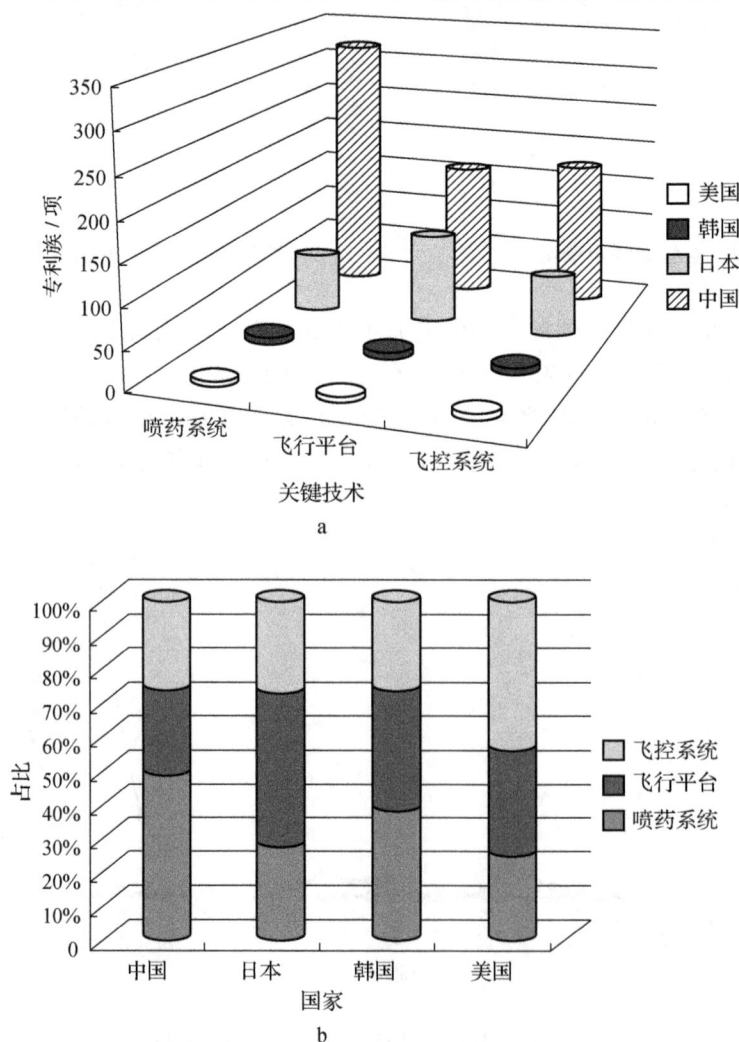

a

b

图 3.12　TOP 4 优先权国技术领域布局

3.3.3　国内技术分布格局

如图 3.13 所示,在中国专利中,江苏、广东和浙江申请的喷药无人机专利排名前三甲,其次是重庆、天津、湖南等省市,其中,江苏申请的主力是无锡同春新能源科技有限公司(简称"无锡同春新能源")、无锡汉和航空技术有限公司(简称"无锡汉和")和农业农村部南京农业机械化研究所,广东申请的主力是华南农业大学和深圳市翔农创新科技有限公司(简称"深圳翔农"),浙江申请的主力是浙江空行飞行器技术有限公司(简称"浙江空行飞行器")和浙江大学。

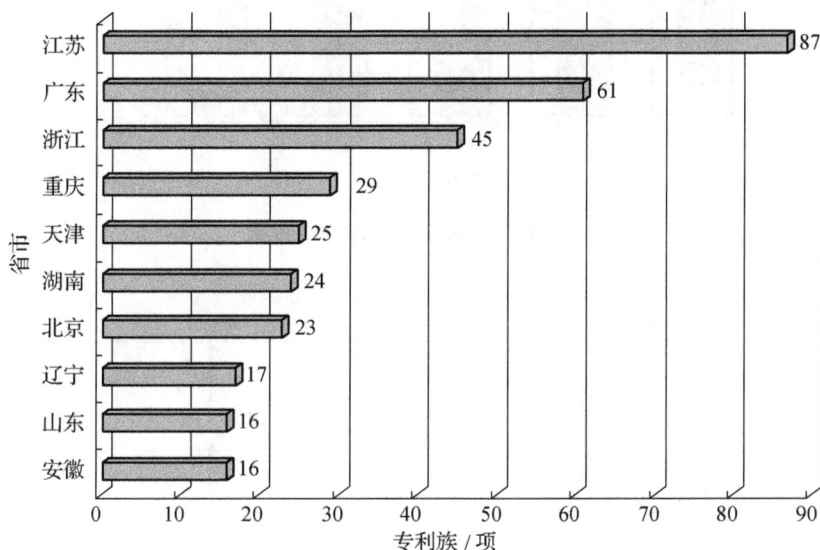

图 3.13　中国专利的地域分布

3.3.4　国内技术实力区域分布

如图 3.14 所示,从技术领域布局来看,在喷药系统和飞控系统领域,江苏的专利申请量最多;在飞行平台领域,江苏、广东和重庆均申请有较多专利。在 3 种关键技术中,浙江更为重视喷药系统的研发。

3.3.5　主要专利国家全球专利布局

各国除了对本国进行专利保护外,为了在国外生产、销售喷药无人机,争夺世界市场,其必须在国外地区申请相关专利以求获得知识产权保护,同时该国同族专利的申请也可以反映出其市场战略。

图 3.15 基于喷药无人机的专利族来展现主要专利国家的全球专利布局。从图中可以了解到,日本除在本国申请外,同时重点在美国、韩国、中国、德国、欧洲等国家和地区进行布局,表明日本更为重视这些国家和地区的市场;美国虽然在喷药无人机领域专利申请量较少,但仍在欧洲、日本、德国、中国、澳大利亚等国家和地区进行了布局。

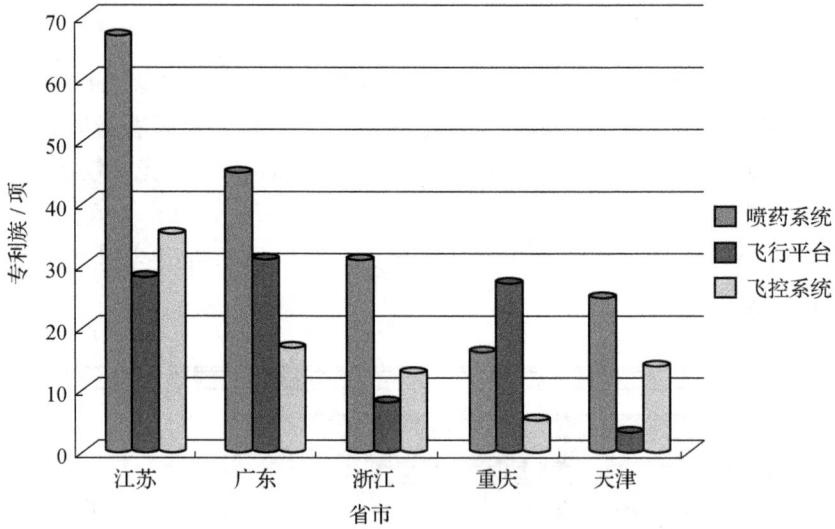

图 3.14　主要省市技术领域布局

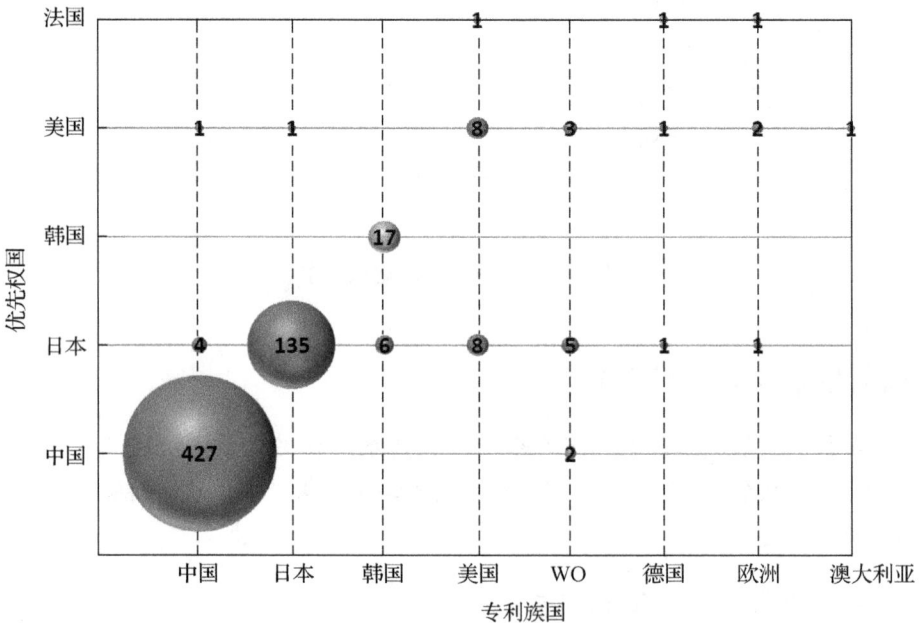

图 3.15　主要专利国家全球专利布局

　　我国作为喷药无人机领域专利申请量排名第一的大国，主要针对本国市场，只申请了 2 项 PCT 专利，这说明国内创新主体的专利保护意识还不够强，而且值得向国外申请专利的真正有价值的技术较少，侧面印证了我国在喷药无人机领域核心技术的缺失。但是，可以注意到，其他国家在中国的专利布局还较弱，这是我国国产化喷药无人机开发的有利条件之一。

3.3.6　主要国家专利质量分析

表3.5综合反映了TOP 4优先权国家的专利质量，中国虽然优先权专利数量远多于日本，但无论是总被引次数、平均被引次数、专利被引率还是PCT专利数量及美国专利数量等，都远低于日本，说明我国虽然相关专利数量多，但是专利质量较低，研发水平还有待进一步提高。

表 3.5　主要国家专利指标

专利指标	中国	日本	韩国	美国
优先权专利（非专利族）数量/件	463	228	24	32
总被引次数/次	319	734	9	268
平均被引次数/（次·件$^{-1}$）	0.7	3.2	0.4	8.4
专利被引率	22.2%	54.0%	29.2%	43.8%
被引H指数	8	11	2	8
PCT专利数量/件	6	26	0	8
美国专利数量/件	0	41	0	33

3.4　专利竞争机构分析

本节主要从国际和国内角度研究喷药无人机技术领域的竞争机构，包括国内外竞争机构排名、机构活跃度、创新能力研究、主要竞争机构技术特长、主要机构的合作情况等。

3.4.1　国际申请人排名

如图3.16所示，在全球专利申请排名前20位的申请人中，日本企业占了5席，分别是雅马哈（第1位）、洋马（第2位）、New Delta（第5位）、航空电子（并列第11位）和富士（并列第13位）；其余则均是中国申请人，包括企业如浙江空行飞行器、重庆金泰航空、天津玉敏机械、无锡同春新能源、成都好飞机器人、无锡汉和、无锡觅睿恪、深圳翔农、湖南金骏农业和安徽天马航空，还包括高校院所如华南农业大学、农业农村部南京农业机械化研究所、山东农业大学、浙江大学和北京农业信息技术研究中心。各机构申请量的排名在一定程度上反映了机构技术创新能力，但是也和机构专利布局和重视程度等因素密切相关。此外，前20位申请人中有15位为研究生产型企业，说明喷药无人机已朝产业化方向发展。

从图3.17可以看出，日本雅马哈和洋马对于喷药无人机的专利申请集中在1997年前后和2005年前后，近期相关专利申请较少，研发热情大大减弱，这可能与日本喷药无人机已经产业化有关，而中国申请人对于喷药无人机的专利申请则是集中在2012年以后，说明国内近期在为喷药无人机的产业化做准备。

从图3.18可以看出，目前国内喷药无人机专利申请的主力是企业，专利申请量占比达

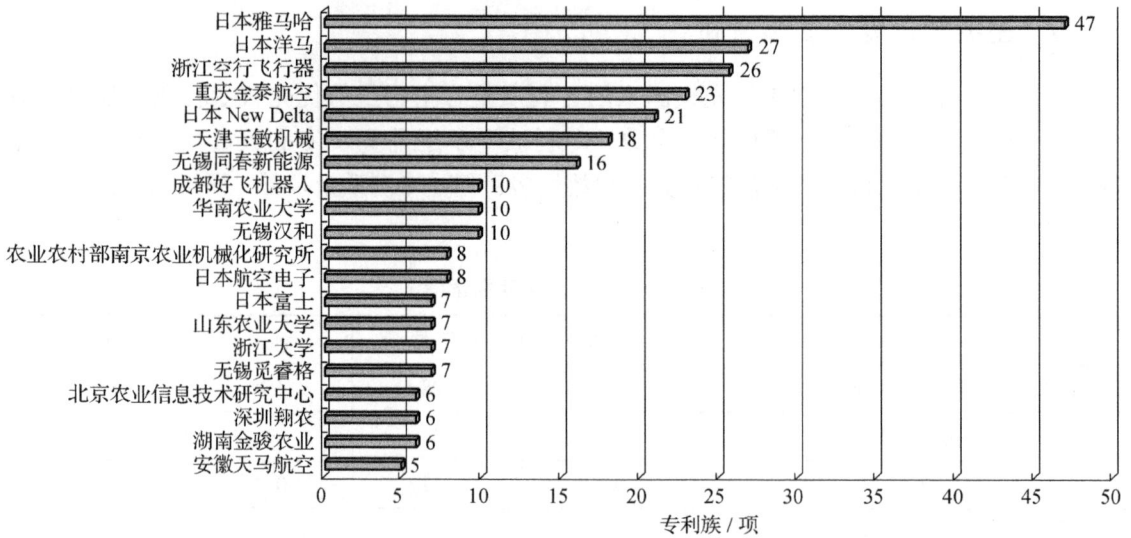

图 3.16　主要专利申请人国际排名

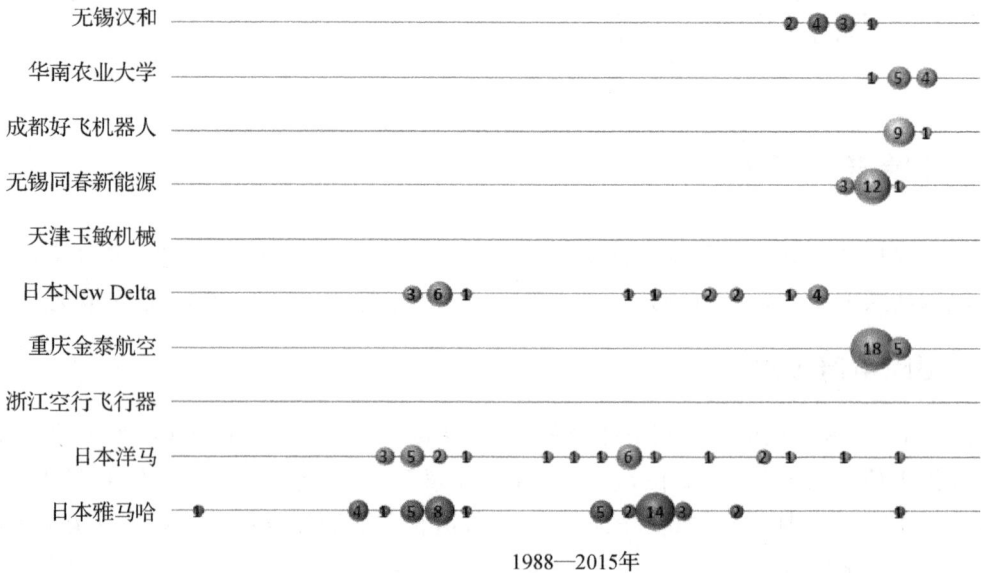

图 3.17　TOP 10 专利申请人专利申请动向

66%，而大专院校和科研单位申请量占比则为 20%，这也能说明国内相关企业正在积极为喷药无人机的产业化做准备。

3.4.2　主要申请人技术布局

选取喷药无人机技术相关专利数量排名前 10 位的申请人分析其技术布局。如图 3.19 所示，相对其他申请人，日本雅马哈在飞行平台和飞控系统技术领域研发投入最大，专利申请最多，具有较强技术实力；日本 New Delta 则是在喷药系统技术领域研发投入最大，专利申

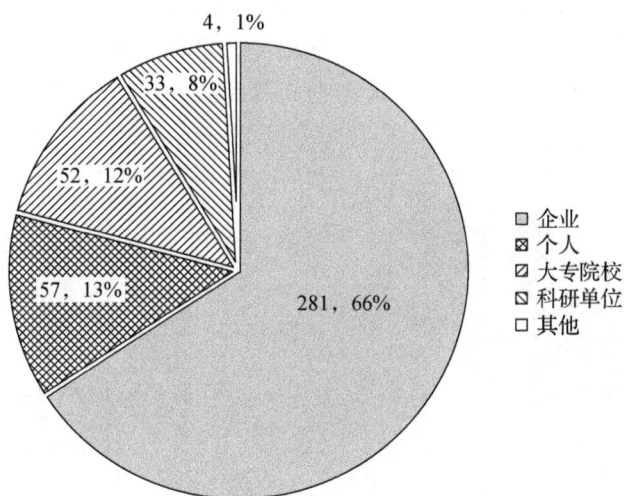

图3.18　中国专利申请人类型

请最多；日本洋马则对3种关键技术领域研发的投入较为均衡；在国内申请人中，天津玉敏机械在喷药系统和飞控系统技术领域申请有最多专利，重庆金泰航空在飞行平台技术领域申请有最多专利。

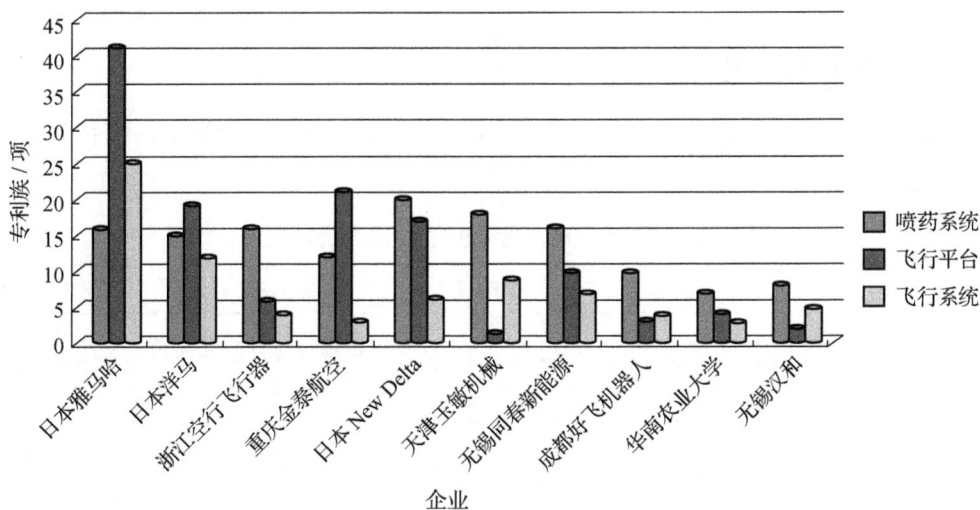

图3.19　全球重点企业技术布局

3.4.3　机构活跃度

在机构活跃度分析中，本书将拥有专利族量20项以上的机构定义为大型机构，将拥有专利族量6~20项的机构定义为中型机构，将拥有专利族量为1~5项的机构定义为小型机构。

在图 3.20 中，每块扇形用不同图案加以区分，代表每一类机构申请专利族数量之和。图中可以看出，大型机构专利族总和占到喷药无人机专利族总量的 22%；中型机构专利族总和占到专利族总量的 20%；而小型机构专利族总和占 58%。这表明，该领域的技术竞争非常激烈，还处于快速发展期，没有出现技术垄断的巨头公司。

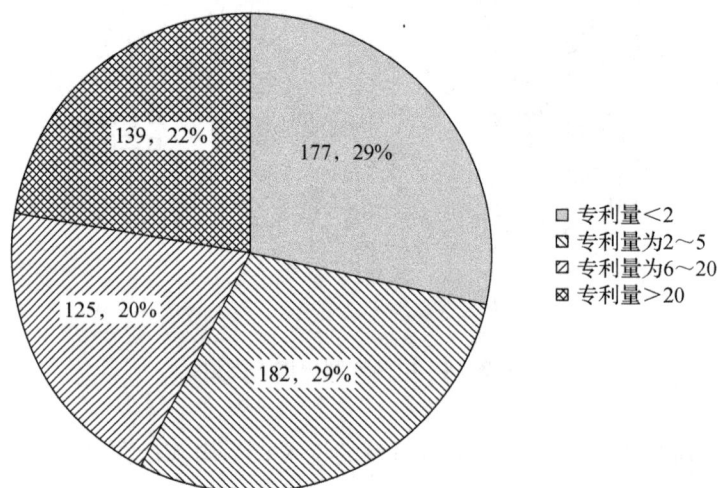

图中图例：
- □ 专利量<2
- ▨ 专利量为2~5
- ▨ 专利量为6~20
- ▨ 专利量>20

图中数据：177，29%；182，29%；125，20%；139，22%

图 3.20　基于机构活跃度的专利族数量分布

3.4.4　浙江申请人概况

表 3.6 列出了浙江喷药无人机专利申请人概况，包括申请人、申请号、申请日、专利名称、法律状态等信息。

表 3.6　浙江喷药无人机专利申请人概况

申请人	申请号	申请日	名称	最新法律状态
浙江省农业科学院	CN201510250267.0	2015 – 05 – 18	手机遥控自动施肥喷药系统及其施肥喷药方法	实质审查的生效
浙江濛花喷雾器有限公司	CN201210579168.3	2012 – 12 – 28	电动喷雾器电机遥控调速器	发明专利申请公布后的驳回
	CN201220734558.9	2012 – 12 – 28	电动喷雾器电机遥控调速器	专利权的终止
浙江空行飞行器技术有限公司	CN201510151499.0	2015 – 04 – 01	无人机供药结构的液囊	实质审查的生效
	CN201510152535.5	2015 – 04 – 01	无人机供药系统的液囊	实质审查的生效
	CN201510151909.1	2015 – 04 – 01	一种无人机供药系统的液囊架	实质审查的生效

申请人	申请号	申请日	名称	最新法律状态
	CN201510152084.5	2015 – 04 – 01	一种无人机供药结构的液囊	实质审查的生效
	CN201510151982.9	2015 – 04 – 01	一种无人机供药系统的液囊	实质审查的生效
	CN201510237211.1	2015 – 05 – 10	一种无人机补给中心	实质审查的生效
	CN201510315480.5	2015 – 06 – 10	一种自动喷洒药液的无人机	实质审查的生效
	CN201510233853.4	2015 – 05 – 10	一种无人机补给平台及无人机	实质审查的生效
	CN201510237108.7	2015 – 05 – 10	无人机补给中心	实质审查的生效
	CN201510237226.8	2015 – 05 – 10	一种无人机补给平台	实质审查的生效
	CN201510237068.6	2015 – 05 – 10	一种无人机补给装置及无人机	实质审查的生效
	CN201510235923.X	2015 – 05 – 10	一种无人机补给装置	实质审查的生效
	CN201520193530.2	2015 – 04 – 01	无人机供药系统的液囊	授权
浙江空行飞行器技术有限公司	CN201520192954.7	2015 – 04 – 01	一种无人机供药结构的液囊	授权
	CN201520193354.2	2015 – 04 – 01	一种无人机供药系统的液囊架	授权
	CN201520192875.6	2015 – 04 – 01	一种无人机供药系统的液囊	授权
	CN201520193282.1	2015 – 04 – 01	无人机供药结构的液囊	授权
	CN201520300813.2	2015 – 05 – 10	一种无人机补给中心	授权
	CN201520297934.6	2015 – 05 – 10	一种无人机补给装置	授权
	CN201520300640.4	2015 – 05 – 10	无人机补给中心	授权
	CN201520300912.0	2015 – 05 – 10	一种无人机补给平台及无人机	授权
	CN201520300894.6	2015 – 05 – 10	一种无人机补给平台	授权
	CN201520297944.X	2015 – 05 – 10	一种无人机补给装置及无人机	授权
	CN201520399540.1	2015 – 06 – 10	一种自动喷洒药液的无人机	授权

申请人	申请号	申请日	名称	最新法律状态
浙江空行飞行器技术有限公司	CN201520399529.5	2015 – 06 – 10	一种可防止坠毁的无人机	授权
	CN201520399771.2	2015 – 06 – 10	一种可防止坠毁的两栖无人机	授权
浙江大学	CN201410021070.5	2014 – 01 – 17	一种基于GPS的无人机喷药装置及其喷药方法	实质审查的生效
	CN201410594362.8	2014 – 10 – 29	一种用于喷洒农药的旋翼式无人机	实质审查的生效
	CN201410659751.4	2014 – 11 – 18	一种变量喷洒农药的无人机以及方法	实质审查的生效
	CN201420635831.1	2014 – 10 – 29	一种用于喷洒农药的旋翼式无人机	授权
	CN201420692449.4	2014 – 11 – 18	一种变量喷洒农药的无人机	授权
	CN201520086118.0	2015 – 02 – 06	一种减轻药液倾荡的农用植保无人机药箱	授权
	CN201520083653.0	2015 – 02 – 06	一种农用植保无人机用的离心喷雾喷施组件	授权
温州乐享科技信息有限公司	CN201520728837.8	2015 – 09 – 21	一种农用喷洒无人机	授权
	CN201520732656.2	2015 – 09 – 21	一种适用于农用无人机的农药喷洒装置	授权
嵊州领航信息科技有限公司	CN201410718282.9	2014 – 12 – 01	一种农林业专用智能无人机	实质审查的生效
绍兴卓群航空科技有限公司	CN201410128286.1	2014 – 04 – 01	一种农用无人机机载农药自动平衡系统	授权
	CN201420154713.9	2014 – 04 – 01	一种农用无人机机载农药自动平衡系统	专利权的终止
绍兴文理学院	CN201520501161.9	2015 – 07 – 13	一种香榧授粉无人机	授权
邱丽琴	CN201520722796.1	2015 – 09 – 18	外部电源供电遥控旋翼飞行喷药装置	授权
李小岛	CN201220322511.1	2012 – 07 – 05	一种农用飞行器	授权
杭州深空实业股份有限公司	CN201520895425.3	2015 – 11 – 11	多旋翼无人机农药喷洒系统吊舱	授权

3.5 主要发明人和团队

由于专利发明人是对发明创造的实质性特点做出创造性贡献的人，因此这里对喷药无人机技术的全球专利主要发明人及其团队进行了列表（表3.7）分析。

表 3.7 全球专利主要发明人和团队

发明人/团队	所属机构	所属国家	技术领域	专利量/项
张斌斐，汪万里，姚奕成等	浙江空行飞行器	中国	用于消灭有害动物或有害植物的液体喷雾设备；喷射粉状、液态或气态物质的用于与飞机配合或装到飞机上的设备；地面设施	26
戴相超	重庆金泰航空	中国	喷射粉状、液态或气态物质的用于与飞机配合或装到飞机上的设备；机身；机身，机翼，稳定面或类似部件共同的结构特征；起落架在飞机上的配置或排列；其他与机身成一整体便于装载的结构	23
杨玉敏	天津玉敏机械	中国	喷射粉状、液态或气态物质的用于与飞机配合或装到飞机上的设备	18
缪同春	无锡同春新能源	中国	喷射粉状、液态或气态物质的用于与飞机配合或装到飞机上的设备；在飞行中固定旋翼叶片的混合式旋翼机；用自然力所提供的电力的电力牵引	16
仇殿辰	成都好飞机器人	中国	喷射粉状、液态或气态物质的用于与飞机配合或装到飞机上的设备；用于消灭有害动物或有害植物的液体喷雾设备	10
沈建平，沈建文，黄海等	无锡汉和航空	中国	喷射粉状、液态或气态物质的用于与飞机配合或装到飞机上的设备；飞行器三维的位置或航道的同时控制	10
周立新，张宋超，孙竹等	农业农村部南京农业机械化研究所	中国	流体动力学试验；测试颗粒的特性；喷射粉状、液态或气态物质的用于与飞机配合或装到飞机上的设备	9
周志艳，罗锡文，兰玉彬等	华南农业大学	中国	喷射粉状、液态或气态物质的用于与飞机配合或装到飞机上的设备；液体液面电操作的指示、记录或报警装置	8

续表

发明人/团队	所属机构	所属国家	技术领域	专利量/项
何勇，张艳超，刘飞等	浙江大学	中国	喷射粉状、液态或气态物质的用于与飞机配合或装到飞机上的设备	7
马伟，王秀，邹伟	北京农业信息技术研究中心	中国	用于消灭有害动物或有害植物的液体喷雾设备	6

3.6　技术引证分析

从表3.8可以看出，大多数高引专利还是来自美国和日本企业，如美国天宝导航、约翰迪尔和通用电气，日本富士、日本电气和雅马哈，说明这些公司的专利有着很强的基础性，专利受到关注更多，研究能力更强。我国则是南京林业大学、农业农村部南京农业机械化研究所、上海雏鹰科技有限公司、长沙秀丰农业科技有限公司的相关专利受到较多关注。

表3.8　喷药无人机技术领域高引专利

基本专利号	专利权人	优先权年	专利名称	被引次数/次
US6377889B1	TRIMBLE NAVIGATION LTD	2000	Non-linear method of guiding to arbitrary curves with adaptive feedback	113
US6025790A	FUJI HEAVY IND LTD	1997	Position recognizing system of autonomous running vehicle	75
US4981456A	YAMAHA HATSUDOKI KK	1988	Remote controlled helicopter	67
US7610122B2	DEERE&CO	2005	Mobile station for an unmanned vehicle	34
US20040245378A1	FUJIWARA D 等	2003	Autonomous control method for a small, unmanned helicopter	32
JP2003127994A	KANSAI DENRYOKU KK	2001	Control system for unmanned flying object	27
US20120158219A1	GEN ELECTRIC CO	2010	Trajectory based sense and avoid	19
CN102687711A	南京林业大学	2012	静电喷雾式无人直升机施药系统	16
JP2001209427A	FUJI HEAVY IND LTD	2000	Remote controller for unmanned airplane	14
CN101963806A	农业农村部南京农业机械化研究所	2010	基于GPS导航的无人机施药作业自动控制系统及方法	14

基本专利号	专利权人	优先权年	专利名称	被引次数/次
JP2001120151A	NEC CORP	1999	Automatic agrochemical spraying device with radio controlled helicopter using gps	13
CN1631733A	上海雏鹰科技有限公司	2003	超视距自主飞行无人驾驶直升机系统	13
CN202966662U	长沙秀丰农业科技有限公司	2012	一种喷洒农药的无人驾驶直升机	13
CN201395248Y	张杰；李国强；苏时放	2009	遥控直升机航空植保超低量喷雾系统	13
CN201633924U	农业农村部南京农业机械化研究所	2009	无人直升机喷洒装置	12
US20100181416A1	YAMAHA MOTOR CO LTD	2005	Unmanned helicopter	12

3.7 失效专利

表 3.9 列出了喷药无人机技术领域的 34 项失效专利。

表 3.9 喷药无人机技术领域失效专利

基本专利号	专利权人	优先权年	专利名称	技术领域
FR197734382A	PARIS C	1977	Aerial distributor for granular material—has hopper on small remote controlled aircraft which lands on and takes off from demountable platform	粉剂喷雾设备的专门配置或布置
EP1982400353A	PERINET R J Y	1981	Apparatus for aerial dispensing	滑翔机；抛投或释放粉状、液态或气态物质的用于与飞机配合或装到飞机上的设备
US1989369005A	日本雅马哈	1988	Remote controlled helicopter	螺旋桨桨叶自动变距机构；遥控装置
JP199422016A	日本雅马哈	1994	Flight vehicle equipped with speed detection device	起动装置；直升机；用于指示飞机速度或失速状态的仪表；使用无线电波的反射或再辐射的系统

基本专利号	专利权人	优先权年	专利名称	技术领域
JP199465483A	日本雅马哈	1994	Attitude control device for unmanned helicopter	自动操作的起动装置；直升机；机场设施；姿态的控制
JP1994332983A	日本雅马哈	1994	Apparatus for spraying chemical by unmanned helicopter	液体喷雾设备的专门配置或布置；喷射粉状、液态或气态物质的用于与飞机配合或装到飞机上的设备
JP1994332984A	日本雅马哈	1994	Spraying apparatus	粉剂喷雾设备的专门配置或布置
JP1995328013A	日本洋马	1995	Maneuvering device for helicopter	控制叶片相对于旋翼毂的调节或运动
JP1995336208A	日本洋马	1995	Helicopter steering device	用辐射信号自动操作的起动装置
JP1996201521A	日本航空电子	1996	Unmanned helicopter for industrial use	液体喷雾设备的专门配置或布置；旋翼机
JP1996211096A	日本航空电子	1996	Industrial unmanned helicopter	机身；机身，机翼，稳定面或类似部件共同的结构特征；直升机；整流装置
JP1996226677A	日本雅马哈	1996	Unmanned helicopter	飞机框架；桁条；大梁
JP199754983A	日本雅马哈	1997	Unmanned helicopter for industrial service	旋翼机；动力装置与旋翼毂之间直接驱动的旋翼驱动装置；液体喷雾设备的专门配置或布置
EP1998114677A	日本富士	1997	Position recognizing system of autonomous running vehicle	以采用光学方法为特征的计量设备；摄影测量学或视频测量学；通过速度或加速度的测量导航；执行导航计算的仪器；视距测量；按所用的光学方法为特征的测量线速度或角速度的装置；二维的位置或航道控制；通用图像数据处理

基本专利号	专利权人	优先权年	专利名称	技术领域
JP1997217343A	日本 New Delta	1997	Chemical agent-spraying device loaded on radio control system helicopter	液体喷雾设备的专门配置或布置；喷射粉状、液态或气态物质的用于与飞机配合或装到飞机上的设备
JP1997214897A	日本 New Delta	1997	Liquid chemical spraying device mounted on radio-controlled helicopter	液体喷雾设备的专门配置或布置
JP1998174282A	日本 New Delta	1998	Radio controlled helicopter	起落架；旋翼机；减震器或弹簧的布置或配置；直升机
JP1998207770A	日本洋马	1998	Control apparatus of radio control helicopter	液体喷雾设备的专门配置或布置；抛投或释放粉状、液态或气态物质的用于与飞机配合或装到飞机上的设备
JP2003422022A	日本洋马	2003	Remote control helicopter	用于驱动飞行操纵面，增升襟翼，空气动力制动装置或扰流片的操纵系统或传动系统；旋翼机；位置、航道、高度或姿态的控制；用辐射信号自动操作的起动装置；直升机
JP2004343729A	日本洋马	2004	Medicine-spraying apparatus	粉剂喷雾设备的专门配置或布置；直升机；抛投或释放粉状、液态或气态物质的用于与飞机配合或装到飞机上的设备

基本专利号	专利权人	优先权年	专利名称	技术领域
JP2004343730A	日本洋马	2004	Medicine-spraying apparatus	粉剂喷雾设备的专门配置或布置；直升机；抛投或释放粉状、液态或气态物质的用于与飞机配合或装到飞机上的设备
JP2004373893A	日本富士	2004	Chemical spraying system using unmanned helicopter	液体喷雾设备的专门配置或布置；用于驱动飞行操纵面，增升襟翼，空气动力制动装置或扰流片的操纵系统或传动系统；直升机；抛投或释放粉状、液态或气态物质的用于与飞机配合或装到飞机上的设备；用辐射信号自动操作的起动装置
JP2005106213A	日本雅马哈	2005	Image transmission device for pilotless helicopter	直升机；照相机的布置；闭路电视系统
KR200733146A	PARK J	2007	Unmanned aerial vehicles capable of sensing malfunction of medicine sprinkling apparatus	液体喷雾设备的专门配置或布置
TW20121205266U	CHEN H	2012	Spraying device of remote-control flying machine	操纵飞行控制面，升力提高襟翼或类似机构的传送系统；喷射粉状、液态或气态物质的用于与飞机配合或装到飞机上的设备
CN201308876Y	卢光军	2008	远程遥控喷雾装置	以供给液体或其他流体的方法为特征的喷射装置；在喷射系统中控制排出量的装置或特殊适用的方法；具有转动部件的喷洒装置；喷射粉状、液态或气态物质的用于与飞机配合或装到飞机上的设备

基本专利号	专利权人	优先权年	专利名称	技术领域
CN201395247Y	谢伦国	2009	遥控喷雾飞机	喷射粉状、液态或气态物质的用于与飞机配合或装到飞机上的设备
CN201872952U	张德志	2010	用于喷洒农药的共轴式无人直升机	抛投或释放粉状、液态或气态物质的用于与飞机配合或装到飞机上的设备
CN201980419U	田凤柱	2011	遥控喷药飞机	喷射粉状、液态或气态物质的用于与飞机配合或装到飞机上的设备
CN203015712U	浙江濛花喷雾器有限公司	2012	电动喷雾器电机遥控调速器	液体喷雾设备的专门配置或布置
CN203450370U	赵刚	2013	尾翼装置	用电能的传动装置；抛投或释放粉状、液态或气态物质的用于与飞机配合或装到飞机上的设备
CN203558205U	缪昌根	2013	多轴飞行静电植保机	有两个或多个旋翼的旋翼机；抛投或释放粉状、液态或气态物质的用于与飞机配合或装到飞机上的设备；静电喷射装置；能使喷雾带电的喷射装置；用其他的电手段来喷射液体或其他流体的装置
CN203849616U	绍兴卓群航空科技有限公司	2014	一种农用无人机机载农药自动平衡系统	三维的位置或航道的同时控制
CN2875950Y	吴亮	2006	直升飞机打药机	抛投或释放粉状、液态或气态物质的用于与飞机配合或装到飞机上的设备

3.8 小结

从产业发展现状和趋势看，喷药无人机真正的发展阶段出现在 1994 年以后，专利申请量总体呈现快速增长，而且这一趋势延续至今，表明国际上特别是国内对喷药无人机技术的研发热情很高，短期发展前景毋庸置疑。我国起步较晚，直到 2003 年才有第一件专利申请（上海雏鹰科技有限公司申请的"超视距自主飞行无人驾驶直升机系统"），但是从 2012 年开始，专利申请量呈现爆发式增长，远远高于同期其他国家对于喷药无人机技术的专利申请量，这可能有三方面原因：第一是中国消费级无人机市场的火爆带动了专业级无人机的发展；第二则与国家对无人机植保的政策支持有关，如国务院在《"十三五"规划纲要》和《中国制造 2025》中均提出"推进干支线飞机、直升机、通用飞机和无人机产业化"，农业农村部在 2013 年的《关于加快推进现代植物保护体系建设的意见》提出"鼓励有条件地区发展无人机、直升机和固定翼飞机防治病虫害"，中央则在 2014 年的一号文件中提出要"加强农用航空建设"；第三可能与各级政府的专利奖励政策有关。

从技术研发情况上看，喷药系统、飞行平台和飞控系统等是该技术领域的重点。中国在喷药系统、飞行平台和飞控系统的专利申请量均处于绝对的领先地位，并侧重喷药系统的研发；日本则是侧重飞行平台的研发；韩国对于 3 种关键技术的研发投入较为均衡；美国则相对更为重视飞控系统的研发。此外，在飞行平台中，日本侧重直升式喷药无人机的研发，中国侧重旋翼式喷药无人机的研发。

从区域分布角度看，喷药无人机 609 项优先权专利中，中国专利申请量处于绝对的领先地位，占据产业技术所有优先权专利的 70.1%；排名第二的是日本，占据产业技术所有优先权专利的 22.3%；接下来是韩国、美国等。排名前 3 位的国家占了所有优先权专利的 95.2%。国内省市排名中，江苏、广东和浙江申请的喷药无人机专利排名前三甲，其次是重庆、天津、湖南等省市，其中，江苏申请的主力是无锡同春新能源科技有限公司、无锡汉和航空技术有限公司和农业农村部南京农业机械化研究所，广东申请的主力是华南农业大学和深圳市翔农创新科技有限公司，浙江申请的主力是浙江空行飞行器技术有限公司和浙江大学。

从全球专利布局上看，日本除在本国申请外，同时重点在美国、韩国、中国、德国、欧洲等国家和地区进行布局，表明日本更为重视这些国家和地区的市场；美国虽然在喷药无人机领域专利申请量较少，但仍在欧洲、日本、德国、中国、澳大利亚等国家和地区进行了布局。我国作为喷药无人机领域专利申请量排名第一的大国，主要针对本国市场，只申请了 2 项 PCT 专利，这说明国内创新主体的专利保护意识还不够强，而且值得向国外申请专利的真正有价值的技术较少，侧面印证了我国在喷药无人机领域核心技术的缺失。但是，可以注意到，其他国家在中国的专利布局还较弱，这是我国国产化喷药无人机开发的有利条件之一。

从专利质量上看，中国虽然优先权专利数量远多于日本，但无论是总被引次数、平均被引次数、专利被引率还是 PCT 专利数量及美国专利数量等，都远低于日本，说明我国虽然相关专利数量多，但是专利质量较低，研发水平还有待进一步提高。

从竞争机构上看，在全球专利申请排名前 20 位的申请人中，日本企业占了 5 席，分别是雅马哈、洋马、New Delta、航空电子和富士；其余则均是中国申请人。日本企业对于喷药无人机的专利申请集中在 1997 年前后和 2005 年前后，近期相关专利申请较少，研发热情相对减弱，这可能与日本喷药无人机已经产业化有关，而中国申请人对于喷药无人机的专利申请则是集中在 2012 年以后，说明国内近期在为喷药无人机的产业化做准备。

从高引专利来看，大多数高引专利还是来自美国和日本企业，如美国天宝导航、约翰迪尔和通用电气，日本富士、NEC 和雅马哈，说明这些公司的专利有着很强的基础性，专利受到关注更多，研究能力更强。我国则是南京林业大学、农业农村部南京农业机械化研究所、上海雏鹰科技有限公司、长沙秀丰农业科技有限公司的相关专利受到较多关注。

第四章 喷药无人机技术难点和技术发展趋势分析

根据文献调研和专利分析可以得知，喷药无人机的技术难点在于动力系统、飞控系统、喷药系统、施药技术和航空专用剂等几个方面。

4.1 动力系统

喷药无人机的机体重量往往在 10 kg 左右，负载为 10～15 kg，因而对于动力系统总体要求不高，一般使用燃油动力发动机（油动）或者电机（电动）就可以满足动力需求。如果选用电动装置，续航问题是困扰喷药无人机厂商的一大难题，目前行业内较为常见的续航时间仅达 10～15 min（少部分在 20 min 以上），这在很大程度上影响了其使用效率。

我国的农田状况不同于美国。美国主要为大地块形态，农药喷洒用载人机即可解决大部分需求。从纬度、地块形态来看，我国和日本的农田状况更为相似。从作物类型来看，我国和日本都大量种植水稻，因此使用无人直升机是必然的。所不同的，日本的田地间水泥机耕道比较完备，农民收入比较高，每亩喷洒收入是中国的 10 倍。因此，日本选择起飞重量 110 kg 的雅马哈油动无人机作为植保无人机，可以达到出入田间作业，而且较长的滞空时间降低了起降的次数，从而降低了事故率，提升了作业效率。对中国植保无人机而言，既要达到一定的载药量和滞空时间以满足中国田地间作业经济的需求，又要满足中国复杂地况的起降，包括复杂的田埂、沟渠、树林带、田间电线等构成。因此，100 kg 以上的起飞重量和无人机价格在现阶段是不适合中国市场的。现阶段比较实际的机型是载药量 10～15 kg 的、起飞重量在 35 kg 左右的工程型油动无人机。随着土地流转和每亩喷洒收入的提升，高载药量的无人机需求会逐步显现出来。因此，为应对越来越增长的大地块数量和越来越高的人工费用，2015 年以后市场对载药量 15～20 kg 的无人机需求越来越明显，而到 2020 年会出现载药量超过 20 kg 的无人机。总之，高载重、高效率是市场发展的必然趋势。

4.2 飞控系统

飞控系统是无人机的核心部件，是制约产业发展的核心因素。飞机控制器的算法开发需要很长时间的积累。国内的无人机从消费级兴起，工业级别的控制器开发相对较弱。喷药无人机需要在各种地形环境、风力级别等复杂环境下进行工作，因此在开发前期需要积累大量的基础数据。不过，由于近年来飞控系统逐步走向开源，导致行业的技术壁垒降低，使得更多厂商进入成为可能。目前，国内喷药无人机的飞控系统开发基本采用国外开发成型的飞控平台或者国内自主开发的飞控平台加载喷药系统，国内也仅有大疆创新、傲翼飞控、零度智控等少数企业具备飞控系统供应能力。

4.3　喷药系统

　　喷药系统的喷嘴是保证农药喷洒效果的重要零部件，因无人机飞行会对喷洒路径形成漂移，故需要开发雾滴谱窄、低飘移的航空专用可控雾化系列喷嘴。此外，由于喷药无人机作业环境差异性大，需要根据喷嘴、药液类型、天气状况等因素预测可能产生的飘移、雾滴的运动和地面沉积模式等因素，因而需要建立强大的数据库以支撑作业的高效进行。目前，国内企业在此环节均处于经验积累阶段，仅有少部分公司经过多年的试飞试验后积累了较为丰富的经验。

4.4　施药技术

　　与植保无人机低空低量高效施药所配套的施药技术，也是当前市场的短板，使用者没有一套科学完善的判别标准以确定在喷雾过程中所需要的雾滴粒径、雾滴沉积分布密度、农药浓度等施药参数。

　　目前，农用无人机在一定程度上能够做到防漂移、防蒸发，精准度也得到了提高，但农药浪费和环境污染等问题依旧大量存在，在喷雾过程中对施药时机、飞行参数、温度、湿度、风速等操作规范的技术要求有待进一步完善。

　　与发达国家相比，我国航空植保在单位面积用药量、使用农药的主要品种、施药方式、农药利用率等方面还有很大的差距。因此，积极研制低空低量航空施药技术是植保企业和药企共同面临的挑战。相关职能部门、科研院所、植保无人机企业等应联合起来，加快低空低量航空专用农药制剂研发及施药操作规范与检测标准，并及时开展田间试验研究、推广。

4.5　航空专用剂

　　当前植保无人机市场较为混乱，有一种错误的认识是：无人机能飞就能喷药。实际上，市场上的大量植保无人机只适合喷水，不适合低容量与超低容量高效施药，其中关键的原因在于与之配套的专用喷雾系统及航空植保专用药剂。植保无人机采用的是超低容量喷雾，首选的农药剂型应以油剂最好，其次为乳油、水乳剂等，但市场上销售的农药剂型多数为可湿性粉剂、悬浮剂、分散粒剂等，是传统人工喷雾设备所用，并不适合航空作业。而航空专用剂的特性应为：抗漂移、抗蒸发、高沉积、润湿渗透、耐雨水冲刷。而当前市场，与之配套的无人植保机专用农药制剂与低空低量高效施药操作规范还处于研发试验阶段。如何破解这一难题也是很多植保无人机企业和药企正积极探讨的问题，比如深圳诺普信和江苏克胜集团，都专门成立了航空专用药剂和助剂研发部门，正在进行这方面研究。

第五章 浙江省喷药无人机产业发展前景分析与对策建议

5.1 浙江省喷药无人机产业发展 SWOT 分析

5.1.1 浙江省喷药无人机产业发展的机会和优势

1. 国家政策大力支持，具备良好的宏观发展环境

从 2013 年开始，国家陆续出台鼓励农用航空特别是农用无人机发展的政策。

2013 年 5 月，农业农村部《关于加快推进现代植物保护体系建设的意见》提出"鼓励有条件地区发展无人机、直升机和固定翼飞机防治病虫害"。

2014 年 1 月，中央在一号文件中提出要"加强农用航空建设"；11 月，国务院印发《关于引导农村土地经营权有序流转发展农业适度规模经营的意见》，土地流转进度加速，农业合作社、农场等形式的规模化种植正在形成，农业机械化需求在增加。

2015 年 2 月，农业农村部印发《到 2020 年农药使用量零增长行动方案》，要求淘汰传统喷洒工具，推进主要农作物生产全程机械化作业；2016 年 500 个县试点，重点推进高效植保设备。

2016 年，国务院在《"十三五"规划纲要》和《中国制造 2025》中均提出"推进干支线飞机、直升机、通用飞机和无人机产业化"。

此外，2014 年中央在河南、湖南两省将植保无人机列入补贴试点，第一批共补贴 300 架。中央补贴后，河南、山东、福建、山东、江苏、浙江等省份开始推行省内补贴试点，例如，河南省财政拨出专项资金用于无人机的购买补贴，扣除 1/3 省财政专项资金补贴和 1/3 农机购买补贴后，用户仅用 1/3 售价的钱就可以购买喷药无人机。2016 年起多个省份将农用无人机纳入补贴名单。

表 5.1 列出了部分地区喷药无人机已有补贴政策。

表 5.1 喷药无人机已有补贴政策

年份	地区	政策
2014	河南省	农业厅将植保无人机纳入农机购置补贴，享受 1/3 省财政专项资金补贴
2014	珠海市	中央购置补贴和当地配套资金补贴植保无人机售价的 30%
2014	湖南省	出台《超低空遥控飞行植保机》地方标准，为植保无人机的生产和使用提供了规范

续表

年份	地区	政策
2014	扬州市	首次将无人机纳入农机补贴的范围，农业种植大户购买无人机进行喷防可获得总额一半的补贴
2014	宁波市	《宁波市 2014 年农业机械购置补贴实施方案》，同意象山帮农农机专业合作社、象山联富农机专业合作社购置智能无人电动多旋翼施药机各 1 台，市级财政每台补贴 3.5 万元
2014	福建省	首次进入福建省农机购置补贴目录，单旋翼无人机每台补贴 4 万元，多旋翼无人机每台补贴 2 万元
2014	孝感市	孝感市人民政府拨付专项资金，用于对购置农用植保无人机进行专项补贴

我国喷药无人机行业目前归属农业农村部的农业机械化协会管理，由于是一个新兴行业，此前并无相关的标准。2015 年，行业协会联合业内几家知名企业制定了行业标准的初稿——《农业植保无人机系统通用技术标准》，对无人机机体、飞行控制系统提出硬件功能要求。行业标准出台后，还会陆续针对作业质量、飞行规则及人员培训等方面制定相关的规范。此外，2016 年 1 月 4 日，农用无人机"重庆标准"出台，该标准依照"高工效、低喷量、精喷洒、低污染"的原则编写，成为国内农用无人机行业的首个标准。2018 年 6 月 1 日，我国第一个农用无人机国家标准《植保无人飞机质量评价技术规范》（NY/T 3213—2018）正式实施，用于引导企业规范植保无人机的生产经营活动，促进植保无人飞机推广应用，为相关的检测机构提供检测依据。

由此可见，国务院及各相关部委都非常重视喷药无人机在农业生产中的作用和应用，这为喷药无人机术提供了良好的宏观发展环境。

2. 国内市场需求大，具有较高市场潜力

2015 年年底，我国投入使用的农用无人机已超过 3000 台，飞手人数达 2500 多人，大部分集中在种植大户及小型农场中。虽然我国农用无人机的总量依然很低，实际应用面积依然很少，但由于其在施肥、施药、授粉等方面的巨大优势，发展前景广阔。对比日本，日本是无人机植保应用最成熟的国家，目前在田间作业的无人机有 3000 多架，飞手 1.4 万多人，而中国的农作物耕地面积是日本的 24 倍，根据有关咨询机构预测，我国植保无人机市场需求约 2.75 万架。从土地经营规模化角度测算，2015 年土地承包经营权试点覆盖面积达到 5.8 亿亩；农垦系统还有约 9180 万亩耕地，累计土地规模达到 6.7 亿亩，农用无人机一年的理论作业收入接近千亿元。

而且，无人机植保是一个可以做大的行业，在它的下游产业：飞防员培训服务、飞防员派遣服务、无人机维修保养服务、喷洒植保服务、无人机租赁、专用农药销售、无人机代理销售、空中灾情评估、飞机及安全保险、飞行俱乐部及竞技表演等无一不是可以独立经营具有发展前景的项目。

3. 我国喷药无人机处于起步阶段，具有弯道超车可能从文献调研和专利分析结果可以看出，我国喷药无人机正处于起步阶段。国内厂商数量虽已渐具规模，但总体参差不齐。由于飞控系统开源、核心零部件可外购，无人机组装的门槛相对较低，据不完全统计，目前国内有近400家农业植保无人机厂商，但绝大多数是组装厂商，有一部分厂商从航模产品开发转过来，也有一部分是从农药厂转型过来，行业整体的竞争格局较为混乱，并未出现真正意义上的龙头厂商，真正具有核心技术的仅10来家企业，具备完善的研发、生产和服务能力的公司数量更少。企业售后服务体系建设还不完善，服务能力也有待提高。无人机不同于普通农机产品，平日的维修和保养必须到位，并且对维修人员的技术水平要求也很高。国内大多农用无人机出现故障后需要返厂维修，耗时又耗钱，也限制了无人机的推广和应用。目前，主流厂家都已启动建设各自的售后服务体系，如建设4S店、招募经销商并进行培训做维修保养，同时兼为农民做植保服务。此外，目前植保无人机的稳定性和可靠性仍不够，还不能满足大规模、连续作业的要求。如电池续航能力弱，导致作业时需要频繁更换电池，使用效率大打折扣。只有续航能力提高到2~3 h以上才能体现出其效率优势，大范围推广应用。药箱容量小，无法满足大面积农田作业要求。这些情况都为我省企业提供了弯道超车的可能。

4. 浙江省在喷药无人机领域已具有一定研发能力和产业基础

浙江省在喷药无人机领域的专利申请量排名国内第三，涌现了浙江空行飞行器技术有限公司、浙江濛花喷雾器有限公司、温州乐享科技有限公司、嵊州领航信息有限公司、绍兴卓群航空有限公司、杭州深空实业股份有限公司等重点企业和浙江大学等重点科研机构。同时，浙江省建有浙江省植保生物技术重点实验室、富士特植保机械省级高新技术研究开发中心、欧耀植保机械省级高新技术企业研究开发中心等载体，在永康建有浙江省现代农业装备高新技术产业园区，这些均为浙江省喷药无人机产业的发展奠定了良好的基础。

5.1.2 浙江省喷药无人机产业发展的劣势和威胁

1. 浙江省喷药无人机的专利技术缺乏核心竞争力

在喷药无人机领域，中国虽然优先权专利数量远多于日本，但无论是总被引次数、平均被引次数、专利被引率还是PCT专利数量及美国专利数量等，都远低于日本，说明我国虽然相关专利数量多，但是专利质量较低，研发水平还有待进一步提高。浙江省也同样如此。

2. 缺乏喷药无人机的产业配套

在喷药无人机领域，浙江省缺乏从事航空喷药系统、航空植保专用剂、电池等关键技术和难点技术开发工作的企业。此外，飞行平台相关的配套工业产业链集中在深圳等地区，在喷药无人机使用的过程中，一旦发生重要部件损毁的情况，其维修的时间成本很高。同时，也缺乏喷药无人机飞手的人才储备。

3. 国内竞争对手在喷药无人机领域进行了大量专利布局

从专利分析结果可以看出，国内重庆金泰航空、天津玉敏机械、无锡同春新能源、成都好飞机器人、无锡汉和、无锡觅睿恪、深圳翔农、湖南金骏农业、安徽天马航空、深圳天鹰兄弟等企业均在喷药无人机领域布局了大量专利，并已向市场推出多款产品，给其他后来者带来较强的专利壁垒。

4. 国内竞争对手加快跑马圈地实现产业链卡位

近年来，国内喷药无人机产业发展迅猛，竞争激烈，呈现产业链一体化、服务市场跑马圈地的趋势。无人机植保服务正处于市场培育期，购买无人机的客户还比较有限，上游制造企业一般都会主动去做推广服务。另外，无人机植保服务专业性很强，一旦与终端客户建立了合作模式，其他竞争对手很难切入，因此，行业内竞争对手正在有意识加快跑马圈地，以更好实现产业链卡位。这也为后来者的研发和生产带来较大阻碍。

5.2　浙江省喷药无人机产业发展建议

从 SWOT 分析结果可以发现，浙江省发展喷药无人机产业虽然具有国家政策环境好、市场潜力大、国内仍处于起步阶段等机会，并已具有一定研发能力和产业基础，但同时也具有专利技术缺乏核心竞争力、缺乏产业配套等劣势，并面临国内省内较强专利壁垒和产业链卡位的威胁。针对此现状，本文提出以下对策建议。

5.2.1　政府

喷药无人机产业的发展离不开政府的扶持，政府可以从资金和政策两个方面加以推进：

（1）在资金方面：①地方预算内安排一定的额度，专门用于喷药无人机技术创新和重大产业化项目的实施，包括设立共性科研平台专项运行经费，重点加强喷药系统（喷药箱、喷头、药液泵、喷杆、喷控系统）、喷药技术、飞行平台、飞控系统的研究开发；②政府需要加快出台农机购置补贴资金对喷药无人机的支持，并大力推进喷药无人机的租赁，形成专利创造，实施，市场化，到农民有效运用的良性循环。

（2）在政策方面：①政府牵头组织相关专家结合浙江省农机发展现状，在编写浙江省农机发展规划中，将喷药无人机的发展规划纳入其中，用于指导省内企业从事喷药无人机的研发和生产；②政府可以针对一些具有发展潜力的农机企业，如浙江空行飞行器技术有限公司、浙江濛花喷雾器有限公司、温州乐享科技有限公司、嵊州领航信息有限公司、绍兴卓群航空有限公司、杭州深空实业股份有限公司等，重点扶持，争取创出国内国际知名品牌，带动农业和社会经济双重发展；③通过重点项目等形式，鼓励浙江省农业科学院等科研院所和相关农药企业开发航空植保专用剂；④政府牵头，组织喷药无人机开发企业与省内长兴电池优势企业（如天能、超威）共同攻关喷药无人机用电池和电池管理系统相关技术；⑤建立喷药无人机示范应用基地，以喷药无人机的展示、作业、飞手培训作为主要示范内容，促进喷药无人机的推广应用；⑥制定人才引进和培育专项计划，大力引进在喷药无人机领域具有较强实力的人才和团队，鼓励省内高校开设无人机相关专业；⑦政府牵头，组织科技信息服务机构在线实时提供喷药无人机专利预警服务，提供喷药无人机失效专利库和国外未进入中国相关专利库。

5.2.2　企业

企业是技术创新和产品开发的主体，政策要落实于企业，市场要通过企业开拓，为了提高在喷药无人机领域的创新能力、提升在喷药无人机市场的竞争实力，企业需要确定合理的技术研发重点和发展战略，并引进具有较强研发实力的人才，具体有以下几个方面：

（1）在技术研发方面，根据专利分析结果，重点研发喷药系统（喷头和喷控系统）、喷药技术、飞行平台、飞控系统等关键技术，布局喷药无人机用地面设施和喷药容器等潜在热点；要解决喷药无人机电机动力系统的技术难点，在燃料电池和锂电池出现显著技术进步之前，可以通过搭载太阳能电池板、使用陆基激光供电或使用地面电力输送系统（如中国工业设计研究院和上海翰动浩翔航空科技有限公司联合研制的天钩100）供电解决。针对航空专用剂的技术难点，可通过与农药企业如深圳诺普信和江苏克胜集团共同合作研发解决。而针对飞控系统、喷药系统等技术难点，可分别参考以下专利寻求解决方案（表5.2和表5.3）。

表5.2　飞控系统可参考的专利

基本专利号	专利权人	专利名称	被引次数	法律状态
US6377889B1	TRIMBLE NAVIGATION LTD	Non-linear method of guiding to arbitrary curves with adaptive feedback	113	有效
US6025790A	FUJI HEAVY IND LTD	Position recognizing system of autonomous running vehicle	75	有效
US7610122B2	DEERE&CO	Mobile station for an unmanned vehicle	34	过期
US20040245378A1	FUJIWARA D 等	Autonomous control method for a small, unmanned helicopter	32	有效
JP2003127994A	KANSAI DENRYOKU KK	Control system for unmanned flyng object	27	无效

表5.3　喷药系统可参考的专利

基本专利号	专利权人	专利名称	被引次数	法律状态
JP10076996A	YAMAHA MOTOR CO LTD	Stabilizer mounting structure for pilotless helicopter	24	有效
CN102687711A	南京林业大学	静电喷雾式无人直升机施药系统	16	有效
JP2001209427A	FUJI HEAVY IND LTD	Remote controller for unmanned airplane	14	无效
CN202966662U	长沙秀丰农业科技有限公司	一种喷洒农药的无人驾驶直升机	14	有效
JP2001120151A	NEC CORP	Automatic agrochemical spraying device with radio controlled helicopter using gps	13	无效

（2）在发展战略方面，根据专利分析结果：①重点关注日本雅马哈、洋马、New Delta、航空电子、富士及国内重庆金泰航空、天津玉敏机械、无锡同春新能源、成都好飞机器人、

无锡汉和、无锡觅睿恪、深圳翔农、湖南金骏农业、安徽天马航空等领军企业的相关专利申请，掌握喷药无人机技术领域的最新发展趋势；②在下一步的产品研发、生产和销售的过程中，可以在国外企业的重要专利（如表3.8列出的高引专利）的基础上进行研发，也可对表3.9所列的喷药无人机领域34项已失效专利（覆盖飞行平台、喷药系统和飞控系统等关键技术领域）及日本雅马哈、洋马、New Delta、航空电子、富士等国外企业未进入中国的专利进行有效利用；③加强与华南农业大学、农业农村部南京农业机械化研究所、山东农业大学、浙江大学、北京农业信息技术研究中心等在喷药无人机领域申请有较多专利的高校院所的合作。

（3）在人才方面，参考专利分析中喷药无人机的主要发明人和团队，将这些团队或个人作为重点引进方向之一，如农业农村部南京农业机械化研究所的周立新团队、华南农业大学的周志艳团队、浙江大学的何勇团队、北京农业信息技术研究中心的马伟团队等。这些团队的技术特长见表3.7。

第二部分　农业采摘机械手发展动态研究

第六章　采摘机械手发展概述

果蔬采摘机器人是指针对水果和蔬菜，通过编程能完成这些作物的采摘、输送、装箱等相关作业任务的具有感知能力的自动化机械收获系统，需要涉及机械结构、视觉图像处理、机器人运动学动力学、传感器技术、控制技术及计算信息处理等多方面的学科领域知识。果蔬采摘机器人要解决的主要问题是识别和定位果实，并要在不损害果实也不损害其植株的条件下，按照一定的标准将其收获。同时，设计机器人也要考虑经济因素，要能保证其成本不比所替代的人工成本高。果蔬采摘机器人的研究始于 20 世纪 60 年代的美国（1968 年），采用的收获方式主要是机械震摇式和气动震摇式，其缺点是果实易损，效率不高，特别是无法进行选择性的收获。从 20 世纪 80 年代中期开始，随着电子技术和计算机技术的发展，特别是工业机器人技术、计算机图像处理技术和人工智能技术的日益成熟，以日本为代表的西方发达国家，包括荷兰、美国、法国、英国、以色列、西班牙等国家，在收获采摘机器人的研究上做了大量的工作，试验成功了多种具有人工智能的收获采摘机器人，如番茄采摘机器人、葡萄采摘机器人、黄瓜收获机器人、西瓜收获机器人、甘蓝采摘机器人和蘑菇采摘机器人等。

农业采摘机械手的设计通常被认为是农业采摘机器人的核心技术之一，而末端执行器的设计和控制则是农业采摘机械手的关键所在，末端执行器是果实采摘机器人的核心执行部件之一，不同的果实往往需要不同的末端执行器或采摘装置，造成采摘装置的通用性差，其应用范围受到限制。另一方面，由于果实的外表较为娇嫩脆弱，果实形状大部分不规则，果实的生长状况也较为复杂，因此抓取采摘末端执行器的设计的好坏直接影响是农业机器人的核心技术的好坏。果蔬采摘机械手可分为以下几类：纯吸盘式、筒式、针式、多指式等，目前有关农业采摘机械手的研究及发展现状如下。

6.1　农业采摘机械手国外发展现状

果实采摘机器人的机械手末端执行器所要实现的两大关键动作为获取和分离，获取果实通过抓取、吸入等方式，果梗分离通过剪切、扭断等方式，目前国际上对末端执行器的研究基本上采取其中一种获取与分离果实的方式。相关研究有：日本开发了一种茄子采摘末端执行器，该茄子采摘末端执行器采用的分离方式为直接剪断式，由于该执行器没有设计直接收集装置，这样对果实的伤害比较大。美国农业工程师 R. C. Hmrrell 与希腊工程师 T. A. Pool 发明了一种柑橘采摘末端执行器，该末端执行器由一个旋转机械机构、可识别柑橘果实的视觉摄像头及一个超声波检验系统组成，经过试验，该末端执行器采摘成功率达到了 69%，对果实的伤害率低于 37%，摘取成功率比较高。比利时科学家开发了苹果采摘机器人末端执行器，其设计成漏斗的形状，里面安装摄像头，当有果实进入末端执行器控制范围的时候，吸引器将打开并把果实吸入，再通过旋转从而扭断果梗将果实收获，该类机构只适用于特定的果实抓取，对尺寸不同的适应性较差且稳定性不高。

随着研究的深入与创新，夹持类末端执行器机构应运而生，这类末端执行器的夹持器通常由带有真空吸引器和数目不等的手指构成。按手指的数目可分为两指型与多指型，目前大多数果蔬采摘机器人末端执行器为两指，对于外形形状不规则的可能会涉及多指式末端执行器，但从应用范围看，对于形状规则且质量不大的果实基本采用的是两指式。相关研究有：Cho 等（2002）设计的生菜收获机器人采用了两指夹持器。图 6.1 为 Kutz 等（1987）研制的移栽机器人中的两指平行夹持器；图 6.2 为 Ting 等（1990）开发的移栽机器人用两指气压针式夹持器；图 6.3 为 Ryu 等（2001）设计的两指气动夹持器。

图 6.1　Kutz 两指夹持器

图 6.2　Ting 两指气针夹持器

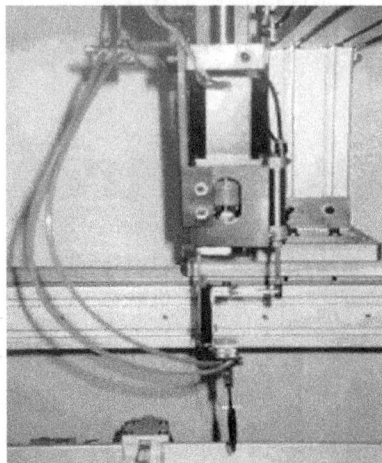

图 6.3　Ryu 两指气动夹持器

日本东京大学 JunQiao 等人开发设计了甜椒采摘机器人末端执行器如图 6.4 所示，该末端执行器具有两个长形的手指，长度为 160 mm，厚度和宽度分别为 1 mm 与 10 mm。两个手指抓住果柄，依靠凸轮的顺时针转动来完成张开和夹紧的动作，采用步进电机驱动凸轮做旋转运动，此凸轮为椭圆形，旋转 90° 后手爪就完成全部过程（包括一次张开与夹紧）。

Kondo 等设计的番茄采摘机械手的末端执行器采用吸盘和两指夹持器结合形式，如图 6.5 所示，采摘成功率达到 85%；Monta 等设计了番茄采摘四指手，由 4 个 90° 间隔分布的手指和一个吸引器组成，如图 6.6 所示，每个手指由 4 节组成，通过缆绳驱动；Ling 等设计了腱缆驱动的番茄采摘四指手，如图 6.7 所示，手指用复合

图 6.4　日本东京大学 JunQiao 等人设计的甜椒采摘机器人末端执行器

材料制成。Kitamura 等设计的甜椒采摘机械手的末端执行器也使用两指形式，如图 6.8 所示。

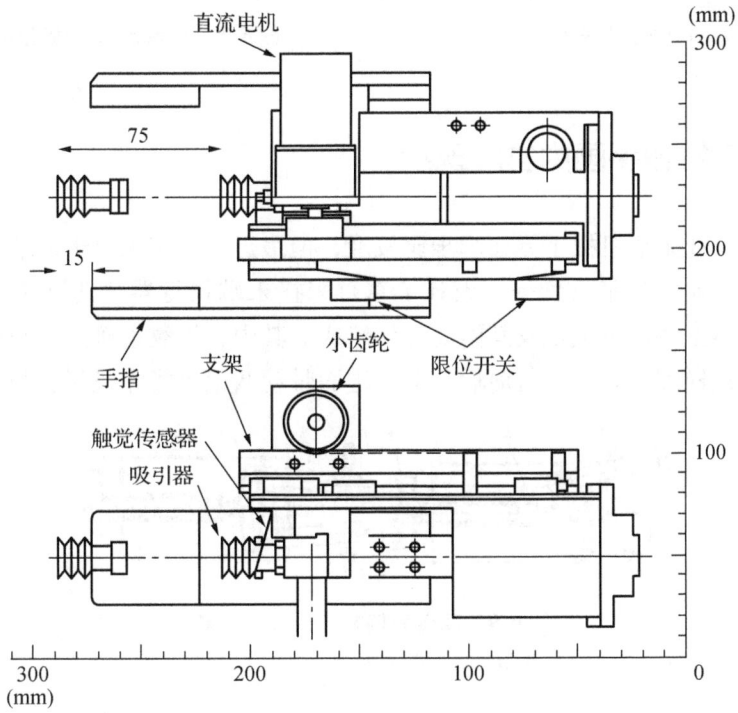

图 6.5　Kondo 番茄夹持器

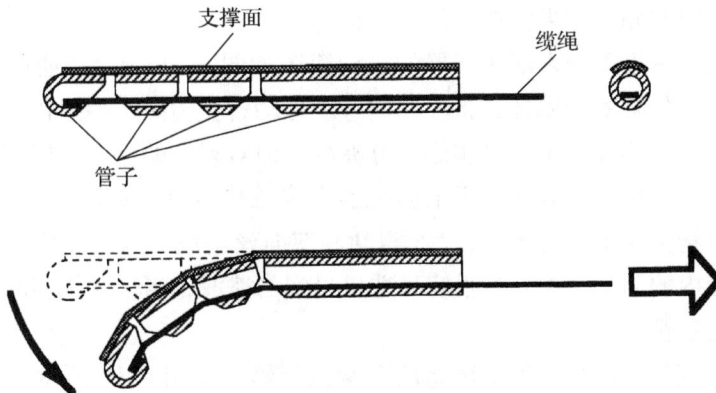

图 6.6　Monta 番茄四指手的手指

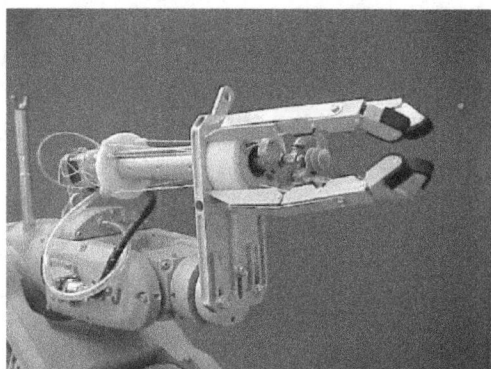

图 6.7　Ling 番茄采摘四指手

图 6.8　Kitamura 甜椒采摘机器人

6.2　农业采摘机械手国内发展现状

国内在研究农业采摘机械手方面起步比较晚，但最近十几年来对于末端执行器的研究越来越深入，中国农业大学张凯良等人设计了草莓采摘末端执行器，其机械原理如图 6.9 所示，该末端执行器主要由机械爪及其附属部件组成。其中，螺纹连接丝杠与内螺纹管，电机带动丝杠转动，这样螺纹管可进行前后运动，进而带动两根手指完成闭合与张开动作。

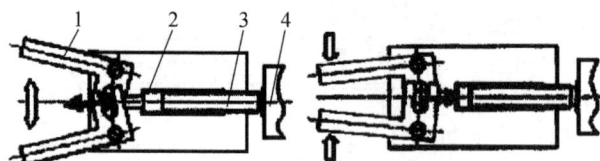

图 6.9　草莓采摘末端执行器示意

1. 手指　2. 内螺纹管　3. 丝杠　4. 电机

刘继展等研制了番茄采摘机器人末端执行器如图 6.10 所示，夹持部分采用两指夹持机构，手指指面设计成带有弧度的形状，同时由于番茄是成束生长的，研制过程中增加了真空吸盘，避免了采摘时对相邻的果实造成的一定损害。

马履中等发明的苹果采摘末端执行器的机构简图如图 6.11 所示，通过销轴与两个手指后端滑槽的高副连接气缸的活塞杆，将导杆的直线运动转化为两个手指机构绕固定转动轴的摆动运动，这一导杆机构实现了对果实的充分夹持，但对果实的保护作用就有所欠缺。

中国农业大学刘长林等设计的茄子采摘机器人末端执行器，如图 6.12 所示为其抓取机构简图，该抓取机构由 4 个夹持手指、2 个滑轨和双向丝组成。该末端执行器可以收获尺寸为 3～6.5 cm 范围内的茄子，作业时很容易造成果实的遗漏，当松开果实时，回位弹簧降低了执行器的整体稳定性。

居洪玲、姬长英等设计了一种多用途的末端执行器，如图 6.13 所示，不仅能收获苹果和梨，也可以一同收获其他生长类似的果实。此末端执行器的抓取机构主要由 3 个机械爪、

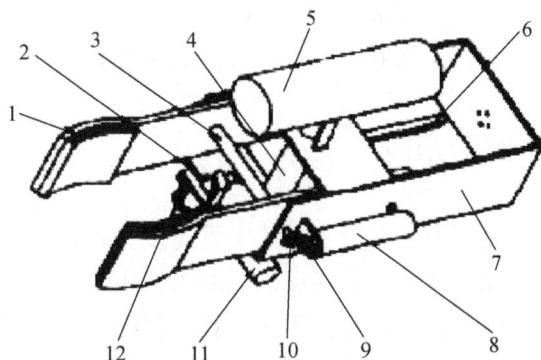

图 6.10　番茄采摘机器人末端执行器主体结构示意

1. 手指　2. 真空波纹吸盘　3. 双向螺杆　4、8、11. 直流伺服电动机　5. 激光聚焦透镜

6. 齿条　7. 外壳　9、10. 锥齿轮　12. 齿轮

图 6.11　苹果采摘机器人末端执行器夹持机构结构示意

1. 薄型气缸　2. 支架　3. 活塞杆　4. 导杆　5. 销轴

6. 转轴　7. 手指　8. 海绵材料　9. 橡胶材料　10. 滑槽

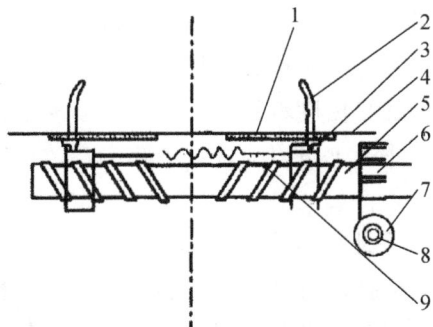

**图 6.12　茄子采摘机器人末端
执行器结构示意**

1. 滑轨　2. 夹持手指　3. 丝杠上的螺母

4. 末端执行器外壁　5. 双向丝杆　6. 蜗杆

7. 蜗轮　8. 电机轴　9. 回位弹簧

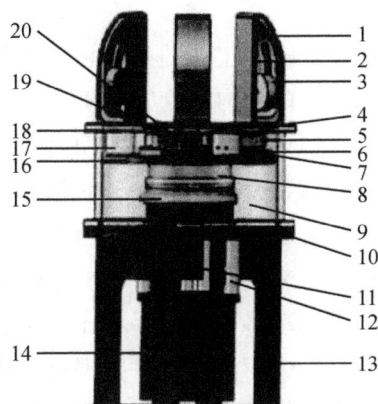

图 6.13　多用途采摘机械手末端执行器结构示意

1. 机械爪　2. 弹性材料　3. 传感器　4. 上护盖

5. 齿条　6. 止动块　7. 直线滑轨　8. 支撑套

9. 定外环　10. 电磁离合器　11. 联轴器　12. 座架

13. 支座　14. 电机　15. 电磁离合器　16. 转盘

17. 垫脚　18. 连接杆　19. 齿轮　20. 传动轴

直线滑轨和止动块几个部分组成。可采摘的水果的直径范围为 20~90 mm。该末端执行器具有机械限位装置及机械缓冲装置，能够实现对果实的安全有效抓取，但结构比较复杂。

6.3 农业采摘机械手发展方向

在实际农业采摘机械手应用中大多数末端执行器是多指式，多指式末端执行器属于机器人学中的多指灵巧手研究领域，果实的采摘可以归结为多指手对具有不同几何形状和外表特性的物体的抓取问题。在设计果蔬采摘机械手末端执行器时必须考虑被采摘果实的生物、机械等特性及栽培方式。目前，大多数果蔬采摘机械手末端执行器为二指，主要用于外形规则的小型果实；也有一些三指和四指的末端执行器，用于外形不规则或较大的果实。

目前，果蔬采摘机械手的末端执行器都是专用的，采摘机械手只能对一种果实进行收获，是采摘机器人效率难以提高的主要原因，也是制约采摘机械手未来发展与应用推广的关键瓶颈。要突破这一瓶颈，就必须提高末端执行器的通用性和灵活性。这就要求增加末端执行器中手指和关节的数量，但同时又会带来系统成本和使用成本大增等负面影响，这和多指灵巧手的研究现状也是一致的。尽管 20 多年来多指灵巧手的理论和实践研究都取得了显著的进步，但绝大多数的灵巧手系统太复杂，成本高，通用性差，仍停留在实验室阶段，更难以运用到农业工程实践之中。因此，要提高采摘机器人的效率，关键之一是必须对采摘机械手末端执行器进行创新设计，以结构更为简单、通用性强的末端执行器来实现期望的抓取功能，这是一个极具挑战性和工程实际意义的难题。理想的果蔬采摘机械手末端执行器应该具备以下特点：①通用性和灵活性强，无须更换或只需很少的调整就可以抓取不同类型果蔬；②系统简单、成本低、可控性好、易于操作和维护；③可以实现果蔬的无损采摘。对应以上几点，现代空间机构学和人手运动机理研究的进展为解决这一难题指出了新的思路：欠驱动多指手。

通常一般机构正常工作的条件是驱动器的数目等于机构本身自由度的数目，即所谓的全驱动方式，如常见的 6 自由度工业机器人都具有 6 个电机。当机构的驱动器数目少于机构本身自由度数目，但可靠机构自身的动力约束条件来正常工作，称这类机构为欠驱动机构。多指手的手指通常有数个关节，关节数就等于该手指机构的自由度数目，在全驱动方式下，手指上每个关节都必须加装驱动器；而在欠驱动方式下，手指上可以只装一个驱动器，依靠弹簧和机械限位装置来实现机构正常工作所需的动力约束条件。

和一般的全驱动多指灵巧手相比，欠驱动多指灵巧手具有驱动器数目少、成本低、控制简单、可靠性高、体积小而且可实现对物体形状的自适应抓取等特点。欠驱动灵巧手这种自适应抓取的特点由机构设计决定，不需要额外的控制。目前，国际上研究水平领先的欠驱动灵巧手为加拿大 Laval 大学 Gosselin 研究组开发的 10 自由度欠驱动灵巧三指手，只使用两个电机驱动，一个电机负责 3 个手指的抓取开合运动，另一电机完成手指的转向。V. Begoc 等人研制的气动欠驱动手指由 2 个 3 关节的手指构成，只需要一个气源即可驱动 6 个自由度。该气动手每个手指由 4 个气缸通过气动控制回路由一个气源驱动，可以自适应物体的形状，满足捏取或者是包络抓取。此外，Rodriguze 等研制了一台 15 自由度单电动机驱动的多指手，无须任何传感器及反馈控制即可实现安全而可靠的抓取；Giovanni 等研制了一台 20 自由度 9 个驱动电动机的多指手。

关于欠驱动多指手的研究，国内主要有哈尔滨工业大学、清华大学、北京航空航天大学、合肥智能机械研究所、浙江理工大学等。张文增等提出利用手指抓取物体时与物体存在的相互运动关系来设计欠驱动多指手；刘宏等研制了四手指 13 自由度的 DLR-HIT 欠驱动多指手，所有驱动器都集成在手掌中，质量小，结构紧凑，该手还集成了 96 个传感器，手指是根据欠驱动原理设计的，靠四连杆机构推动。骆敏舟等研制了锥齿轮差动传动的三关节欠驱动手指并分析了抓取特性；刘正士等设计了基于水下典型操作任务的欠驱动手爪；浙江理工大学提出了一种新型欠驱动苹果采摘末端执行器机构，采用多关节手指实现了一个驱动器驱动 7 个自由度的欠驱动自适应抓取机构；崔鹏等采用腱传动式仿生机械手取代了简单的夹具，提高了末端执行器在复杂环境中抓取苹果的适应性，但存在灵活性过高等问题；李秦川等设计的 ZSTU 欠驱动多指手，主要采用四连杆机构，能够实现精确捏去和包络抓取，由三个构造一致的手指组成，该欠驱动多指手通用性比较强、结构相当简单，而且由于欠驱动手指具有柔性特点，因此可实现对果蔬的无损采摘，如图 6.14 所示。

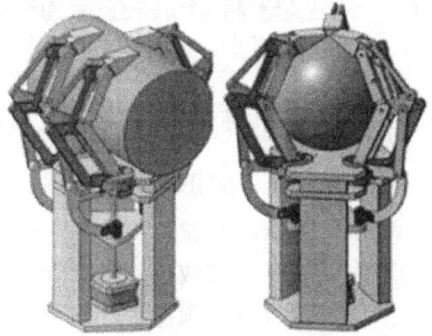

图 6.14　欠驱动多用途
采摘机械手结构示意

第七章　农业采摘机械手最新研究进展及国内相关项目

7.1　农业采摘机械手最新研究进展

7.1.1　日本农林水产省下属研究机构

日本农林水产省下属研究机构计划在 2020 年年底之前研发采摘苹果、梨等果实的机器人。此举旨在通过农业机器人大幅节省农业劳动力，从而推动大规模果树经营。目标是将果树生产作业时间最多减少五成，争取最晚在 2025 年左右推向市场进行销售。为了便于农户引进，售价将总计控制在 600 万日元（约合人民币 40 万元）以下。此项研究的代表机构是位于茨城县筑波市的农业食品产业技术综合研究机构。雅马哈发动机公司、电装公司、立命馆大学及青山学院大学等产学官总计 21 个团体将参与其中。

7.1.2　日本松下公司——番茄采摘机器人

2015 年，日本松下公司开发出一款番茄采摘机器人（图 7.1），搭载其自产的图像传感器，能够实现番茄的无人采摘。现已在日本农户进行试用，日本松下公司希望进一步提高传感器性能，最终实现商品化，并计划在本公司的植物工厂内使用这款机器人。该番茄采摘机器人使用的小型镜头能够拍摄 7 万像素以上的彩色图像。首先通过图像传感器检测出红色的成熟番茄，之后对形状和位置进行精准定位。机器人只会拉拽菜蒂部分，而不会损伤果实。在夜间等无人时间带也可进行作业。采摘篮装满后，将通过无线通信技术通知机器人自动更换空篮。可对番茄的收获量和品质进行数据管理，更易于制定采摘计划。正在研发中的型号采摘 1 颗番茄需要花费 20 s 左右，日本松下公司今后将进一步提高传感器性能，采摘速度有望提高至 6 s。

7.1.3　日本 Squse 公司——番茄自动收获机器人

2015 年国际机器人展上日本 Squse 公司展示了其最新研发的番茄自动收获机器人（图 7.2），该机器人利用分别配备在机器人主体和 2 个机械臂顶端的摄像头和距离图像传感器，识别番茄果穗和果实。发现果实时，配备于机器人主体的 2 台丹麦 Universal Robots 公司的多关节机器人 "UR5" 就会移动手臂采摘果实。现在，从搜索果实到采摘需要 20 s。

图 7.1　番茄采摘机器人

图 7.2　日本 Squse 公司的番茄自动收获机器人

7.1.4　日本宇都宫大学——草莓采摘机器人

2015 年国际机器人展，日本宇都宫大学、日本农学部和 NEC 共同开发的草莓采摘机器人（图 7.3a）可负责草莓采摘、装箱到搬运等工作。机器人采用测域传感器，在栽培棚内并排行走。通过图像处理识别草莓成熟度，只采摘完全成熟的草莓。机械臂可检测出果实上部的茎，在不接触果实的前提下采摘。另外，该大学还开发了装草莓的容器（储藏盒，图 7.3b），防止在运输过程中损伤草莓表面。

7.1.5　荷兰瓦格宁根大学研究中心——黄瓜采摘机器人

瓦格宁根大学研究中心研制的黄瓜采摘机器人（图 7.4）还可应用于荷兰的甜椒，比利时的苹果和葡萄等的采摘，甜椒的测试在 2015 年 7 月份已经完成；对于苹果和葡萄的测试

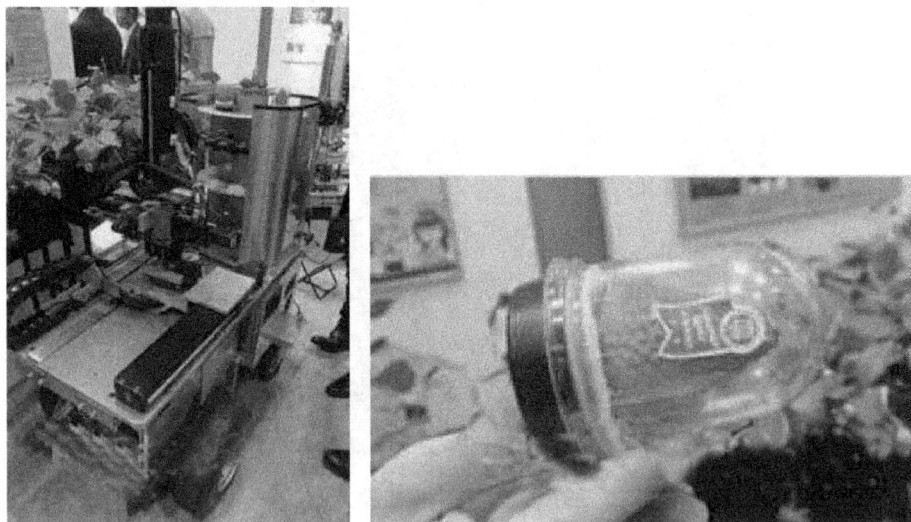

a　采摘草莓的机器人　　　　　　　　　　b　装草莓的容器

图 7.3　采摘草莓的机器人及装草莓的容器

已经完成。对于喷洒，田间试验已经完成。新的收割机，外观质量检查和花椰菜视觉系统，正在初创企业 Agritronics 进行开发。

图 7.4　黄瓜采摘机器人

7.1.6　意大利格瑞斯（Guaresi）公司——番茄采收机

意大利格莱斯（Guaresi）公司研制的自走式番茄采收机（图 7.5）是为适应大型的生产要求特别设计的。配备了一个 40 通道电子分拣机，可满足大量番茄收获的分拣需求。2015 年用于新疆沙湾县番茄的采摘。

7.1.7　美国 Harvest CROO Robotics 农用机器人公司——草莓采摘机

美国 Harvest CROO Robotics 农用机器人公司研发的草莓采摘机（图 7.6）主要的功能设

图 7.5　番茄采摘机

图 7.6　草莓采摘机

计采用了自主地移动装置，该装置采用立体视觉图片定位在三维空间的任何水果或蔬菜，然后使用一个机器人臂采摘所选的浆果并放在传送带上，2015 年正处于测试阶段。

7.1.8　华盛顿州立大学——苹果采摘机器人

华盛顿州立大学的苹果采摘机器人在 2013 年获得了美国国家机器人计划的资助，2015 年制造出苹果采摘机器人原型，并进行了测试。

7.1.9　英国西尔索农机研究所——采摘蘑菇机器人

英国是世界上盛产蘑菇的国家，蘑菇种植业已成为排名第二的园艺作物。据统计，人工每年的蘑菇采摘量为 11 万 t，盈利十分可观。为了提高采摘速度，使人逐步摆脱这一繁重的农活，英国西尔索农机研究所研制出采摘蘑菇机器人。它装有摄像机和视觉图像分析软件，用来鉴别所采摘蘑菇的数量及属于哪个等级，从而决定运作程序。采摘蘑菇机器人在机上的一架红外线测距仪测定出田间蘑菇的高度之后，真空吸柄就会自动地伸向采摘部位，根据需要弯曲和扭转，将采摘的蘑菇及时投入到紧跟其后的运输机中。它每分钟可采摘 40 个蘑菇，速度是人工的两倍。

7.1.10　美国 Energid 科技公司——收获柑橘的机器人

美国 Energid 科技公司获得美国农业部的资金正在开发一种收获柑橘的机器人（图 7.7）。所开发的机器人具有机器视觉和操作的能力，适用于收获柑橘，苹果，以及其他种类的水果。Energid 科技公司的方案结合了机器人的智能和批量收获的经济性。使用一个低成本的机制，通过视觉传感器和高速的计算机进行信息处理和控制。水果摘取的末端执行器为一次性使用，可快速更换，维修费用低廉。该系统可以远程或附近控制，系统的设计目标是，每秒钟摘取 32 个水果，持续摘取 16 次，留在树上的水果将少于 4%。该水果采摘系统有多个网格盘，每个网格盘有 16 个气动驱动采摘装置，通过许多相机的视觉反馈引导采摘装置末端执行器剪断水果的茎。一个完整的系统将有 1~4 个网格盘。在每个网格的摘取装置可以安装有多种类型的末端执行器。大部分是简单固定的结构用于剪断水果的茎而不碰伤水果，如图 7.7 所示，锋利的刀面用于剪断茎，圆滑表面的护套防止破坏水果。执行器头部容易拆卸，便于更换其他类型的末端。

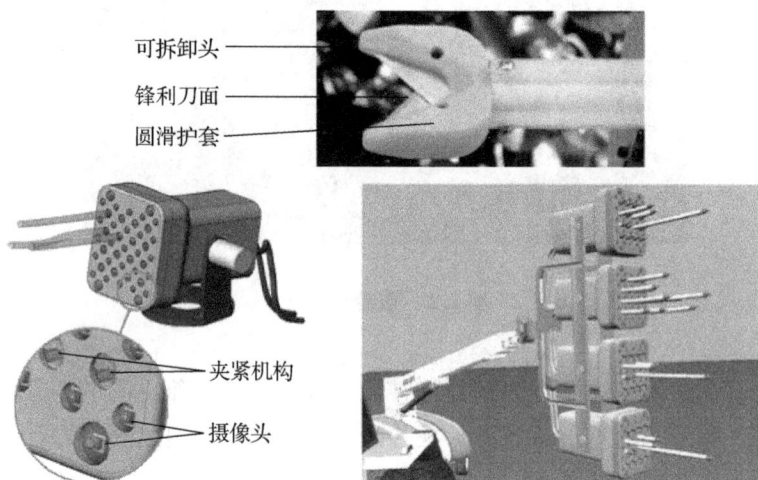

可拆卸头
锋利刀面
圆滑护套
夹紧机构
摄像头

图 7.7　收获柑橘的机器人

7.1.11　苏州博田公司——果蔬采摘机器人

苏州博田公司于 2016 年新疆农博会上展示首台我国自主生产的果蔬采摘机器人（图 7.8），为新疆的林果业实现自动化、高效化和智能化提供装备支持。

图 7.8　苏州博田公司研发的果蔬采摘机器人

7.1.12　华南农业大学——智能采摘机器人

2016 年广东省现代农业科技创新成果对接会上，华南农业大学展示了其研发的智能采摘机器人（图 7.9），该机器人最突出的长处就是像铁壁阿童木一样有着"火眼金睛"，可采用双目立体视觉在果园中对果实进行定位，获得视野内多个随机水果目标，然后再用数学规划方法对采摘作业路径进行自主规划，最后伸出机械臂末端的拟人夹指来采果子。它在摘果的时候不会很粗鲁，先用夹指将果枝夹紧，然后以切割的方式来切断果枝。由于末端的执行器具有一定通用性，因此可以对多类瓜果进行作业，包括荔枝、柑橘、黄瓜等。

图 7.9　华南农业大学研发的智能采摘机器人

7.2　国内相关项目

农业采摘机器人的相关国内项目见表 7.1。

表 7.1　农业采摘机器人相关国内项目

计划名称	项目/课题名称	承担单位	立项/批准年度
浙江省公益技术研究农业项目	山核桃采摘设备的研制与示范	浙江农林大学 杭州正驰达精密机械有限公司	2011 年

计划名称	项目/课题名称	承担单位	立项/批准年度
浙江省公益技术研究工业项目	杨梅果机械化采摘技术及低损采摘机械手研究开发	衢州学院	2010 年
863 计划	新型气动柔性驱动器及其在机器人系统中的应用研究	浙江工业大学	2009 年
新疆生产建设兵团科技支疆计划和师市科技攻关计划	大型机械化采棉机采摘头研制	石河子贵航农机装备有限责任公司 中国农业机械化科学研究院等	2008 年
863 计划	设施农业果蔬采摘机器人	中国农业大学等	2007 年
863 计划	温室环境下果实信息感知与黄瓜采摘机器人关键技术研究	中国农业大学 浙江工业大学	2007 年
863 计划	果树采摘机器人关键技术研究	中国农业机械化科学研究院 江苏大学	2007 年
863 计划	移动式果树采摘机器人关键技术研究	南京农业大学	2006 年
863 计划	基于机器视觉的果树采摘机器人关键技术研究	中国农业大学	2006 年
浙江省重大科技专项重点项目	名优绿茶机械化采摘加工技术及设备研制	中国农业科学院茶叶研究所 浙江川崎茶业机械有限公司等	2006 年
863 计划	温室内全方位自主行走果蔬采摘机器人关键技术研究	浙江大学 浙江理工大学	2006 年

第八章 农业采摘机械手专利分析

我国农业采摘机械手的研究起步较晚，处于技术模仿与改进向自主创新研发过渡阶段。在此环境下，做好对农业采摘机械手知识产权的战略规划尤为重要。而且，近年来，劳动力成本的大幅提高，世界各国都在加快推进农业采摘机械手的商业化进程，中国的农业装备企业更需要开阔视野，了解农业采摘机械手技术发展趋势，获得关键技术信息，把握发展机遇，实现弯道超车。而专利分析可以帮助用户实现这些目的。

专利分析是提高企业创新水平、把握市场方向的重要途径，是避免专利纠纷、规避经营风险的有效手段，是提高经济增长质量和效益的保障。本章通过对农业采摘机械手领域国内外专利产出趋势、技术生命周期、重点技术和热点技术、专利区域分布、专利竞争机构排名和技术布局、主要发明人、技术引证等内容进行数据采集和分析，掌握农业采摘机械手技术发展现状和趋势，绘制农业采摘机械手专利地图，为浙江省农业采摘机械手产业的发展提供全面、系统和可靠的竞争情报，并提出相应的专利战略建议。

本章中，使用德温特专利数据库，结合关键词和 IPC 分类号进行专利检索和数据采集，所采取的关键词有：manipulator、end effector、end actuator、mechanical hand、machine hand、mechanical arm、machine arm、mechanical claw、machine claw 等，所选取的 IPC 分类号为 A01D-046，B25J-015 等。根据检索策略，再经过去重和筛选，共得到与农业采摘机械手相关的德温特专利 405 项专利族，中国专利 227 项，其中，中国为优先权国的中国专利为 226 件（检索时间范围为 1962 年至 2016 年 5 月）。专利分析工具上，综合应用了 Thomson 公司的 TDA、Thomson Innovation 及国家知识产权局知识产权出版社专利分析软件 PIAS 等工具，其中，PIAS 用来导入德温特专利数据库中的中国专利，以进行相关分析。另外，这里所检索得到的数据只包括农业采摘机械手（末端执行器）的构造及控制，不包括采摘装置其他关键技术（如视觉识别、行走等）。

8.1 全球专利申请基本状况

8.1.1 技术发展分析

从农业采摘机械手全球专利族申请年度分布情况（图 8.1）来看，农业采摘机械手技术发展大致可分为两个阶段：

第一阶段：技术孕育阶段。最早的农业采摘机械手技术专利申请出现在 1976 年，一直到 2005 年，几乎每年专利申请量都不足 10 项，说明农业采摘机械手技术处于孕育阶段。

第二阶段：起步发展阶段。2006—2014 年，农业采摘机械手技术每年的专利申请量保持在 10~50 项。同时，中国在该阶段中专利数量呈现快速增长趋势，并主导了农业采摘机械手的发展。

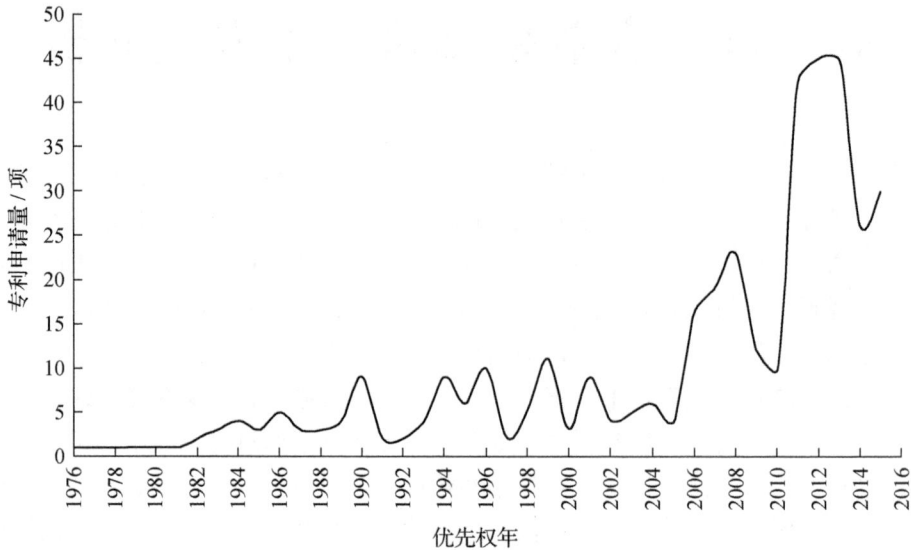

图 8.1 农业采摘机械手全球专利族申请年度分布

农业智能采摘机械是综合了电子、机械、计算机、传感器、控制技术、人工智能、仿生学和农业知识等多种学科交叉的智能机械，在过去相当长的时间内，由于对采摘对象识别存在一定难度，限制了采摘机械手的发展，但随着图像识别技术的发展，农业智能采摘机械也将快速进入高速发展阶段。数据表明，农业智能采摘机械手的快速发展与中国对农业智能采摘机械手相关技术的研发热情开始高涨是分不开的。如图 8.2 所示，中国、日本、俄罗斯、美国、韩国是全球农业采摘机械手相关专利的主要优先权国。可以发现，日本、俄罗斯、美国、韩国等国农业采摘机械手相关专利申请量的年度分布趋势基本一致，基本都是处在一个技术孕育波动发展期。而我国不同，虽然我国在 1990 年出现第一件相关专利申请，但在此后一直到 2002 年，相关专利数仍为 0，2003 年我国农业采摘机械手专利申请量开始快速增长，专利申请占农业采摘机械手专利族总数的比重也快速提升，发展到 2012—2014 年我国农业采摘机械手专利申请主导了全球农业采摘机械手专利申请，占比都在 80% 以上（图 8.3）。说明我国利用经济和政策带来的后发优势，将主导农业采摘机械手技术的后期发展，我国作为农业采摘机械手主要生产国和消费国，技术研发能力不断提升。

8.1.2 技术生命周期

一般而言，技术的发展需要经过 4 个阶段：第一阶段为技术孕育期，早期技术萌芽期，企业进入意愿低，专利申请数量和申请人数量均很少；第二阶段为技术成长期，这一阶段产业技术有突破或厂商对于市场价值有了认知，竞相投入发展，专利申请量与专利申请人数急速上升；第三阶段为技术成熟期，厂商投资于研发的资源不再扩张，只剩少数继续发展此类技术，且其他厂商进入此市场意愿低，专利申请量与专利申请人数成长逐渐减缓；第四阶段

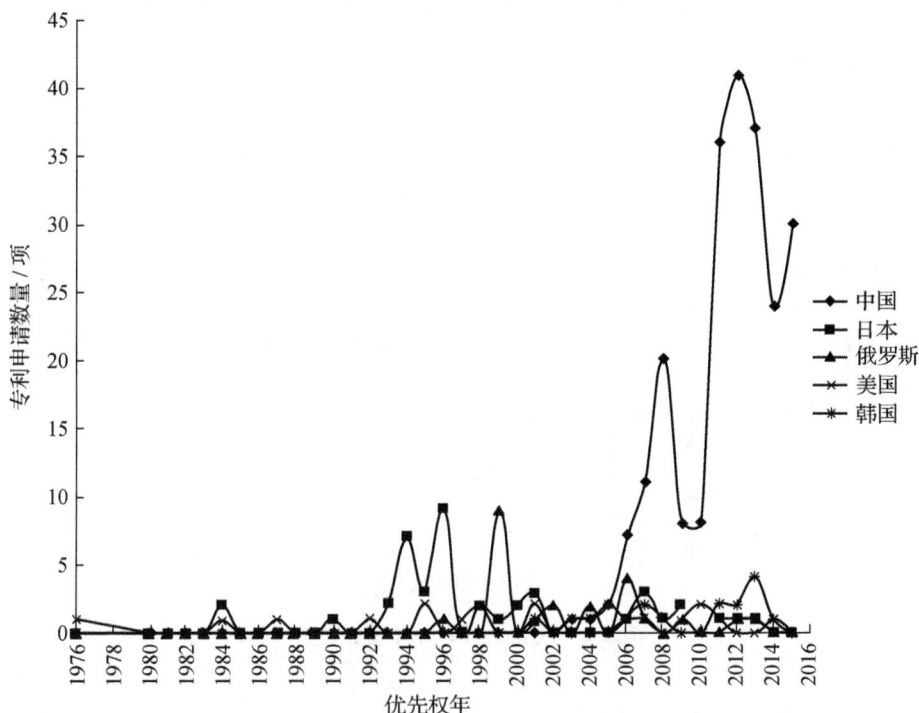

图 8.2　农业采摘机械手各主要优先权国专利申请年度分布

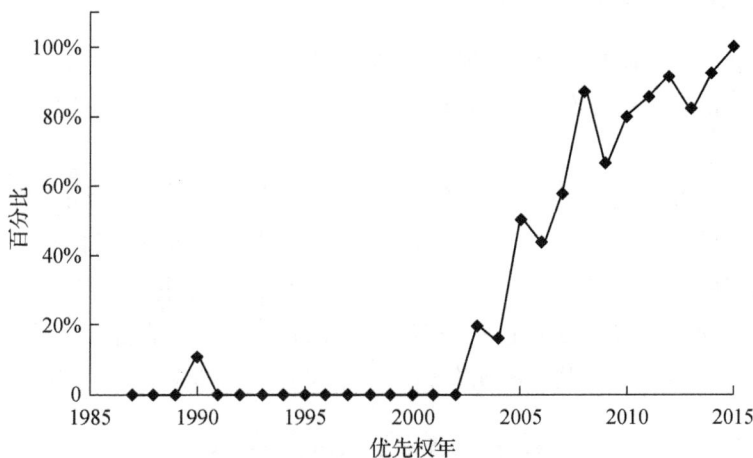

图 8.3　我国农业采摘机械手专利申请占农业采摘机械手专利族总数比重变化情况

为技术瓶颈期，产业技术研发遇瓶颈难以突破或此类产业已过于成熟，专利申请量与专利申请人数呈现负成长。

从图 8.4 可以看出，全球农业采摘机械手技术经过 1976—2004 年的第一阶段技术孕育期后，大致在 2005 年前后开始进入第二阶段技术成长期，专利数量和申请人数量大幅攀升，虽然在 2013—2014 年时间段专利申请量上有所下降，但申请人数还在增加，说明由于政策因素导致大量研发人员涌入该领域，该技术呈现稳步发展的趋势，还未见该技术进入成熟期的迹象。

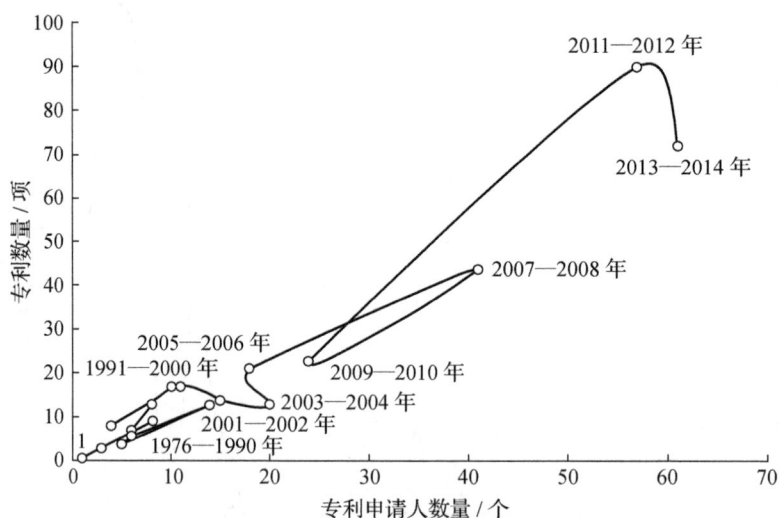

图 8.4　农业采摘机械手技术周期

8.2　技术领域专利申请状况

8.2.1　主要技术领域专利族分布

国际专利分类号（IPC）包含了专利的技术信息，通过对农业机器人技术相关专利进行基于 IPC 的统计分析，可以了解、分析农业采摘机械手专利主要涉及的技术领域和技术重点等。

表 8.1 列出了从 IPC 代码中提取前 20 项主要相关技术，清晰地反映农业采摘机械手热点技术分布情况，可以看出，排名第 1 到第 3 位都是具有采摘水果、蔬菜、啤酒花等类似作物的装置这一固有特征的技术主题。排第 4 位的是具有抓手构件这一农业采摘机械手特征的技术主题，所属专利族申请量占所有专利族申请量的 9.38%。排名五位的是具有夹头这一农业采摘机械手特征的技术主题，所属专利族申请量占所有专利族申请量的 6.91%。

表 8.1　排名前 20 位的 IPC 代码

IPC 代码	相关技术	专利族数量/项	百分比
A01D-046/30	用于采摘作物的自动装置	122	30.12%
A01D-046/00	水果、蔬菜、啤酒花或类似作物的采摘	82	20.25%
A01D-046/24	采摘苹果或类似水果的装置	67	16.54%
B25J-015/08	有抓手构件的夹头	38	9.38%
B25J-015/00	夹头	28	6.91%

续表

IPC 代码	相关技术	专利族数量/项	百分比
A01D-046/247	手动操作的水果采摘工具	27	6.67%
B25J-009/08	以部件结构为特征的程序控制机械手	20	4.94%
B25J-013/08	机械手控制装置的输出	20	4.94%
B25J-011/00	机械手	16	3.95%
B25J-005/00	装在车轮上或车厢上的机械手	13	3.2%
A01D-046/22	附装在采摘机上的篮子或袋子	12	2.96%
B25J-013/00	机械手的控制装置	12	2.96%
B25J-019/04	与机械手配合的附属装置（观察装置）	12	2.96%
B25J-009/00	程序控制机械手	10	2.47%
B25J-019/00	与机械手配合的附属装置	10	2.47%
A01D-045/00	生长作物的收获	9	2.22%
B25J-009/10	机械手定位装置	9	2.22%
B25J-015/02	随动的夹头式机械手	9	2.22%
B60P-001/54	用于自装或自卸吊车的机械手	9	2.22%
B25J-009/18	程序控制机械手（电的）	8	1.98%

图 8.5 为农业采摘机械手主要技术领域研究热点的分布，如图所示，国际上对 A01D-046/30、A01D-046/00、A01D-046/24、B25J-015/08、B25J-015/00、A01D-046/247、B25J-009/08 这些技术领域比较关注。其中，A01D-046/30（用于采摘作物的自动装置）、A01D-046/00（水果、蔬菜、啤酒花或类似作物的采摘）、A01D-046/24（采摘苹果或类似水果的

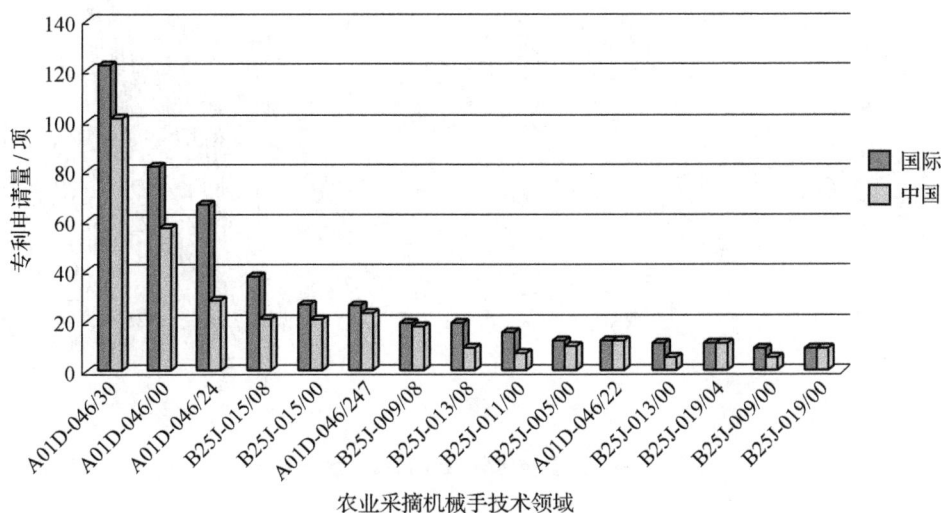

图 8.5　主要技术领域专利族分布

装置）作为农业采摘机械手固有特征的技术领域大部分专利都将涉及。B25J-015/08（有抓手构件的夹头式机械手）、B25J-015/00（夹头）、A01D-046/247（手动操作的水果采摘工具）、B25J-009/08（以部件结构为特征的程序控制机械手）、B25J-013/08（机械手控制装置的输出）为技术研发的焦点。国内研发热点与国际上基本吻合，而且在排名前10位的热点技术领域中，我国的专利数量均占主导地位。

8.2.2 主要技术领域专利族年度分布

进一步对主要技术领域进行年度走势分析（图8.6），可以得到农业采摘机械手各类关键技术年度发展情况。其中，作为农业采摘机械手固有特征的技术领域A01D-046/30（用于采摘作物的自动装置）、A01D-046/00（水果、蔬菜、啤酒花或类似作物的采摘）、A01D-046/24（采摘苹果或类似水果的装置）、A01D-046/247（手动操作的水果采摘工具）、申请的专利一直都很多，说明各国机构对农业采摘机械手的认知是一致的；B25J-009/08（以部件结构为特征的程序控制机械手）相关技术专利首次出现时间为2002年，2006年以后每年都有新申请专利涉及该领域，说明该项技术为近期的研究热点之一；其他如B25J-015/08（有抓手构件的夹头式机械手）、B25J-013/08（机械手控制装置的输出）出现时间较早，而且一直都有陆陆续续涉及该技术领域的新专利出现，说明该技术为常规技术领域，不断涌现出不同的解决方案。

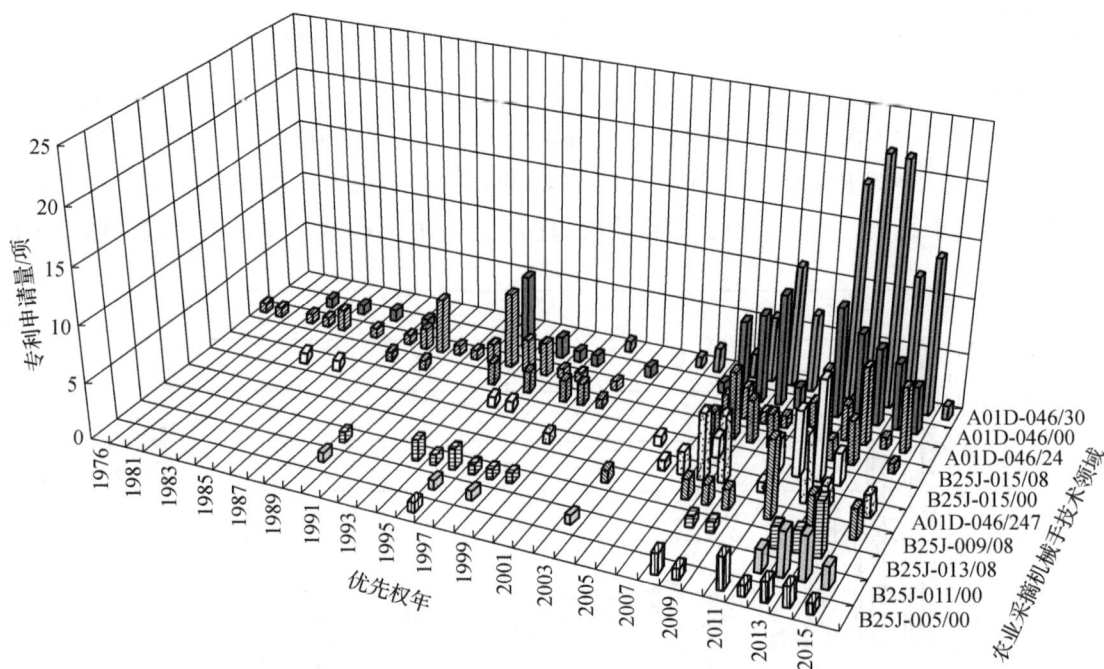

图8.6 主要技术领域专利族年度分布

8.2.3　技术发展趋势

图 8.7 中定义当年首次出现的 IPC 代码为新技术,从图中可以看出,由于农业采摘机械手技术目前仍处在技术成长期中,因此新技术一直不断地涌现,技术研究呈现百花齐放的态势,在探索中求发展。

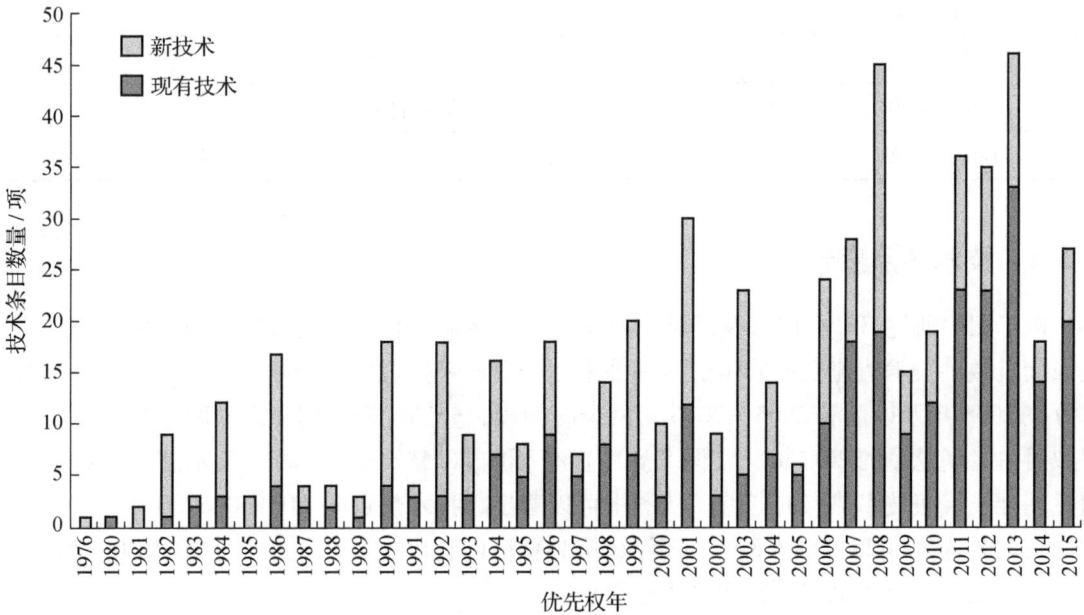

图 8.7　技术发展趋势

表 8.2 列出了农业采摘机械手领域 2013—2015 年首次使用的 IPC 代码,如 B25J-9/18 [程序控制机械手(电的)]、B25J-15/12(带挠性的抓手构件)、B23B-31/117(仅用摩擦力固位的卡盘)等。B23B-31/12、B23B-31/117、B25B-11/00、B25B-5/14、B25J-9/18、B25J-15/12 均涉及物体的夹持和定位,在农业采摘机械手中如何优化机械结构及控制实现农作物的准确定位及采摘,是农业采摘机械手技术领域研发的热点。

表 8.2　农业采摘机械手领域 2013—2015 年首次使用的 IPC 代码

IPC 代码	含义
B25J-9/18	程序控制机械手(电的)
B25J-15/12	带挠性的抓手构件
G06Q-050/02	适于农业的系统及方法
B23B-31/117	仅用摩擦力固位的卡盘
B23B-31/12	其夹爪能或不能单独调节,但能同时动作的卡盘
A01D-41/00	联合收割机
B25B-11/00	工件夹持装置或定位装置

续表

IPC 代码	含义
B25B-5/14	特定外形工件用夹钳
G08C-17/02	测量值、控制信号或类似信号的无线传输系统
G01N-21/00	光学测试、分析
G01C-11/02	摄影、视频装置
B25J-17/00	机械手的接头
A01D-46/04	茶叶的采摘装置
G08C-17/02	测量值、控制信号或类似信号的无线传输系统

8.2.4　技术热点变迁

　　以下图中所述 IPC 代码涉及的具体技术领域可参照表 8.1 和表 8.2。选取 2005 年作为农业采摘机械手技术快速发展的年份为基准来划分农业采摘机械手技术专利族数量，将所有技术分成 2005 年及以前和 2005—2016 年两个时间段，分别代表早期和近期两个阶段。早期专利数量占专利总量的 20.1%，在图 8.8 中横坐标的 20.1% 的位置画一条基准线，右边部分超过基准线代表技术热点的迁移。从图中可以看出，技术热点向 A01D-046/30（用于采摘作物的自动装置）、B25J-009/08（以部件结构为特征的程序控制机械手）和 B25J-005/00（装在车轮上或车厢上的机械手）等技术迁移。

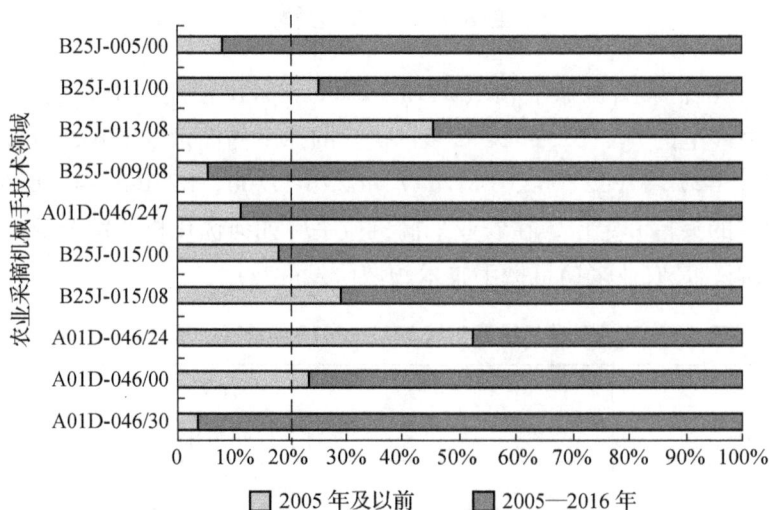

图 8.8　技术热点变迁

8.3　专利区域分布状况

　　依据农业采摘机械手 405 项专利族分布来看，全球农业采摘机械手专利族主要分布在中国、日本、俄罗斯、美国、韩国等国家。本节主要从国际专利分布、主要国家技术领域分布、主要国家专利全球布局等角度对国内外农业采摘机械手的区域竞争格局进行分析和研究。

8.3.1　主要国家专利族分布

从农业采摘机械手 405 项全球专利族优先权专利的区域分布看，如图 8.9 所示，中国处于绝对的领先地位，占据产业技术所有优先权专利的 56%，表明中国在农业采摘机械手技术发展中走在全球前列。排名第二的是日本，占据产业技术所有优先权专利的 10%，与后起之秀中国的专利数量相差甚远，主要是 2010 年之后中国专利申请量大幅增加导致。之后是俄罗斯、美国、法国、韩国等国家。排名前 5 位的国家占了所有优先权专利的 85%。

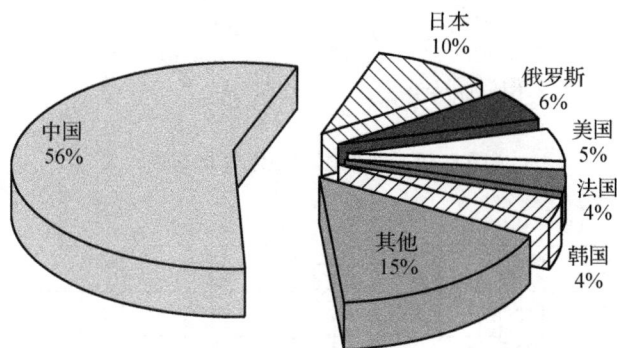

图 8.9　优先权专利国际区域分布

8.3.2　重点技术区域分布

从图 8.10 所示的主要国家技术领域布局来看，日本优先权专利主要涉及技术领域包括 A01D-046/24（采摘苹果或类似水果的装置）、B25J-015/08（有抓手构件的夹头式机械手）、A01D-046/00（水果、蔬菜、啤酒花或类似作物的采摘）等。中国则是在 A01D-046/30（用于采摘作物的自动装置）、A01D-046/00（水果、蔬菜、啤酒花或类似作物的采摘）、B25J-015/00（夹头式机械手））、A01D-046/247（手动操作的水果采摘工具）、B25J-009/08（以部件结构为特征的程序控制机械手）等技术领域专利数量领先，而且技术发展比较全面。

由图 8.11 中可以看到，各国关注的农业采摘机械手技术领域有所侧重：除 A01D-046/00（水果、蔬菜、啤酒花或类似作物的采摘）这一共同主要关注点外，日本较为关注 A01D-046/24（采摘苹果或类似水果的装置）和 B25J-015/08（有抓手构件的夹头式机械手））；中国和韩国较为关注 A01D-046/30（用于采摘作物的自动装置）；俄罗斯更为关注 B25J-013/08（机械手控制装置的输出）；美国和法国较为关注 A01D-046/24（采摘苹果或类似水果的装置）。

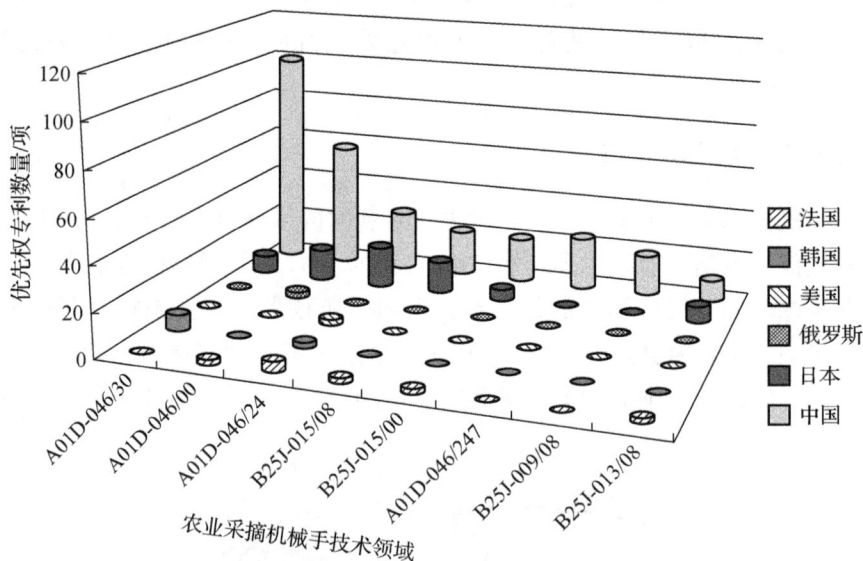

图 8.10　主要国家技术领域布局

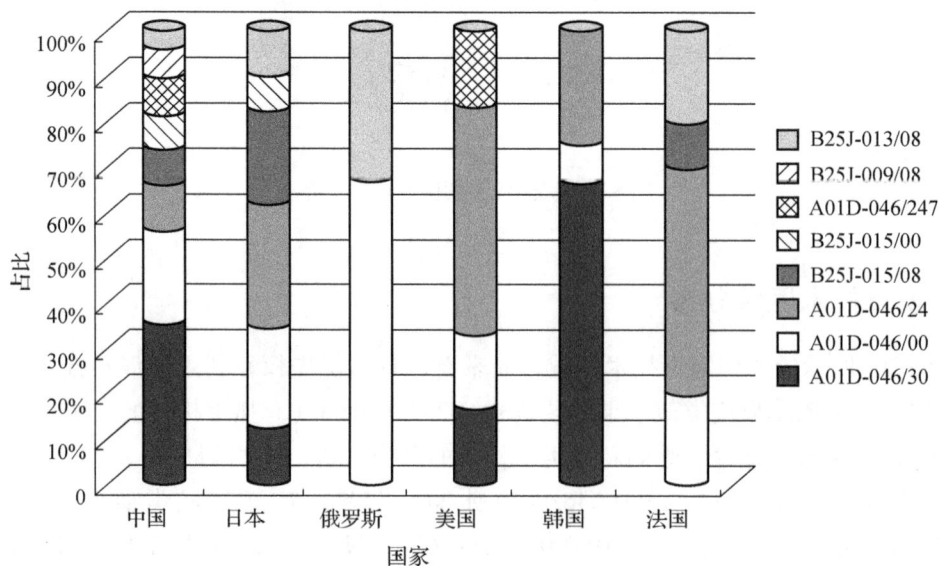

图 8.11　主要国家技术领域比例

8.3.3　主要国家全球专利族布局

由图 8.12 中可以看到，中国虽然作为农业采摘机械手专利族规模最大的国家，但专利布局主要针对本国市场，在国外市场专利布局还较少，同样专利数量排名靠前的日本、俄罗斯、美国、韩国也均以自己国家市场为布局重点，与农业采摘机械手技术发展所处的技术成长阶段有关，在未步入高速发展期或成熟期前，技术尚未产业化，产品市场不够明朗，所以

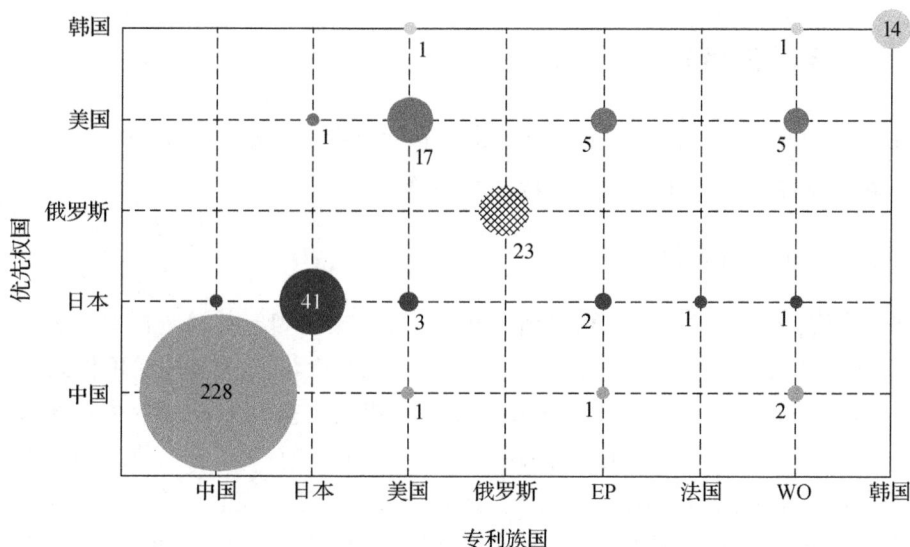

图 8.12　主要专利国家全球专利族布局

各国企业还没有以全球的视野进行完整的知识产权布局。所以中国企业应该一方面要继续保持目前本土市场的技术优势，构筑专利壁垒，巩固国内市场份额，另一方面应积极在国外申请相关专利，为在国外生产和销售农业采摘机械手做好知识产权准备。

8.3.4　主要国家专利质量分析

前面仅分析全球主要优先权专利国的专利数量，中国虽然在数量上占据了绝对优势，但至于专利的质量还有待分析，下面将从专利的被引次数、专利被引率、PCT 专利数量等发明对专利的质量开展相关分析。

表 8.3 综合反映了 TOP 4 优先权国家的专利质量，中国虽然优先权专利数量远多于日本，但无论是总被引次数、平均被引次数、专利被引率还是 PCT 专利数量等，都远低于美国和日本，说明我国虽然相关专利数量多，但是专利质量较低，研发水平还有待进一步提高。

表 8.3　主要国家专利指标

	中国	日本	俄罗斯	美国
优先权专利数量/件	227	42	23	22
总被引次数/次	131	153	4	156
平均被引次数/（次·件$^{-1}$）	0.58	3.6	0.17	7.1
专利被引率	27.6%	73.8%	8.7%	63.2%
被引 H 指数	14	8	2	10
PCT 专利数量/件	0	1	0	3

8.4 专利竞争机构分析

本节主要从国际和国内角度研究农业采摘机械手技术领域的竞争机构，包括国内外竞争机构排名、机构活跃度、主要竞争机构技术布局等。

8.4.1 全球专利申请人排名

在农业采摘机械手技术全球专利申请人排名中，如图8.13所示，日本井关农机株式会社（以下简称"井关农机"）、西北农林科技大学、江苏大学、日本久保田株式会社（以下简称"久保田"）和中国农业大学排名前5位，5家机构占据的专利族数量占全球专利族数量的18.3%，说明中国和日本在农业采摘机械手技术上具有一定的优势地位。在排名榜单中中国机构占据了半壁江山，其中，西北农林科技大学、江苏大学和中国农业大学分别排名第二、第三和第五。但同时也可发现，在这些申请人中，没有中国企业的身影，说明在农业机器人领域我国仍然处于技术研发和积累阶段，农业机器人是国内申请人目前研究的热点所在，技术水平还有待突破，未来存在很大的产业化发展空间。国内企业可以积极寻求与高等院校的技术合作，依托后者的研发实力加速技术产业化的进程。结合近期中国专利申请量的快速上升，可以预示不久的将来，随着技术的不断成熟，产品进入产业化发展阶段，市场将吸引相关企业的积极介入，农业采摘机械手将步入高速发展阶段。

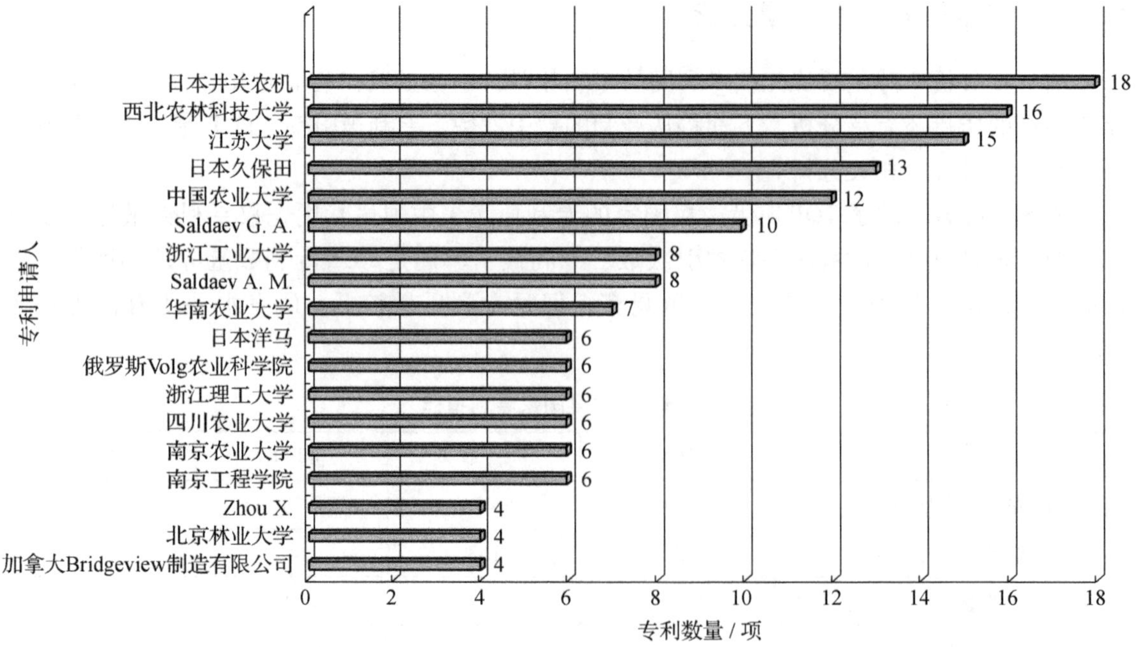

图8.13 主要全球专利申请人排名

8.4.2　全球主要专利申请人技术布局

从图 8.14、图 8.15 所示的全球主要专利申请人技术领域布局来看，西北农林科技大学在 A01D-046/30（用于采摘作物的自动装置）等技术领域具有一定的领先优势；而日本井关农机则在 A01D-046/24（采摘苹果或类似水果的装置）、B25J-013/08（机械手控制装置的输出）、B25J-011/00（机械手）等技术领域具有一定的领先优势；江苏大学在 B25J-009/08（以部件结构为特征的程序控制机械手）等技术领域具有一定的领先优势；中国农业大学则在 B25J-005/00（装在车轮上或车厢上的机械手）技术领域的专利布局先人一步。同时，所述前 5 家机构在 B25J-015/08（有抓手构件的夹头式机械手）技术领域都有布局专利，说明了该领域不但是基础技术，而且也是全球的研究热点之一。

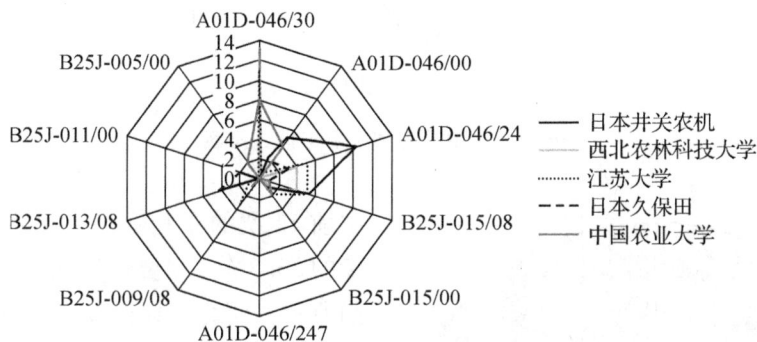

图 8.14　主要专利申请人技术领域布局

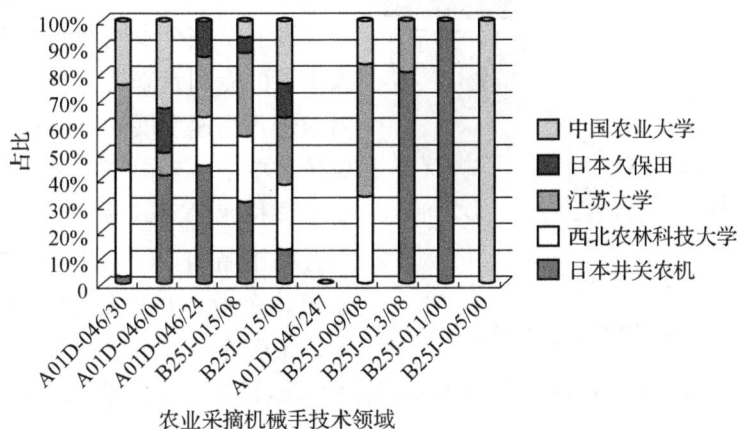

图 8.15　主要专利申请人技术领域比例

8.4.3　中国专利申请人及技术领域分析

如图 8.16、图 8.17 所示，从农业采摘机械手中国专利的申请情况可以发现，目前已经有 115 家国内外机构和个人在中国申请了 227 件农业采摘机械手相关专利。这些机构和个人

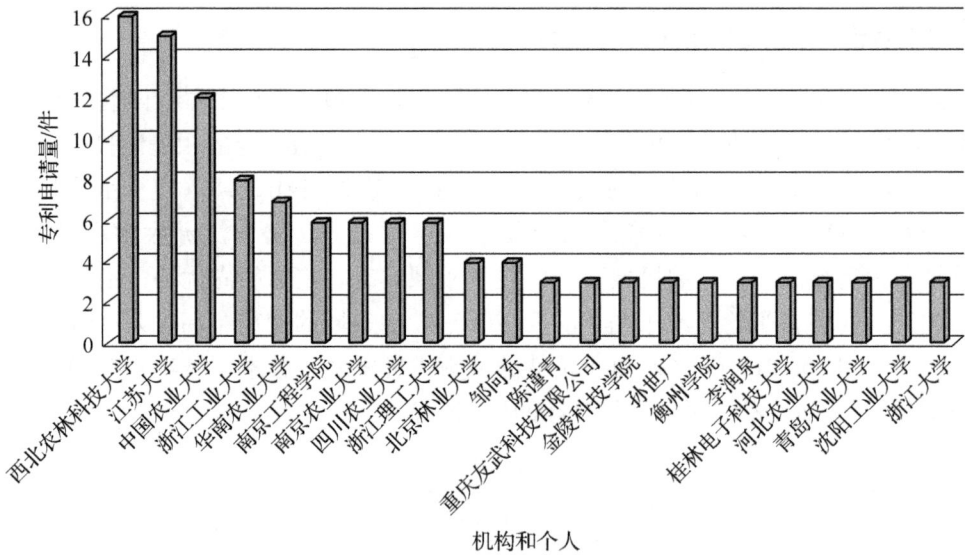

图 8.16　中国专利主要申请人排名

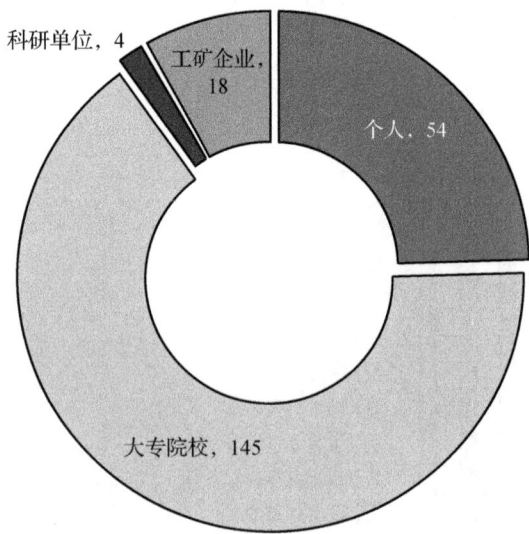

图 8.17　中国专利申请人类型分布

中前 22 位的专利数量，约占到中国专利总量的 53.5%。主要机构和个人申请量排序如图所示，西北农林科技大学排名第一，申请了 16 件中国专利，占专利总量的 7%，紧随其后的是江苏大学、中国农业大学、浙江工业大学，分别申请了 15 件、12 件、8 件中国专利。从整个专利数总量和单个机构或个人申请的专利量来看，农业采摘机械手技术尚未进入高速发展的阶段；同时在排名前 22 位的名单中，未出现国外申请人或机构，说明了该技术领域还未进入全球布局的阶段；而且在排名前 22 位的名单中，仅出现了一家相关企业，在中国农业采摘机械手总量中，工矿企业申请的专利占比也仅为 8%，

其余大部分为高校和个人，说明了该技术领域在中国也还未进入产业化发展阶段，只是处于技术储备阶段。

如图 8.18 所示，从申请人的专利技术领域分布可以看出，我国主要申请人关注的农业采摘机械手技术领域有所侧重：除 A01D-046/30（用于采摘作物的自动装置）这一共同主要关注点外，西北农林科技大学、浙江工业大学、江苏大学、中国农业大学 B25J-009/08（以部件结构为特征的程序控制机械手）和 B25J-015/08（有抓手构件的夹头）；华南农业大学则重点关注 B25J-015/00（夹头）。

在中国专利申请人排名前 20 位中，浙江省有浙江工业大学、浙江理工大学、衢州学院、

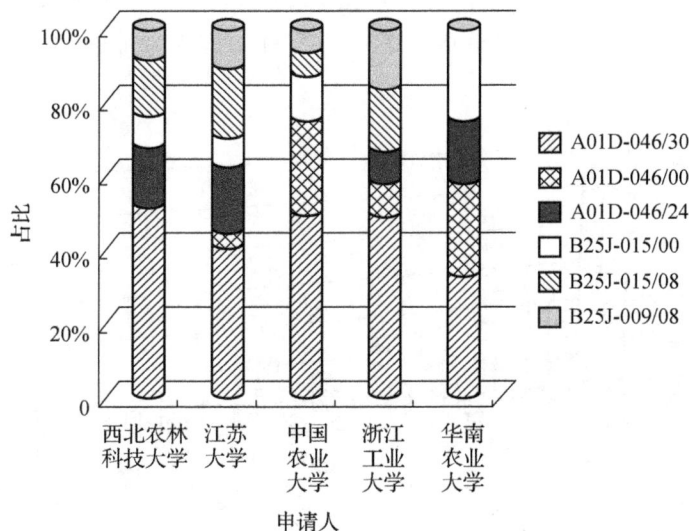

图 8.18　中国专利主要申请人的技术领域分布

浙江大学，其申请的采摘机械手相关专利涉及的技术领域主要包括：以部件结构为特征的程序控制机械手、有抓手构件的夹头式机械手、与机械手配合的附属装置、夹头式机械手、电动式程序控制机械手、可旋转的爪臂式机械手，此外，浙江理工大学还申请了多项欠驱动式机械手。应用领域主要包括：果球、果实、蔬菜及山核桃的采摘。

8.4.4　中国专利申请地及技术领域分析

如图 8.19 所示，在国内，农业采摘机械手技术方面，江苏、浙江、陕西、北京和山东等排在前列。江苏研发主力是江苏大学、南京工程学院、南京农业大学等；浙江研发主力是浙江工业大学、浙江理工大学和浙江大学等。

如图 8.20 所示，江苏在排名前 11 位的技术领域中都有专利布局，技术发展比较均衡，

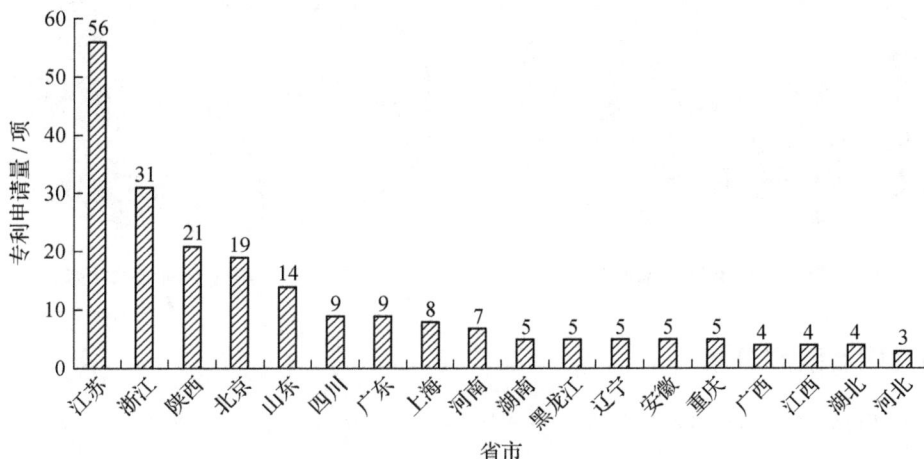

图 8.19　省市专利申请排名

从而形成的整体竞争优势比较明显。浙江则在 B25J-019/00（与机械手配合的附属装置）、B25J-015/00（夹头式机械手）、B25J-009/08（以部件结构为特征的程序控制机械手）具有一定优势。

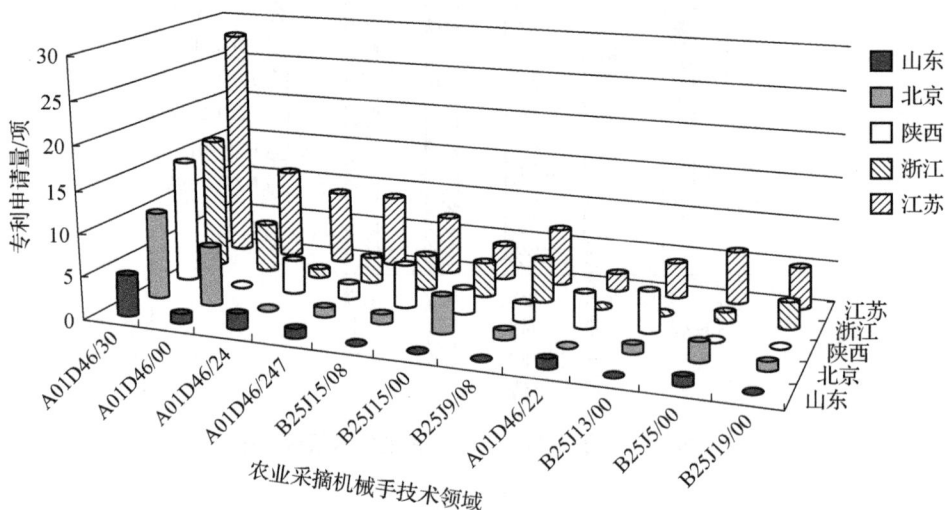

图 8.20　省市重点技术领域分布

8.4.5　中国专利类型及状态分析

如图 8.21 所示，在 227 项中国专利中，虽然有 48% 的专利是发明专利，但图 8.22 上显示其中有 53% 的专利处于失效状态，而有效专利仅为 35%，表明我国农业采摘机械手方面的专利存在跟风，凑数量的问题，而且专利的保护意识不强，专利价值不高。

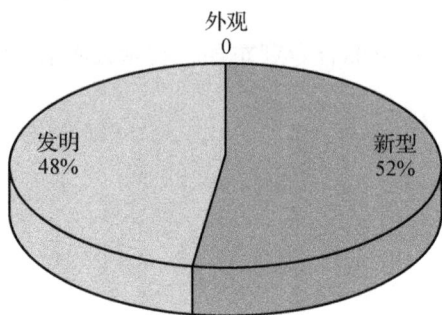

图 8.21　中国专利申请类型　　　　图 8.22　中国专利法律状态

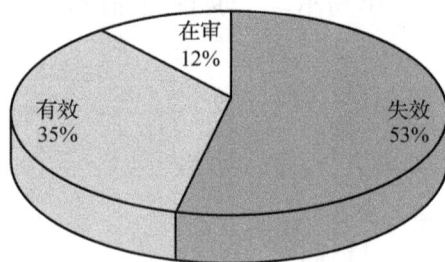

8.4.6　机构活跃度分析

在机构活跃度分析中，这里将拥有专利族量 10 项以上的企业定义为大型企业，将拥有专利族量 5~10 项的企业定义为中型企业，将拥有专利族量为 1~5 项的企业定义为小型企业。如果大中型企业拥有的专利较多，那么说明该技术领域已处于成熟期。而如果小型企业拥有的专利越多，那么说明该技术领域还处于成长期。

在德温特专利数据库中总共检索到农业采摘机械手专利为 405 项，其中，如图 8.23 所示，拥有专利数量最多的是日本井关农机（18 项），此外，拥有 10 项专利以上的还有西北农林科技大学（16 项）、江苏大学（15 项）、日本久保田（13 项）、中国农业大学（12 项）和 SALDAEVG A（10 项），上述 5 家单位和 1 位个人在农业采摘机械手领域的研发比较活跃。拥有 5 项专利以上的有 15 家，而大部分专利权人申请的专利仅为 1～3 项。这表明，尽管最近几年中国企业申请专利数量大幅增加，但该技术领域仍处于成长期。

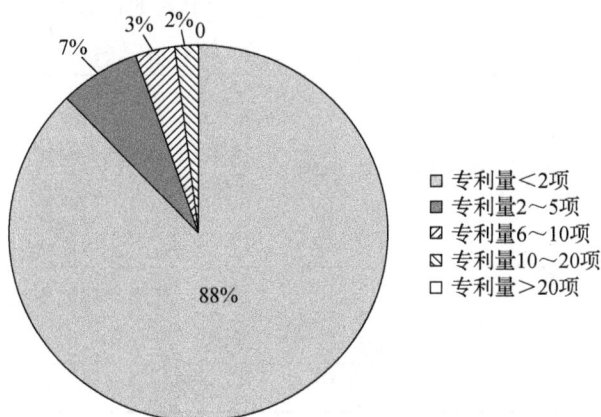

图 8.23　基于机构活跃度的专利族数量分布

8.5　主要专利发明人及发明团队

表 8.4 列出了农业采摘机械手领域专利数量靠前的全球主要发明人，以及发明人所属公司/机构、所属国家和技术领域（根据专利覆盖的 IPC 代码得出）和专利量。从中可以看出，专利量大于 6 项的发明团队都来自中国，其中，华南农业大学的邹湘军、叶敏和江苏大学的刘继展、李萍萍，以及南京工程学院和西北农林科技大学的相关团队位列农业采摘机械手专利主要发明人的前四。其主要技术领域包括 B25J-015/00（夹头），B25J-13/00（机械手的控制装置），B25J-09/00（程序控制机械手），B25J-19/00（与机械手配合的附属装置）。

表 8.4　全球专利主要发明人及其团队

发明人/团队	所属机构	所属国家	技术领域	专利量/项
邹湘军；叶敏；罗承宇；熊俊涛等	华南农业大学	中国	末端夹头装置；装在车轮上或车厢上的机械手；机械手控制装置；以及农业采摘机械手固有特征	8
刘继展；李萍萍；陈全胜；赵德安；李智国等	江苏大学	中国	程序控制机械手；末端夹头装置；机械手控制装置，以及农业采摘机械手固有特征	8

发明人/团队	所属机构	所属国家	技术领域	专利量/项
杨文亮；郁汉琪；冯虎；刘桂芝	南京工程学院	中国	末端夹头装置；与机械手配合的附属装置，以及农业采摘机械手固有特征	7
陈军；史颖刚；郭阳；刘利；赵友亮；潘冠庭；王转卫；贺少男；刘志杰等	西北农林科技大学	中国	末端夹头装置，随动夹头，及用于采摘作物的自动装置	7
伍锡如；孙贤刚；党选举；吴军；何少佳；夏振；叶松；彭智勇；刘金霞等	桂林电子科技大学	中国	光学识别测试，及用于采摘作物的自动装置	6
WANG M；ZHANG J	无	中国	水果、蔬菜、啤酒花或类似作物的采摘	6
LI R；LIU J；LIU W	无	中国	程序控制机械手；机械手接头	6

8.6 技术引证分析

通过技术引证分析，可以发现专利被其他申请人的引用情况，也可以从中寻求许可机会，追踪技术发展及识别专利权人的专利保护策略。根据 Thomson Innovation 提供的数据，在全球 405 项农业采摘机械手专利族中有被引记录的专利共计 201 件，被引用 10 次以上的专利 32 件（表 8.5）。在这 33 件高频被引专利当中，排名前四均为江苏大学，该 4 项专利总被引次数为 161 次，其中，柑橘采摘机器人的柔性采摘装置和方法（CN101273688A）、果蔬采摘机器人末端执行器（CN101019484A）、一种直线电机驱动的采摘机器人末端执行器（CN101066022A）3 项专利因未缴年费专利权终止，而一种苹果采摘机器人的末端执行器（CN101395989A）专利法律状态为授权，专利技术领域主要涉及程序控制机械手及机械手控制装置。上述 33 项专利中除了我国外，还有美国和日本也有一定数量的专利，同时表单中出现了 2 项 PCT 专利，优先权国分别为日本和美国，说明了美国和日本的企业有意向其他国家开展技术布局，但对于整个技术产业发展来说农业采摘机械手还处于成长期。

表 8.5　被引次数 10 次以上的农业采摘机械手专利

基本专利	专利申请人	优先权年	技术领域（IPC）	被引次数/次
CN101273688A	江苏大学	2008	程序控制机械手、机械手控制装置、末端夹头装置、爪臂式机械手，以及用于采摘作物的自动装置	54

基本专利	专利申请人	优先权年	技术领域（IPC）	被引次数/次
CN101019484A	江苏大学	2007	程序控制机械手、机械手控制装置、末端夹头装置，以及采摘苹果或类似水果的装置	39
CN101066022A	江苏大学	2007	用于采摘作物的自动装置，末端夹头装置	34
CN101395989A	江苏大学	2008	用于采摘作物的自动装置，程序控制机械手	34
CN102124866A	南京农业大学	2011	装在车轮上或车厢上的机械手、程序控制机械手，水果、蔬菜、啤酒花或类似作物的采摘	32
CN101356877A	中国农业大学	2008	用于采摘作物的自动装置	31
US5694752A	WARFIELD III；EDWIN	1995	割草收获机	29
CN102165880A	南京农业大学	2011	与机械手配合的附属，程序控制机械手，装在车轮上或车厢上的机械手，以及用于采摘作物的自动装置	27
CN101554730A	江南大学	2008	与机械手配合的附属装置，末端夹头装置，以及用于采摘作物的自动装置	21
US4604018A	KRUSE MARVIN F	1984	与摘取器、夹持器或类似工具相结合的叉	20
US4034542A	LOEHR LESLIE K	1976	手动操作的水果采摘工具	19
US5544474A	FINKELSTEIN；ZVI	1995	用于采摘作物的自动装置	18
CN101142878A	中国农业大学	2007	用于采摘作物的自动装置	18
EP270469A1	ETABLISSEMENTS PELLENC ET MOTTE	1986	用于采摘作物的自动装置、程序控制机械手、与机械手配合的附属装置	16
JP2001095348A	NAGATA MASATERU	1999	用于采摘作物的自动装置、末端夹头装置、机械手控制装置、图像识别、图像分析	15
CN101015244A	中国农业大学	2006	用于采摘作物的自动装置、机械手控制装置、末端夹头装置、机械手的爪臂	15

基本专利	专利申请人	优先权年	技术领域（IPC）	被引次数/次
CN102441892A	浙江大学	2011	程序控制机械手、末端夹头装置、与机械手配合的附属装置，以及水果、蔬菜、啤酒花或类似作物的采摘装置	15
CN102550215A	华南农业大学	2012	用于采摘作物的自动装置、末端夹头装置	15
US20070248446A1	美国 WILDNER Y R	2006	堆垛机械手	14
CN202232196U	西北农林科技大学	2011	用于采摘作物的自动装置、末端夹头装置	14
CN202292762U	浙江大学	2011	程序控制机械手、末端夹头装置、与机械手配合的附属装置	14
CN101019485A	江苏大学	2007	用于采摘作物的自动装置、程序控制机械手、末端夹头装置、机械手控制装置	13
CN201504423U	中国农业大学	2009	水果、蔬菜、啤酒花或类似作物的采摘	13
US20130204437A1	VISION ROBOTICS CORPORA-TION	2003	用于采摘作物的自动装置、与摘取器、夹持器或类似工具相结合的叉，与摘取器、夹持器或此类工具相结合的耧耙	12
JP8103139A	久保田株式会社（日本）	1994	末端夹头装置、与机械手配合的附属装置，及水果、蔬菜、啤酒花或类似作物的采摘	12
CN101412217A	南京农业大学	2008	用于采摘作物的自动装置、装在车轮上或车厢上的机械手	12
CN103029132A	西北农林科技大学	2012	用于采摘作物的自动装置、末端夹头装置	12
US20080315605A1	中国台湾 SHIH LEO	2007	手动操作的水果采摘工具	11
EP267860A2	法国国家农机和农业研究中心	1986	用于采摘作物的自动装置、程序控制机械手、图像数据处理、颜色的测量	11
CN200947748Y	西北农林科技大学	2006	棉花的采摘装置	11

续表

基本专利	专利申请人	优先权年	技术领域（IPC）	被引次数/次
WO1994001254A1	美国 FRIEDMAN Mark M.	1992	机械手的爪臂、末端夹头装置、机械手的接头用手确定空间位置的机械手、手柄结构、发动机壳	10
WO2007094517A1	日本千叶大学	2006	用于采摘作物的自动装置、末端夹头装置、机械手控制装置、程序控制机械手、机械手的爪臂	10

8.7　失效专利

农业采摘机械手技术领域失效专利见表8.6。

表8.6　农业采摘机械手技术领域失效专利

基本专利号	专利权人	优先权年	专利名称	技术领域
CN101015244A	中国农业大学	2007	一种垄作栽培草莓自动采摘装置	爪臂；有抓手构件的夹头；机械手的控制装置
CN101019484A	江苏大学	2007	果蔬采摘机器人末端执行器	程序控制机械手；程序控制机械手（以部件结构为特征）；程序控制机械手（以机械手元件定位装置为特征）；机械手的控制装置；有抓手构件的夹头
CN101019485A	江苏大学	2007	球形果实采摘机器人末端执行器及其控制方法	程序控制机械手；程序控制机械手（以部件结构为特征）；程序控制机械手（以机械手元件定位装置为特征）；机械手的控制装置；有抓手构件的夹头
CN101036431A	马建国	2007	一种大蒜收割机及其工作方法	程序控制机械手
CN101066022A	江苏大学	2007	一种直线电机驱动的采摘机器人末端执行器	有抓手构件的夹头
CN101142878A	中国农业大学	2007	一种直角坐标式果实采摘机械手装置	用于采摘作物的自动装置

续表

基本专利号	专利权人	优先权年	专利名称	技术领域
CN101238775A	江苏大学	2008	果蔬收获机器人柔顺采摘末端执行器	程序控制机械手；程序控制机械手（以部件结构为特征）；程序控制机械手（以机械手元件定位装置为特征）；机械手的控制装置；有抓手构件的夹头
CN101273688A	江苏大学	2008	柑橘采摘机器人的柔性采摘装置和方法	程序控制机械手（电的）；通过读出装置实施控制；有抓手构件的夹头；爪臂
CN101331826A	徐森良	2008	背负式电动气流棉花、果实采摘机	用摘棉桃机的采摘
CN101412216A	中国农业大学	2008	一种通用的果树机械手	有伺服机构的主从型机械手；装在车轮上或车厢上的机械手；程序控制机械手（以部件结构为特征）
CN101412217A	南京农业大学	2008	自主式田间机器人	装在车轮上或车厢上的机械手
CN101669423A	江苏大学	2009	一种水果采摘机器人的末端执行器	用于采摘作物的自动装置
CN102138385A	无锡市华鹰移动照明有限公司	2011	棕榈果采摘机的机械臂	沿导轨移动的机械手
CN102227973A	南京工程学院	2011	球状果实采摘机器人末端执行器	夹头
CN200947748Y	张卫明、张良训	2006	背负式手提摘棉机	棉花的采摘装置
CN200962748Y	陶金元	2006	一种柔性传导带输送采摘机	水果、蔬菜、啤酒花或类似作物的采摘
CN201011776Y	段炜	2007	一种高枝摘果卸袋多能机械手	有抓手构件的夹头
CN201029316Y	杨建国	2007	水果采摘器	夹头
CN201036271Y	周立人	2007	高枝瓜果采摘器	夹头
CN201107918Y	范明合	2007	一种摘果器	带三个或多个抓手构件的夹头

续表

基本专利号	专利权人	优先权年	专利名称	技术领域
CN201123255Y	孙世广	2007	带有保护套的摘果机械手	有抓手构件的夹头
CN201163891Y	无锡职业技术学院	2008	果实分级采摘机械手	手动操作的水果采摘工具
CN201167486Y	华南农业大学	2008	一种串形水果采摘机械手	用于采摘作物的自动装置
CN201234468Y	徐森良	2008	棉花采摘机	用摘棉桃机的采摘装置
CN201256548Y	陈平元	2008	水果采摘器	有抓手构件的夹头
CN201290243Y	周易、石镇国、石珺	2008	一种多功能摘果、修剪器	手动操作的水果采摘工具
CN201308008Y	孙世广	2008	接杆伸缩式摘果剪枝机械手	手动操作的水果采摘工具
CN201349417Y	中国农业大学	2009	一种采摘地面生长果蔬的通用机械臂装置	用于采摘作物的自动装置
CN201355929Y	黄新	2009	大蒜收获机械手	收获机
CN201360431Y	权太周	2008	水果采收器	铰接的或挠性的机械手；带三个或多个抓手构件的夹头
CN201504423U	中国农业大学	2009	一种菠萝采摘机械手爪	水果、蔬菜、啤酒花或类似作物的采摘
CN201591022U	历喜云	2010	自走式甜叶菊脱叶机	水下植物的收获
CN201805742U	上海电机学院	2010	一种瓜果大棚机械手	夹头
CN201839633U	段炜	2010	一种高枝摘果卸袋多能机械手	手动操作的水果采摘工具
CN201846624U	江苏大学	2009	一种水果采摘机器人的末端执行器	用于采摘作物的自动装置
CN201928661U	中南林业科技大学	2011	一种用于油茶果采摘机的多自由度采摘臂	程序控制机械手（以臂的运动为特征）
CN201938094U	聊城大学	2010	一种四自由度果实采摘机械手系统	用于采摘作物的自动装置
CN202009581U	崔永杰	2010	一种果蔬采摘用的末端执行器	用于采摘作物的自动装置；夹头
CN202043460U	南京工程学院	2011	可感知碰撞的采摘机器人伸缩臂	与机械手配合的附属装置
CN202085493U	中国农业大学	2011	番茄采摘机器人系统	装在车轮上或车厢上的机械手；与机械手配合的附属装置

基本专利号	专利权人	优先权年	专利名称	技术领域
CN202095288U	鹤岗市龙跃食品机械制造有限公司	2011	一种用于自动化鲜青玉米剥皮机的定位机械手	程序控制机械手（电的）
CN202135504U	李茹茹	2011	一种棉花采摘机	用摘棉花机的机械手
CN202147276U	上海电机学院	2011	一种农用大棚机械手	程序控制机械手（以部件结构为特征）
CN202178967U	汪洪波	2011	梨子自动采摘机	用于采摘作物的自动装置
CN202197572U	周晓菊	2011	一种果树多功能机	手提式机动水果采摘机
CN202200300U	浙江理工大学	2011	一种具有感觉的欠驱动末端执行器	夹头；与机械手配合的附属装置
CN202232196U	西北农林科技大学	2011	一种猕猴桃采摘末端执行器	夹头
CN202292762U	浙江大学	2011	果蔬采摘欠驱动机械手爪	程序控制机械手（以部件结构为特征）；有抓手构件的夹头；与机械手配合的附属装置
CN202340439U	浙江工业大学	2011	山核桃采摘机器人的末端执行器	水果、蔬菜、啤酒花或类似作物的采摘
CN202399265U	河南科技大学	2011	果实采摘机械手	程序控制机械手（以部件结构为特征）；有抓手构件的夹头
CN202406560U	徐州工业职业技术学院	2012	同步分选式摘果机械手	手动操作的水果采摘工具
CN202425345U	宁波大学	2011	一种采摘机器人	用于采摘作物的自动装置
CN202428442U	西北农林科技大学	2011	一种用于机械臂高度调节的升降器	机械手的控制装置
CN202476109U	绍兴文理学院吴福忠、周华飞	2012	香榧采摘装置	水果、蔬菜、啤酒花或类似作物的采摘
CN202535753U	何明元	2012	新型摘果器	手动操作的水果采摘工具
CN202607676U	西北农林科技大学	2012	一种果实采摘机器人灵巧手手指结构	有抓手构件的夹头
CN202663806U	句容市张庙茶场	2012	一种水果采摘机械手臂	手动操作的水果采摘工具；惰钳型的机械手
CN202857336U	凌行方	2012	一种果品采摘机械手	手动操作的水果采摘工具

基本专利号	专利权人	优先权年	专利名称	技术领域
CN203040200U	嘉兴职业技术学院	2012	草莓采摘装置	水果、蔬菜、啤酒花或类似作物的采摘
CN203057880U	江苏大学	2012	一种夹剪一体式采摘机器人末端执行器	夹头
CN203125519U	潍坊学院	2013	一种采摘机器人关节传动系统	程序控制机械手（电的）
CN203156758U	西北农林科技大学	2012	一种用于球状果实自动采摘器的末端执行机构	随动的夹头
CN203167593U	姚建福	2013	一种气吸式空气射流采棉机	用摘棉花机的机械手
CN203167597U	刘鹏	2013	一种摘水果工具	手动操作的水果采摘工具
CN203171630U	四川农业大学	2013	一种苹果采摘机械手控制装置	机械手的控制装置；通过读出装置实施控制
CN203197923U	河北农业大学	2013	刚柔混联欠驱动草莓采摘机械手末端执行器装置	随动的夹头
CN203233703U	南京农业大学	2013	一种柑橘采摘机器人的末端执行器	用于采摘作物的自动装置
CN203251648U	四川农业大学	2013	智能西瓜采摘机的机械装置	水果、蔬菜、啤酒花或类似作物的采摘
CN203313691U	西北农林科技大学	2013	一种果实采摘机器人三指灵巧手	程序控制机械手（以部件结构为特征）；程序控制机械手（电的）；机械手的控制装置；带挠性抓手构件的夹头
CN203317431U	北京林业大学	2012	一种用于果蔬采摘的柔性末端执行器	随动的夹头
CN203369118U	徐州工程学院	2013	一种草莓采摘机器人	水果、蔬菜、啤酒花或类似作物的采摘
CN203409774U	太仓市旭冉机械有限公司	2013	一种具有称重功能的机械手	程序控制机械手；与机械手配合的附属装置（读出装置）
CN203563360U	四川农业大学	2013	一种西瓜采摘末端执行器	水果、蔬菜、啤酒花或类似作物的采摘

基本专利号	专利权人	优先权年	专利名称	技术领域
CN203608578U	青岛农业大学	2013	智能辨识采摘机器人	装在车轮上或车厢上的机械手
CN203775713U	王光树	2014	摘果机械手	不包含在其他组的机械手
CN203775716U	南京农业大学	2014	一种水果采摘机械手	用于采摘作物的自动装置
CN200966242Y	张成鹏	2006	摘果器	手动操作的水果采摘工具
CN2884856Y	邹向东	2006	高枝水果采摘机械手	采摘苹果或类似水果的装置
CN2862645Y	陈义龙	2005	剪式摘果机械手	手动操作的水果采摘工具
CN2894231Y	陈义龙	2006	可调节角度的剪式摘果机械手	水果、蔬菜、啤酒花或类似作物的采摘
US6052981A	PAVONE；OSVALDO	1997	Extendable arm	振摇树木或灌木的装置
US5544474A	FINKELSTEIN；ZVI	1995	System for harvesting crop items and crop harvesting tools used therewith	采摘苹果或类似水果的装置
JP9037636A	ISEKI&CO LTD	1995	Fruit harvesting hand	采摘苹果或类似水果的装置；角度测量装置
JP8275655A	ISEKI & CO LTD	1995	End effecter for manipulator in strawberry-harvesting robot	水果、蔬菜、啤酒花或类似作物的采摘装置；机械手控制装置的输出；夹头式机械手
JP8252018A	ISEKI & CO LTD	1995	Fruit harvesting manipulator	采摘苹果或类似水果的装置
JP8112021A	ISEKI & CO LTD	1994	Fruit discrimination apparatus of harvesting robot	水果、蔬菜、啤酒花或类似作物的采摘装置；机械手控制装置的输出；图像处理
JP8103139A	KUBOTA CORP	1994	Detector for harvesting object of fruit vegetable	采摘苹果或类似水果的装置；有抓手构件的夹头式机械手；与机械手配合的附属装置；图像处理
JP7246016A	YANMAR AGRICULT EQUIP CO LTD	1994	Harvesting hand devict for fruit vegetable	采摘苹果或类似水果的装置；带真空或磁力夹持装置

基本专利号	专利权人	优先权年	专利名称	技术领域
JP6261622A	ISEKI & CO LTD	1993	Visual monitoring system for fruit-harvesting robot or the like	采摘苹果或类似水果的装置
JP2000092952A	ISEKI & CO LTD	1998	Fruit controlling and harvesting robot	采摘苹果或类似水果的装置；有抓手构件的夹头式机械手；与机械手配合的附属装置；图像处理
JP05120991B1	OTOTAKE H，JP	2012	Harvesting hand apparatus	用于采摘作物的自动装置；水果、蔬菜、啤酒花或类似作物的采摘装置；有抓手构件的夹头式机械手
JP03612718B2	ISEKI AGRIC MACH MFG CO LTD	1993	Harvesting robot	水果、蔬菜、啤酒花或类似作物的采摘装置；采摘苹果或类似水果的装置
JP03140397U	SASAKI K，JP	2007	Fruit harvesting device	采摘苹果或类似水果的装置
FR2680946A1	ETABLISSEMENTS PELLENC ET MOTTE（Société Anonyme）	1991	Robotised machine including a gripper, acting by suction, for example for gathering fruit	水果、蔬菜、啤酒花或类似作物的采摘装置；带真空或磁力夹持装置；可伸长的爪臂
FR2658624A1	SAGEM	1990	System for detecting objects to be located in a scene（visual environment），especially for fruit-picking robots	采摘苹果或类似水果的装置；用于采摘作物的自动装置；图像传输
FR2638599A1	CEMAGREF	1988	Fruit gripper for a machine for gathering fruits, and machine equipped with such a gripper	采摘苹果或类似水果的装置；用于采摘作物的自动装置
EP270469A1	CENTRE NATIONAL DU MACHINISME AGRICOLE DU GENIE RURAL DES EAUX ET DES FORETS（CEMAGREF）	1986	Robotic machine, especially for harvesting fruits.	采摘苹果或类似水果的装置；以机械手元件定位装置为特征的；与机械手配合的附属装置

基本专利号	专利权人	优先权年	专利名称	技术领域
DE3442244A1	KUBOTA Ltd. Osaka JP	1984	ROBOTERHAND FUER DIE OBSTERNTE	采摘苹果或类似水果的装置；装在车轮上或车厢上的机械手；可旋转式爪臂；其他机械手；有抓手构件的夹头式机械手；带多个抓手的夹头；与机械手配合的附属装置
DE3309185A1	Mezoegazdasagi es Elelmiszeripari Sz-ervezoe Vallalat 1036 Budapest HU	1982	Gripping device for grasping and picking objects sensitive to shock, in particular fruit, such as apples, pears, citrus fruits, situated on trees	手提式机动水果采摘机；刚性的机械手；带多个抓手的夹头
BR200602115A	MAQUINAS AGRI-COLAS JACTO S. A, BR	2006	método de colheita mecaniza-da de cana-de-açúcar e colhe-deira de cana-de-açúcar	甘蔗的收获机

8.8 技术难点及技术发展趋势分析

农业智能采摘机械手作为农业机械手的一种类型，目前在日本、美国、荷兰等国家已有研制经验和初步的投入使用，主要用于采摘番茄、黄瓜、草莓、葡萄、西瓜、甜瓜、苹果、柑橘、甘蓝等蔬菜和水果，机械手的使用具有很大的发展潜力。农业智能采摘机械手机构设计是机械手设计的关键环节，机构设计合理与否是影响机械手的工作效率和工作性能的重要因素。机械手机构的工作性能指标是评价机械手工作性能的主要参数。分析影响其性能指标的运动参数和结构参数，进行参数优化，是改善机械手工作性能的有效途径。根据文献调研和专利分析可以得知，农业采摘机械手的技术难点在于机械手采摘机构的设计及机械手采摘机构的协调控制等方面，影响了采摘准确率和采摘速度，加上非结构化的工作环境与运行成本等问题，都成了制约果蔬采摘机器人走向应用推广的关键难题。目前，国内外对此无论在基础研究还是在应用研究上尚无十分有效的解决思路和方案。采用欠驱动多指手作为果蔬采摘机器人的末端执行器，为突破这一瓶颈提供了新的思路。从系统成本、通用性及抓取能力各方面综合考虑，欠驱动多指手是一种理想的果蔬采摘机器人通用末端执行器。面向果蔬采摘的欠驱动多指手是传统农业装备技术与现代机器人学的交叉融合，体现了农业装备技术向精细化、智能化方向的发展趋势。目前，果蔬采摘欠驱动多指手尚无成熟的工程应用实践，及时开展这方面的深入研究具有重要意义。表8.7列出了目前公开专利中涉及欠驱动方式农业智能采摘机械手的主要专利及主要技术领域，希望能为相关企业开展欠驱动多指果蔬采摘机械手带来一定帮助和启发。

此外，农业采摘机械手作为农业采摘机器人的关键部件，随着技术的成熟势必朝标准化、通用化和系列化的方向发展。不管对于中国还是浙江来说，及早参与行业标准的制定，将有利于农业采摘机器人产业的发展，把握行业发展的主动权和控制权。

表8.7 欠驱动农业采摘机械手主要专利

专利名称	专利权人	发明人	专利号	技术领域
苹果采摘机器人欠驱动末端工具	北京林业大学	罗海风	CN103120070A	用于采摘作物的自动装置
一种欠驱动采摘末端执行装置及方法	华南农业大学	夏红梅 何腾锋 甄文斌 张炳超	CN103688660A	水果、蔬菜、啤酒花或类似作物的采摘装置
一种刚柔混合结构的欠驱动水果采摘机械手爪	华南农业大学	吴擎 杨扬 徐胜勇 黄伟军	CN105027831A	采摘苹果或类似水果的装置
一种自适应欠驱动采摘末端执行装置及方法	华南农业大学	夏红梅 张炳超 夏娟 王红军 姚权乐	CN105580561A	采摘苹果或类似水果的装置
快速欠驱动吸附性采摘机械手	甘肃农业大学	贺志洋 黄晓鹏 万芳新	CN203752160U	末端夹头装置、带三个或多个抓手构件
刚柔混联欠驱动草莓采摘机械手末端执行器装置	河北农业大学	李娜 姜海勇 弋景刚 刘江涛	CN203197923U	末端夹头装置、随动夹头
一种欠驱动采摘机械手末端执行器装置	浙江理工大学	俞亚新 张飞 杨远渊	CN102729256A	末端夹头装置
具有感觉的多指欠驱动末端执行器	浙江理工大学	武传宇 胡挺 潘孝业	CN102282973A	用于采摘作物的自动装置
果蔬采摘欠驱动机械手爪	浙江大学	金波 林龙贤	CN102441892A	以部件结构为特征的程序控制机械手
Robotic systems, methods, and end-effectors for harvesting produce	UNIV WASHINGTON STATE	DAVIDSON J R MO C	US2016073584-A1	用于采摘作物的自动装置、程序控制机械手、抓手构件
Actuation system for highly underactuated gripping mechanism	UNIV LAVAL	LALIBERTE THIERRY GOSSELIN CLEMENT	US6505870（B1）	夹头式机械手

专利名称	专利权人	发明人	专利号	技术领域
Underactuated mechanical finger with return actuation	UNIV LAVAL	LALIBERTE THIERRY GOSSELIN CLEMENT M	US5762390 (A)	夹头式机械手
一种果蔬采摘欠驱动灵巧机械手	浙江海洋学院	杨婕	CN104782325A	用于采摘作物的自动装置

8.9 小结

虽然1976年全球出现了第一项农业采摘机械手相关专利，但接下来的30年里，该技术领域申请的专利量始终没有出现快速增长的态势，基本维持每年10项专利以内的幅度窄幅波动，就整个技术生命周期而言过去的30年里农业采摘机械手一直处于技术孕育期。从产业发展现状和趋势看，农业采摘机械手技术真正的发展阶段出现在2005年以后，总体呈现出快速增长，而且这一趋势延续至今，说明国际上技术研发热情很高，短期发展前景毋庸置疑。我国起步较晚，直到1990年才有第一份相关专利申请，但是从2005年开始，在该领域的专利申请量开始出现高速增长，从2005年的2项猛增至2012年的41项和2013年的37项，远远超出同时期其他国家关于农业机器人的专利申请，且占据了该技术领域的主导地位，这说明我国近年来对于农业采摘机械手技术的研发热情高涨，正在积极进行技术研发和储备，为产业化做准备。

从技术研发情况上看，目前，农业采摘机械手主要技术领域为A01D-046/30（用于采摘作物的自动装置）、A01D-046/00（水果、蔬菜、啤酒花或类似作物的采摘）、A01D-046/24（采摘苹果或类似水果的装置）、B25J-015/08（有抓手构件的夹头式机械手）、B25J-015/00（夹头式机械手）、A01D-046/247（手动操作的水果采摘工具）、B25J-009/08（以部件结构为特征的程序控制机械手）、B25J-013/08（机械手控制装置的输出）、B25J-011/00（机械手）、B25J-005/00（装在车轮上或车厢上的机械手），近期技术热点向A01D-046/30（用于采摘作物的自动装置）、B25J-009/08（以部件结构为特征的程序控制机械手）和B25J-005/00（装在车轮上或车厢上的机械手）等技术迁移。

从区域分布角度看，中国的专利申请量为227项，处于绝对的领先地位，占据产业技术所有优先权专利的56%。日本排名第二，占据产业技术所有优先权专利的10%，排名第三、第四、第五的分别是俄罗斯、美国、法国、韩国。排名前5位的国家占了所有优先权专利的85%。国内省市排名中，江苏、浙江、陕西和北京等排在前列。江苏研发主力是江苏大学、南京工程学院和南京农业大学等；浙江研发主力是浙江工业大学、浙江理工大学和浙江大学等。江苏在农业采摘机械手目前热点技术领域中均有布局，整体竞争优势比较明显。浙江则是在与机械手配合的附属装置、夹头式机械手、程序控制机械手具有一定优势。

从全球专利布局上看，中国虽然作为农业采摘机械手专利族规模最大的国家，但专利布局主要针对本国市场，在国外市场专利布局还较少，同样专利数量排名靠前的日本、俄罗斯、美国、韩国也均以本土市场为布局重点，只是零星地在其他地区申请了几件专利，这与农业采摘机械手技术发展所处的技术成长阶段有关，在未步入高速发展期或成熟期前，技术尚未产业化，产品市场不够明朗，所以各国企业还没有以全球的视野进行完整的知识产权布局。面对这个阶段中国企业应该一方面要继续保持目前本土市场的技术优势，构筑专利壁垒，巩固国内市场份额，另一方面应积极在国外申请相关专利，为在国外生产和销售农业采摘机械手做好知识产权准备。

从专利质量上看，中国虽然优先权专利数量远多于日本，但无论是总被引次数、平均被引次数、专利被引率还是 PCT 专利数量等，都远低于美国和日本，说明我国虽然相关专利数量多，但是专利质量较低，研发水平还有待进一步提高。相比之下，美国则是专利质量最高的国家，专利的平均被引次数高达 43.8 次，同时拥有 3 项 PCT 专利。从高引专利来看，绝大多数高引专利还是来自中国、美国和日本相关机构和个人，这些专利涉及的技术领域大部分都是末端夹头装置、机械手控制装置、程序控制机械手、与机械手配合的附属装置、机械手的爪臂，说明了这些技术是目前的研究热点，也是农业采摘机械手的基础技术。

从竞争机构上看，在全球专利申请排名前 20 位的申请人中，日本井关农机、西北农林科技大学、江苏大学、日本久保田和中国农业大学排名前 5 位，日本企业占了 3 席，分别是日本井关农机、久保田、洋马；其他国家的企业有加拿大 Bridgeview 制造有限公司。我国申请人最多，占据了 11 席，这说明我国在农业采摘机械手技术领域具备一定的研究实力，但在这些申请人中，没有中国企业的身影，说明在农业采摘机械手领域我国仍然处于技术研发和积累阶段，农业采摘机械手是国内申请人目前研究的热点所在，技术水平还有待突破，未来存在很大的产业化发展空间。但产学研合作还有待加强，目前还未出现中国企业与高校、科研院所联合申请的专利，国内企业可以积极寻求与高等院校的技术合作，依托后者的研发实力加速技术产业化的进程。对 TOP 5 的国内申请人进行技术布局分析，可以发现西北农林科技大学、浙江工业大学、江苏大学、中国农业大学均共同关注以部件结构为特征的程序控制机械手和有抓手构件的夹头式机械手；华南农业大学则重点关注夹头式机械。

从发明人及其团队来看，首先，数量领先的发明团队均来自中国，且其中未有来自企业的发明人，这意味着虽然中国涉及农业采摘机械手技术领域比较晚，但后期发展较快。其次，国外的波动发展从另一方面说明了农业采摘机械手还未正式形成产业化，国外企业布局不是很积极。综合考虑推测，未来的农业采摘机械手技术的发展，很有可能因为中国政府的政策支持和资金投入而引领农业采摘机械手产业发展方向。最后，从目前发明团队的研究热点可以看出，农业采摘机械手的末端夹头装置、控制装置、附属装置，以及程序控制机械手即是研究热点，也是未来产业化的技术难点。

　　从专利有效性来看，国内专利中有 53% 的专利处于失效状态，而有效专利仅为 35% ，表明我国农业采摘机械手方面的专利存在跟风，凑数量的问题，而且专利的保护意识不强，专利价值不高。这可能是因为在国家投资类创新活动和各级政府科研项目管理中，缺乏有效的知识产权风险管控手段和价值评估手段，"专利凑数验收"现象时有发生。这将导致相当比例的专利成为"档案专利"，造成巨大投资浪费。政府部门应该在这方面加强知识产权管理，调控专利随意申请部署的现状。

第九章 浙江省农业采摘机械手发展建议

9.1 浙江省发展农业采摘机械手的 SWOT 分析

9.1.1 浙江省农业采摘机械手发展的机会和优势

1. 国内市场需求大，具有较高市场潜力

目前，我国水果产量和粮食产量都位居世界前列，但到目前为止，国内果蔬产业中果实的采摘仍然主要依靠人工来完成，使得果实采摘成为整个水果生产链中最耗时耗力的环节，同时果实的采摘质量也会对水果的质量造成直接影响。除此之外，随着国内人口老龄化越来越明显，果蔬从业人员数量的减少，研究果实的机械化采摘符合社会发展的需要，具有非常广阔的市场前景。

2. 我国农业采摘机械手处于起步阶段，具有弯道超车可能

从文献调研和专利分析结果可以看出，农业采摘机械手技术不论在我国还是在全球都处于成长阶段，涉及该技术领域的公司数量不多，具备完善的研发、生产能力的公司数量更少，技术还未真正实现产业化。全球企业对该领域的专利布局也不完善，仅针对本土市场的某些技术点做了零星布局，没有形成一个完整的全球知识产权布局体系，专利申请量也是一波三折，没有形成政策支持和资金支持的双驱动发展态势；我国近几年由于经济的发展和劳动力成本的不断攀升，势必要打破农业劳动密集型的特征才能得以健康持续发展，由此受国家政策引导和农业科技公司的积极参与实现了短期内专利申请量持续快速增长，农业采摘机械手产品的不断涌现，完全具有弯道超车的可能，这对浙江省相关农机企业来说同样是一个机遇。同时，从我国农业采摘机械手来看，浙江省在专利申请数量上排名第二，浙江工业大学、浙江理工大学、浙江大学、衢州学院等一批高校在该领域都有一定的研究基础，这对浙江省相关农机企业来说相当于有了一个强大的专家智库，为校企合作和科研人才的培养提供了强有力的支撑平台。

3. 建有 12 个农业高科技园区和全国首家省级现代农业装备高新园区，奠定良好基础优势和科技创新氛围

截至 2016 年年底，浙江省新创建和持续建设省级农业高科技园区 12 个，其中，嘉兴、萧山、金华和湖州 4 个省级园区已升级为国家级农业科技园区，这 12 个园区也形成了浙江省农业科技创新的合力，在提升农业创新能力和农业科技成果转化中发挥着重要作用。同时，针对农业装备制造，2013 年浙江省成立国家首个省级现代农业装备高新园区，探索建立具有永康现代农业装备产业特色的产学研用合作的工作机制，全面推动现代农业装备产业

技术创新，促进产业转型升级。这些农业高新区的建设为整合科技信息资源、专家资源、政策资源等提供了优势，同时也为浙江省发展农业采摘机械手的产业奠定了良好的基础。

4. 浙江创建农业"机器换人"示范省，政策助力发展

为加快提升农业设施装备水平，提高农业劳动生产率，促进农业发展方式转变，根据《国务院办公厅关于加快转变农业发展方式的意见》（国办发〔2015〕59号）精神，浙江省政府提出了《关于加快推进农业领域"机器换人"的意见》，全面助力农业设施装备的发展。浙江省计划到2020年，建成10个装备水平高、服务能力强、创新活力大、安全生产稳的农业"机器换人"示范县，100个产业特色突出、装备应用全面、服务机制灵活的示范乡镇（园区），300个机械化、设施化、智能化程度突出的示范基地。同时，浙江省还出台《关于激励浙江农业科技人员创新创业的意见》《关于浙江省农业科技企业认定工作的实施意见》，对符合条件的农业科技人员和农业科技企业给予相应奖励和补贴，推动了农业科技人员的引进和农业科技企业的科技创新。

9.1.2 浙江省农业采摘机械手发展的劣势和威胁

1. 缺乏农业采摘机械手相关的高新技术企业

从前文的专利分析可以看出，浙江省在技术储备和人才储备上具有一定优势，但这些仅仅体现在高校院所专利申请量上，而浙江省内农业科技企业在该领域的专利申请寥寥无几，与高校院所合作的相关成果也并不多，目前没有一家以农业采摘机械手为主业的农业科技公司申报成功国家高新技术企业。这对产业的发展带来一定的制约。

2. 缺乏采摘机械手的产业配套

目前，从文献调研的角度看，没有检索到浙江省相关企业生产农业采摘机械手的文献报道。相关的一些配套产业如果实的图像识别、末端执行器等关键技术和零部件的研发企业，在浙江也很缺乏。因而浙江省在农业采摘机器人的关键技术领域缺乏竞争能力，整个农业采摘机器人产业链中仍存在部分产业靠后期培育。

3. 国家和省内的补贴政策不到位

2015年1月，农业农村部制定了《2015—2017年农业机械购置补贴实施指导意见》，在补贴名单中收获机械主要包括大型甘蔗收获机、小麦玉米收割机、大型棉花采摘机等大型机械。而针对果蔬等小型化的采摘机器人没有列出。

2016年，浙江省政府根据《国务院办公厅关于加快转变农业发展方式的意见》（国办发〔2015〕59号）精神，提出了关于加快推进农业领域"机器换人"的意见。指出到2020年主要粮食作物耕种收综合机械化水平达75%以上，茶叶生产（名优茶采摘除外）基本实现机械化。其中，也未对果蔬采摘机器人的发展目标做出规划。

4. 国内外相关企业的积极布局

从专利分析中可以看出，目前主要国家包括日本、美国、中国等已有一定数量的企业开始了采摘机械手的专利布局，积累一定技术和人才，给浙江企业发展采摘机器人技术带来一定的挑战和阻力。从现有产品研发来看，目前已有多家企业开始试制了农业采摘机器人，并已有部分产品得到应用，如兄弟省份江苏省的苏州博田自动化技术有限公司已开始批量生产

果蔬采摘机器人。

5. 农业采摘机器人市场预期不可控

从文献调研和专利分析中可以知道，虽然农业采摘机器人研究开展得很早，但产业化进程却比较缓慢，仅有玉米、棉花等大型收获类的机械实现了真正意义上的产业化。如苹果、草莓、杨梅、蔬菜等果蔬类的采摘机器人普遍处于示范阶段。对于未来农业采摘机器人何时得到真正应用难以判断。另外涉及产品市场推广问题，如农业采摘机器人使用者知识的掌握程度，农业采摘机器人属于新的科技产品，对使用者有一定的知识技能要求；再如农业采摘机器人的通用性能否解决，包括适用的地形、适用的果树对象等，如此这些也将影响农业采摘机器人的发展。

9.2 浙江农业采摘机械手发展建议

浙江发展农业采摘机械手虽然具有国家政策环境好、市场潜力大、国内仍处于起步阶段、省内政策支持等机会，并建有 12 家省级以上农业高科技园区和全国首家省级现代农业装备高新园区、集聚有大量优质科技信息资源和专家资源，以及盛产水果的南方地区对采摘机械手的市场需求。但同时也具有缺乏农业采摘机械手领域高新技术企业和产业配套不完善等劣势。针对此现状，为了提高浙江省在农业采摘机械手领域的创新能力、提升市场竞争实力，企业应该确立以发展适合于南方地区，特别是浙江地区盛产的果实种类，如山核桃、杨梅、柑橘等的采摘机械手，开展技术跟踪、专利布局、人才引进等工作。

9.2.1 技术研发方面

根据文献研究和专利分析，可以发现目前国内外农业采摘机械手的重点研究领域为末端执行机构、机械手控制装置、与机械手配合的附属装置等基础技术，以及欠驱动采摘机械手等代表未来发展趋势的热点技术。鉴于此，建议浙江省在发展农业采摘机械手的过程中，应把握好以下几个技术点和功能点的研发和实现。

（1）创新末端执行器结构设计：末端执行器结构设计的目标是实现准确采摘、快速采摘，同时又减免对作业对象的损伤，因此，新型末端执行器应具有很好的灵巧性和柔顺性，还要选用适合的新型材料。统筹进行采摘机械臂与末端执行器设计，增强末端执行器与机械臂的信息交流。

（2）多传感器信息融合：在执行器上装载多种微小感知传感器，形成多传感器信息融合，增强感知功能，增强实际环境的适应能力。

（3）简化末端执行器采摘流程，改进驱动方式传统的末端执行器驱动器数量与自由度数量一致，灵巧性好的执行器自由度多。相应的驱动器数量也多在保证执行器有较好的灵巧性的前提下，减少驱动器数量，欠驱动式执行器是未来发展方向。

（4）扩展采摘设备的通用性：若一种执行器能够采摘一类或多种果蔬，则会大大降低其使用成本。促进果蔬采摘机器人及末端执行器的推广应用，开发可以采摘形状相近果实的末端执行器，如苹果、番茄、柑橘等球形或类球形果蔬末端执行器，茄子、黄瓜等长条形果蔬末端执行器等，在一定范围内实现设备的通用性。

9.2.2 发展战略方面

（1）行业标准：农业采摘机械手作为采摘机器人的关键部件，针对不同采摘对象完成独立设计，为了满足不同的行走机构，采摘机械手部件应该要具备通用性、可换性。相关企业应积极倡导并参与农业采摘机械手部件的标准制定，适应农业采摘机械手标准化、系列化的发展趋势。

（2）政策方面：根据《2015—2017 年农业机械购置补贴实施指导意见》，制定地方细则，明确将果蔬采摘机器人列入补贴范围。根据省内提出了关于加快推进农业领域"机器换人"的意见，提出浙江省在果蔬采摘机器人方面的发展规划，并制定相关扶持政策。

（3）技术跟踪：重点关注日本久保田、井田农机、洋马及国内西北农林科技大学、江苏大学、中国农业大学、浙江工业大学等重点机构新申请的相关专利和新研制的产品及样机，掌握农业采摘机器人/机械手技术领域的最新发展趋势。

（4）专利利用：在进行产品研发和生产的过程中，可以在整合国外企业的重要专利（如表 8.5 列出的高引专利）的基础上进行再创新，充分利用日本久保田、井田农机、洋马等企业未进入中国的专利，以及高频引用的失效专利（表 8.6）。

（5）产学研合作：加强与西北农林科技大学、江苏大学、浙江工业大学、浙江大学、浙江理工大学等高校院所的合作，促进产学研协同创新。

（6）技术储备：从省内农机需求现状出发，引进具有农业采摘机器人研究背景的相关企业，针对山核桃、柑橘、杨梅等省内一些具有代表性水果、坚果，加大政策扶持、资金投入，研发出与之适应的农业采摘机械手、机器人，并鼓励企业申请相关专利，获得知识产权，加紧技术储备和专利布局。

（7）高新技术企业的培育：通过政策引导和产学研合作，鼓励农业设施装备企业加大科研投入和人才引进，争创国家高新技术企业。

（8）打通产业链上下游，形成完整的产业规划：通过对农业采摘机器人的技术分解，绘制采摘机器人的产业地图，找出关键技术的优势企业，通过引进和合作等方式补齐产业链上的短板。

9.2.3 人才方面

参考专利分析中农业采摘机械手的主要发明人和团队，将这些团队或个人作为重点引进方向之一，如华南农业大学的邹湘军、叶敏、罗承宇团队，江苏大学的刘继展、李萍萍、陈全胜团队，西北农林科技大学的陈军、刘利、赵友亮团队，南京工程学院的杨文亮、郁汉琪、刘桂芝、冯虎团队等。这些团队的技术特长见表 8.4。同时跟踪关注省内浙江工业大学、浙江大学、浙江理工大学等高校在山核桃、柑橘、杨梅等采摘机器人的申请团队。

第三部分 农机多地形行走机构发展动态研究

第十章 农机多地形行走机构发展概述

10.1 多地形行走机构概述

现有的工程机械底盘主要有轮式和履带式两种。轮式底盘运行速度快、机动性好、运行时轮胎不损坏路面，但是也存在着接地比压大、爬坡能力小等缺点。履带式底盘具有行走机构驱动力大、接地比压小、越野性能及稳定性好、爬坡能力大、转弯半径小、灵活性好等优点，但是也存在着对路面破坏较大，转场时必须用其他车辆对其运输，且履带行走机构普遍质量大、移动缓慢，履带板为钢制，一般公路行走受限。由于上述两种底盘的缺点，人们开发了新型的工程机械底盘，即半履带式底盘，其主要优点就是防陷效果显著。

10.2 农机多地形行走机构

10.2.1 轮式行走机构

目前，轮式农用机械因其较高的机动性，是国内广泛使用的农用机械，如轮式拖拉机、轮式谷物联合收割机等。

牵引附着性能是拖拉机最重要的性能之一，它不仅直接影响拖拉机的作业效率，而且影响拖拉机作业时的燃油消耗率，因此多年来提高拖拉机牵引附着性能一直受到人们的重视。但是轮式拖拉机普遍存在田间重负荷作业时滑转率高，牵引效率低的问题。在我国水稻种植区，机械作业时由于土壤含水率较高，轮式拖拉机或不能下地，或作业时形成较深的轮辙，还经常发生打滑、轮陷等问题，导致拖拉机动力难以有效利用，同时还严重破坏了土壤结构。尤其在山地地面坡度较大地区，轮式拖拉机的爬坡能力有限，自身行走或挂接农具作业影响了其稳定性和牵引效率的发挥。

农用机械大多在土路、田间等崎岖不平路面上作业，经常需要处理松软、泥泞的田野环境。对于大面积的松软地面常规的行走机构在行驶或作业时都因下陷深、打滑严重而存在通过性差、行走效率低甚至无法行走等作业问题，而且行走轮对地面压强大，也造成对农田土壤的严重破坏。

近几十年来，许多学者、专家对如何提高拖拉机的牵引附着性能进行了大量的工作，取得了一定的效果。对轮式拖拉机来说，增加驱动轮上的垂直载荷，适当增大轮胎的直径，采用并列驱动轮等，都可以在一定范围和条件下改善其牵引附着性能，但要从根本上提高拖拉机的牵引附着性能，这些方法均受到了不同程度的限制。

因此，要提高牵引附着力和牵引效率、减小滑转率，进行保护性耕作，改善通过性能，新的行走机构或装置就成为目前国内外研究的主要趋向。20 世纪 70 年代，上海农机所对上海 -50、丰收 -35 拖拉机附加伸缩防滑轮进行了研究。20 世纪 80 年代末，西北农林科技大学研制出一种为 8.8 ~ 11 kW 小四轮拖拉机装用的旱地深耕节油弹性轮，虽然牵引附着性能有所提高，但它结构笨重、成本高，不宜推广。21 世纪初在改进弹性轮的基础上又设计出一种驱动叶轮，试验表明拖拉机的深耕附着性有突破性的改善，但其叶片出入土不是垂直的，使得叶片出土时有不同程度的挖土现象，从而造成阻力大，功率消耗大。为此，设计出叶轮脚刺在入土时角度和深度可以在一定范围内调整的新的驱动叶轮，并装机在田间进行了性能对比试验。试验表明，最大牵引功率和最大牵引力均有不同程度的提高。同时，莱阳农学院和延边大学农学院也对拖拉机旱地驱动叶轮进行了研究，试验表明牵引附着性能有所提高。

日本最早生产出了一种轮胎外侧附加型无轮缘铁制水田轮，其附加轮上的叶片可以活动，使用较方便、成本低，但质量和尺寸都较大。20 世纪 90 年代末，美国开发了在单轮车辆上设置一个可旋转的附属肢体，测试了其牵引性能劣化最大牵引系数，试验测量了附属肢体对土壤产生的压力，通过压力参数来说明牵引性能有所提高。同年代英国的 Hermawan、Wawan 等人用带活动防滑刺的轮子和带固定防滑刺的轮子做牵引性能对比试验，并测试出土壤对轮子防滑刺的反作用力，研究了防滑刺的运动方式、防滑刺间隙和水平负荷对拉力、支撑力大小的影响。

10.2.2 履带式行走机构

履带式拖拉机以其牵引率和动态牵引比高等优点得到越来越广泛的使用。根据 W. C. Evans 和 D. S. Gove 在硬地面和水田研究，橡胶履带牵引效率与动态牵引比高，在水田和硬地面上其最大牵引效率是 85% ~ 90%，四轮驱动拖拉机是 70% ~ 85%。因此，履带式拖拉机在水田作业更具有优势。

目前，收获机械、工程机械、拖拉机、湿地车辆、雪地车辆、沙漠车辆、运输车辆、军用车辆等各种越野车辆上普遍使用整体橡胶履带，特别是在大中型拖拉机上整体橡胶履带也得到广泛运用。然而履带拖拉机的底盘和行走系统与轮式拖拉机的底盘和行走系统在结构上不同，现有技术中的大中型履带拖拉机均采用自己独特的行走系统，不能单独安装轮胎进行作业。而目前大中型轮式拖拉机只能使用轮胎作业，在水田、湿地作业时动力难以充分发挥。

以 C1002 拖拉机为代表的农业通用型履带拖拉机因其弹性底盘的结构限制，存在功能单一，牵引力小，工程用功能（推土等）能力不足等诸多缺点。采用整体半刚性悬架行走系是国内外工业拖拉机的一大特点。其优点是动力经济性好、作业效率高。通过选装各种工作装置，可进行推土、松土及牵引铲运等作业。现有技术中既有通过选装宽履带，用于农田改造、河滩和池塘等土地泥泞和松软工况下的作业，也有改进半履带式拖拉机行走机构的技术方案。

收割机在农业机械种类中，属较为大型的机械设备。传统的收割机前后车轮均为橡胶轮胎。在原来广袤的东北土地上的主要农作物是小麦，旱田收获中使用橡胶轮胎有其收获速度较快、灵活等优点。但是，目前随着农田改造，大部分旱田都改造成水田，种植水稻成为农场的主要作物。在水田中操作，胶轮收割机明显没有了优势，作业中由于地面水分大、松软等不利因素出现轮胎下陷甚至停止作业的现象。特别是在多雨的年份时，越要抢收越难作业。

为了适应水田和涝洼地作业，出现了全履带金属链轨行走机构、半履带金属链轨行走机构和全履带橡胶链轨行走机构。与轮式行走机构相比较，履带式行走机构具有如下优势：接地面积大，接地压力小，下陷小，对水田、湿田适应性较好，但它也存在很多缺陷，主要是它的装置复杂，质量大，成本高，易磨损，行走平稳差，转弯时严重破坏土壤结构，影响耕整，尤其是体积庞大，自身偏重，深泥脚田作业仍有下陷现象，极不适宜丘陵山区、梯田、小块田、深泥脚田作业收割。

全履带金属链轨机构和半履带金属链轨的支重台车总成直接安装在收获机传动系的边减轴上，由于金属链轨的重量大，使收割机的传动系统始终处于超负荷状态下工作，尤其是在转弯时阻力大，传动系统中的边减轴容易损坏。全履带橡胶链轨行走机构，虽然传动系统的负荷有所减轻，但是其支重台车总成也是直接安装在边减轴上，由于是全履带行走，接触地面的面积大，行走阻力和转弯阻力大，与全履带金属链轨行走机构和半履带金属链轨行走机构一样易损坏边减。再者其引导轮的高度低，过稻田梗时受阻，必须加大供油量，履带将稻田梗扒低后方能过去，收割机过去后，人工再将稻田梗扶起，降低了作业效率，增加了人工的劳动强度。为此人们开发了半履带行走机构，不但能减轻行走机构的重量，而且采取使支重与驱动分开的设计，达到减少行走和转弯的阻力、不易损坏收获机边减轴、减少耗油量和人工劳动强度的目的。

目前，半履带式复合型行走机构大致可分为轮履复合式、轮足复合式、轮履腿复合式。半履带式拖拉机行走机构通常由环形履带、驱动轮、三角形行走架、导向轮、数个支重轮和张紧机构等组成。半履带式行走机构可克服丘陵地区轮式拖拉机对山地坡度适应能力差，易打滑等问题，提高机具适应性和拖拉机牵引效率。

轮履复合式行走平台在平坦的路面上行驶时，采用四轮着地运动模式。该模式具有普通轮式行走平台的运动特性，可以前进、倒退、转弯，并具有摩擦阻力小、能耗低、运动灵活平稳、工作空间小等特点，能实现行走平台在平坦路面上长距离运动要求，保证其快速、高效地进入工作地点。目前，常规的轮履复合式行走平台具有以下缺点：其一，轮履直接复合的形式（将两条履带贴于行走轮内侧），虽然增强了其跨越沟壑及松软地面的能力，但并没有提高行走平台的底盘。当有较大障碍物出现在平台正下方时，仍不能有效越障；其二，行走平台高度无法调整，且行走轮和履带的传动系统较为复杂。

20世纪70年代，美国卡特彼勒（Caterpiller）公司在开发履带式推土机中，开拓了一种新的非等边三角形布置的行走机构，将驱动链轮高置，并采用半刚性或弹性悬架的高架链轮履带式行走机构。它具有单个链节所受的冲击应力小，避免了链轮与链节因夹带泥沙碎石等杂物而引起的磨损，行走平顺、承载能力高、地面附着性好等特点。20世纪80年代初，在美国和加拿大等国出现了一种三轮一式，没有托链轮的橡胶履带行走装置，该履带呈整体式环带形，踏面上的履刺为粗大的斜向凸棱状。因为履带具有弹性，行走时可随引导轮的表面形状而变形，故使行走装置的前部酷似深槽大花纹轮胎，这样就使整个行走装置具有一定的重型轮胎的特性。美国 Grouser Products 公司研制的一种"V"形框架式履带行走装置，已被广泛应用在采用滑移式转向的轮式装载机上，其行走机构为一种新型轮胎——履带复合式行走装置，可满足恶劣条件下的作业要求。该复合式行走装置已形成系列产品，可满足不同型号不同规格的多功能轮式装载机的使用要求。20 世纪 90 年代我国对无支重轮履带装置进行了力学分析，推导了滚动阻力计算公式，发现非常规履带行走机构制造成本低、维修费用少。尽管其驱动功率有所增加，但对于经常在松软地面作业且移动距离较短（平均每月1000 m 左右）的低速掘进机来说，非常规履带行走机构不失为一种较有利的选择。浮箱履带式行走装置具有较低的接地比压，既可以在软松地面及泥浆中走，还可以在水中浮航，因此它是一种两栖式行走机构。由于结构独特，采用这种行走机构的施工机械已经在沼泽、滩涂等松软地面得到了广泛的应用，并且收到了较好的经济和社会效益。20 世纪 90 年代末，华南热带农业大学研究的实用新型汽车橡胶半履带防滑装置，主要由整体式橡胶－钢丝履带张紧轮、气力式支承缸筒和张紧缸筒组成。两缸筒上端分别安装在驱动轮前方车架纵梁上、下端并相互铰接。张紧轮安装在支承缸筒下端拐轴上，将橡胶履带套装于驱动轮和张紧轮上并将其张紧，可迅速将汽车的轮式行走装置改为半履带行走装置。湖南中天农业机械有限公司开发了一种履带自走式旋耕机，采用橡胶履带行走机构，前驱动行走方式，提高了旋耕机的抗下陷性能，不会破坏农田的泥脚深度，压强小和接地面积大，能够适应各种地形，通过左右两边履带各朝不同方向转动，还可以原地 180°转弯，使得履带自走式旋耕机在狭窄的丘陵地区也能方便自如地耕作。

第十一章　轮式农机行走机构专利分析

在国内外专利申请上，涉及农用机械、普通工程车辆的申请量是很大的，但在专利申请中，涉及农机多地形行走机构申请的专利不多。同时，很多专利并不是专门针对农机行走机构的专用专利形式申请的，而是以普通工程车辆、民用车辆的形式申请的。所以，在进行农机多地形行走机构专利分析与检索时主要以农机行走机构技术特点作为出发点，对专利进行分类时考虑到学科的专业性，并从农机行走机构的有关专业技术中经过筛选。根据农机行走机构在结构和原理上的特点，本研究在对农机行走机构专利进行分析与检索时包含轮式和履带式农机行走机构的专利数据。

本章节中，在专利分析工具上，使用了德温特专利数据库，结合关键词、IPC 分类、德温特手工代码的方法进行专利检索和数据采集，综合应用了 Thomson 公司的 TDA 和 TI、Innography 及国家知识产权局知识产权出版社专利分析软件等工具。通过计算机联机检索，再经过去重和筛选，共得到与轮式农机行走机构相关的德温特专利 657 项专利族，671 件专利；中国专利 195 项（200 件）（检索时间范围为 1962 年至 2016 年 5 月）。

11.1　轮式农机行走机构全球专利申请基本状况

11.1.1　年度专利走势

从轮式农机行走机构全球专利族申请年度分布情况来看（图 11.1），轮式农机行走机构技术发展大致可分为 3 个阶段：

第一阶段：技术孕育阶段。最早的轮式农机行走机构全球专利族申请出现在 1970 年，在之后 20 年内，每年专利族申请量都不足 10 项，直到 1994 年才有 11 项专利族申请，表明轮式农机行走机构处于技术孕育阶段。

第二阶段：快速发展阶段。1994—2005 年，轮式农机行走机构全球专利族申请量进入快速发展阶段，在这段时间，专利族申请量出现逐年增长态势，到 1996 年发展到 27 项专利族申请，该阶段研发由日本主导（图 11.2）；1996—2001 年，轮式农机行走机构全球专利族申请量又有所回落，原因是日本的申请量陷入低迷。

第三阶段：高速发展阶段。从 2006 年开始，轮式农机行走机构技术进入高速发展阶段，专利族申请量呈现急剧增长态势，全球专利族申请量发展到 2014 年 71 项，表明轮式农机行走机构技术进入了高速发展阶段。同时，中国在 2008 年后专利数量呈现快速增长趋势，并主导了轮式农机行走机构的发展（图 11.2）。

纵观轮式农机行走机构全球专利族申请数量，轮式农机行走机构技术真正的发展阶段出

浙江智能农机装备产业发展动态系列研究报告

现在 1994 年以后，虽然期间略有反复，但技术总体出现了快速增长，而且这一趋势延续至本次专利分析截止时期。表明轮式农机行走机构技术已实现产业化，国际上技术研发热情很高，短期发展前景毋庸置疑。

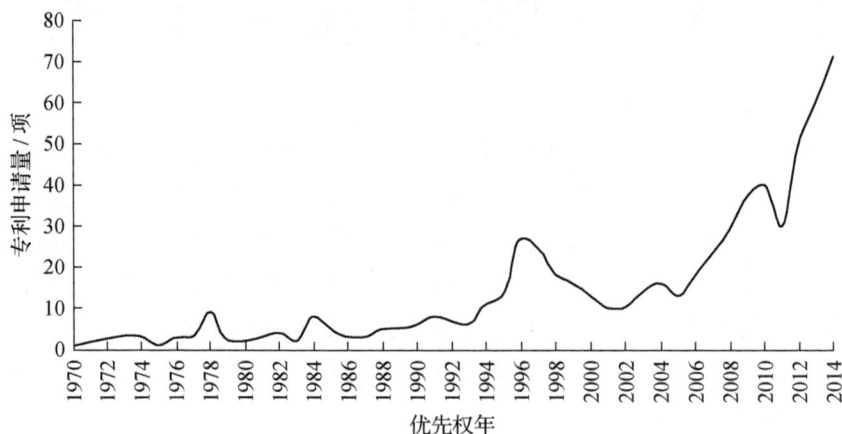

图 11.1　全球专利申请年度分布

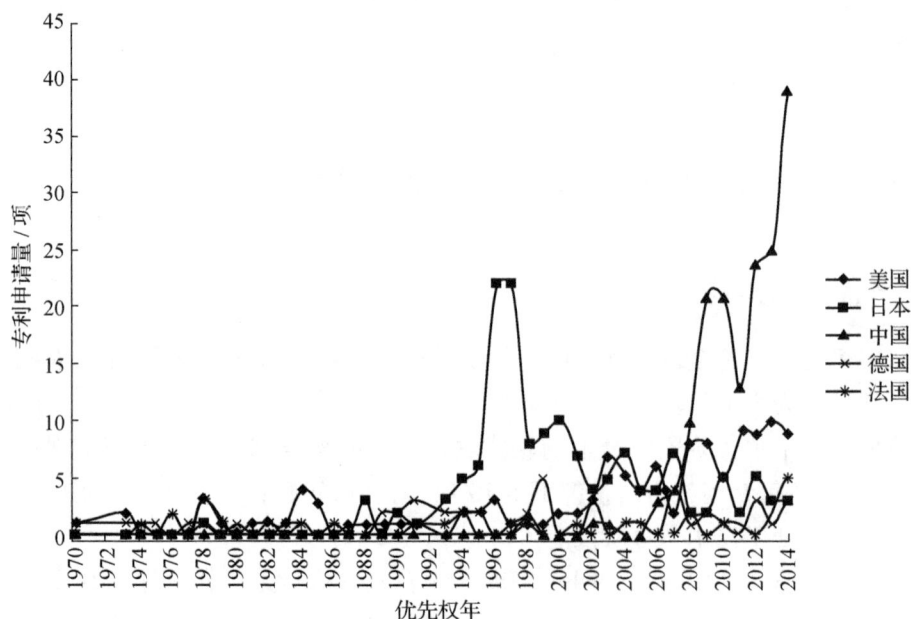

图 11.2　各主要优先权国专利申请年度分布

11.1.2　技术生命周期

一般而言，技术的发展需要经过 4 个阶段：第一阶段为技术孕育期，早期技术萌芽期，企业进入意愿低，专利申请数量和申请人数量均很少；第二阶段为技术成长期，这一阶段产业技术有突破或厂商对于市场价值有了认知，竞相投入发展，专利申请量与专利申请人数急

· 114 ·

速上升；第三阶段为技术成熟期，厂商投资于研发的资源不再扩张，只剩少数继续发展此类技术，且其他厂商进入此市场意愿低，专利申请量与专利申请人数成长逐渐减缓；第四阶段为技术瓶颈期，产业技术研发遇瓶颈难以突破或此类产业已过于成熟，专利申请量与专利申请人数呈现负成长。

从图 11.3～图 11.5 中可以了解到，1985 年之前，全球轮式农机行走机构处于技术孕育期，专利申请数量和申请人数量均很少；1994—2012 年出现了一个技术成长期；2012 年以后有进入技术成熟期的迹象。

就中国专利部分，2008 年以前专利数量较少，处于技术孕育期；2008 年以后进入技术成长期。

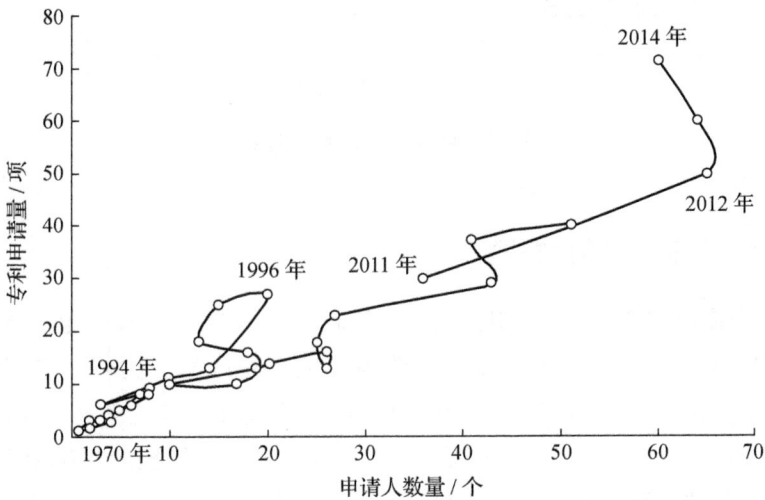

图 11.3　技术生命周期

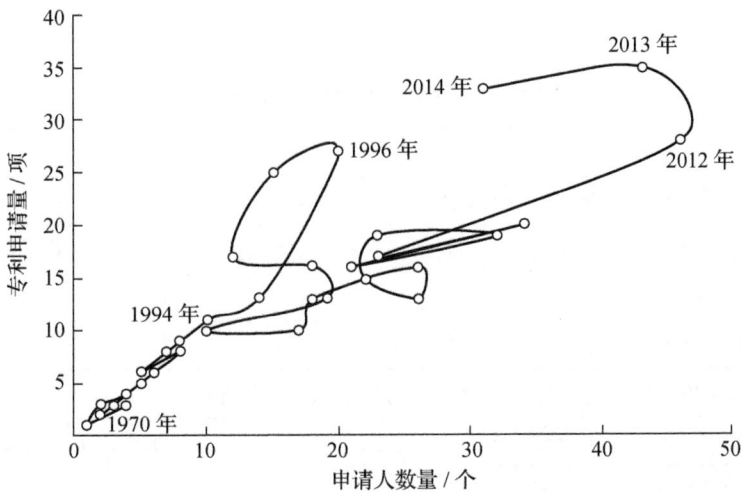

图 11.4　国外专利技术生命周期

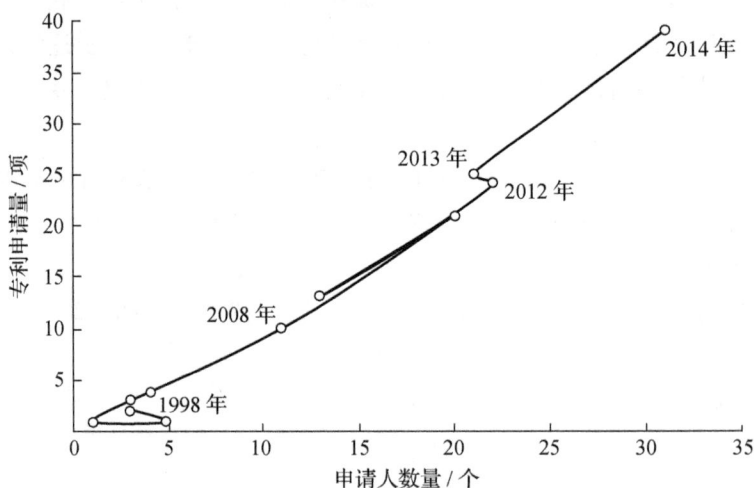

图 11.5　中国专利技术生命周期

11.1.3　主要技术领域专利族分布

从 IPC 代码中提取前 20 项主要相关技术，清晰地反映轮式农机行走机构热点技术分布情况，见表 11.1。可以看出，旨在增加地面附着力的车轮或车轮附件的技术主题是轮式农机行走机构领域研发的重点。车轮（其他类目不包含的或具有本组中某一小组特点的车轮、带有铲形抓地齿的车轮、脚轮、板式车轮、轮子可相对于机架调整的农机或农具的提升或调整装置或机构）、车轴（车轴总成及其部件、传递转矩的轴、轮轴组合）、牵引车（牵引车、适用多种用途的牵引车）、底盘（发动机驱动的专门用于安装各种农业机具或装置的底盘、专门用于安装各种农业机具或装置的底盘）、轮毂等行走机构固有特征的技术主题，均为研发的重点。

表 11.1　排名前 20 位的 IPC 代码

申请量/项	IPC	IPC 类目	占比
79	B60B-015/00	旨在增加地面附着力的车轮或车轮附件	11.8%
75	B60B-019/00	其他类目不包含的或具有本组中某一小组特点的车轮	11.2%
67	A01C-011/02	用于种苗	10.0%
57	B60B-035/00	车轴总成及其部件	8.5%
57	B60B-035/10	可按轮距变化调整的车轴总成及其部件	8.5%
53	B60B-035/14	组合或拼合，例如半轴；轴的几个部分或部段之间的连接	7.9%
46	B62D-049/00	牵引车	6.9%
42	B60B-015/02	带有铲形抓地齿的车轮	6.3%
42	B60B-033/00	一般脚轮	6.3%

续表

申请量/项	IPC	IPC 类目	占比
35	B60B-035/12	传递转矩的轴	5.2%
29	A01B-051/02	发动机驱动的专门用于安装各种农业机具或装置的底盘	4.3%
29	A01D-067/00	专门适用于收割机或割草机的底盘或机架;调整机架的机构	4.3%
28	B60B-035/16	以传递转矩元件如轴的轴壳为特征的	4.2%
27	A01M-007/00	液体喷雾设备的专门配置或布置	4.0%
27	B60B-037/00	轮轴组合,例如车轮总成	4.0%
24	A01B-069/00	农业机械或农具的转向机构;在所要求的轨道上导引农机具	3.6%
23	B60B-027/00	轮毂	3.4%
23	B62D-049/06	适用多种用途的牵引车	3.4%
21	B60B-003/00	板式车轮,即辐板体承载车轮	3.1%
20	A01B-051/00	专门用于安装各种农业机具或装置的底盘	3.0%
20	A01B-063/16	轮子可相对于机架调整的农机或农具的提升或调整装置或机构	3.0%

由图 11.6 可见,专利申请排名前五的公司——美国约翰迪尔、日本井关农机和日本久保田(日本最大的农用机器公司)、日本三菱、美国凯斯纽荷兰(CNH)在技术布局上各有侧重,美国公司较为侧重车轴总成、一般脚轮等技术,而日本公司侧重用于种苗的农机行走机构,并在轴组合或拼合及轴的连接、旨在增加地面附着力的车轮或车轮附件等技术领域均有布局。

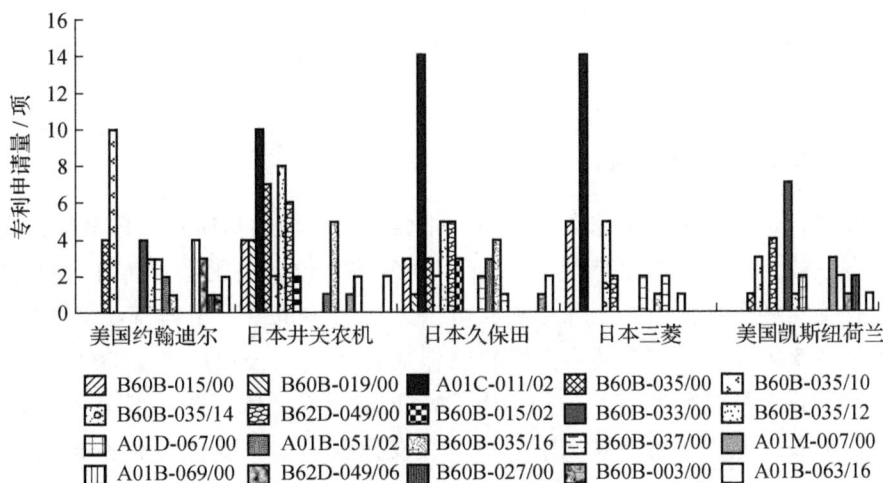

图 11.6 主要专利权人技术布局

11.1.4 主要国家全球专利族布局

中国、美国、日本是轮式农机行走机构专利族规模最大的国家。发达国家对世界市场的争夺非常激烈，因此除了对本国进行专利保护外，为了在国外生产、销售轮式农机行走机构，其必须在国外地区申请相关专利以求获得知识产权保护，同时该国同族专利的申请也可以反映出其市场战略。

从图11.7中可以了解到，日本除在本国申请外，同时重点关注美国、中国等国家和地区。美国在专利总量上略少于日本，除本国市场外，重点关注加拿大、欧盟、中国等国家。德国对于国外市场，重点关注欧盟和美国的专利布局。

中国主要针对本国市场，在国外市场专利布局较少。可以看出，国外对中国市场的重视还处于专利布局阶段，国内可通过技术研发抢占宝贵的国内市场。

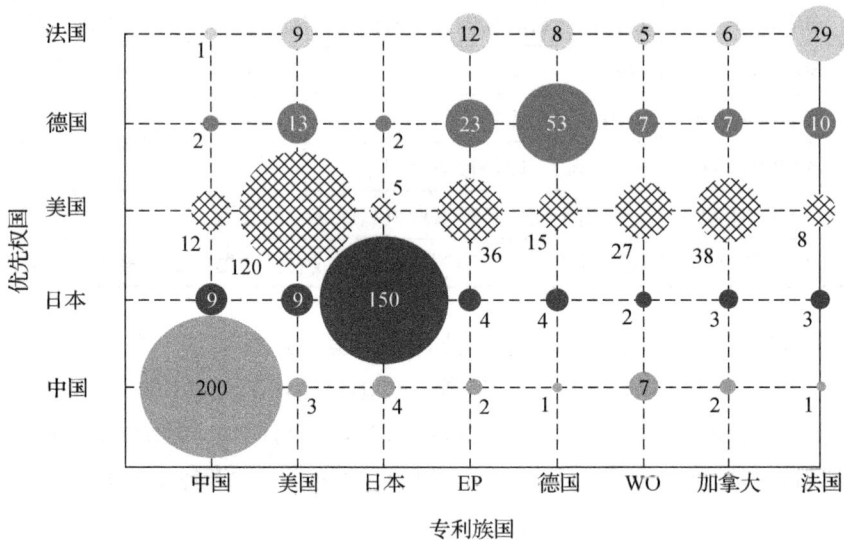

图 11.7 主要专利国家全球专利族布局

11.1.5 全球专利申请人排名

在轮式农机行走机构技术全球专利申请人排名中，美国约翰迪尔、日本井关农机和日本久保田、日本三菱、美国凯斯纽荷兰（CNH）排名前5位。美国和日本在轮式农机行走机构技术上拥有绝对领导地位，在全球专利族申请人排名中也得到了体现。排名前10位的企业中，除了上述5家以外，其余还有大津轮胎株式会社（该公司已经于2003年7月1日被住友橡胶工业株式会社收购）、俄罗斯 UNIV FAR E AGRIC（俄罗斯远东国立农业大学）、日本洋马、住友橡胶工业株式会社（以下简称"住友橡胶"）、三菱扶桑卡客车有限公司等。

从图11.8中还可以看出，排名前5位的美国和日本公司占据的专利族数量远远超过竞争对手，占据市场领先地位。从排名第6至第10位看，专利族数量相差并不悬殊。总体上看专利族分布较为集中。

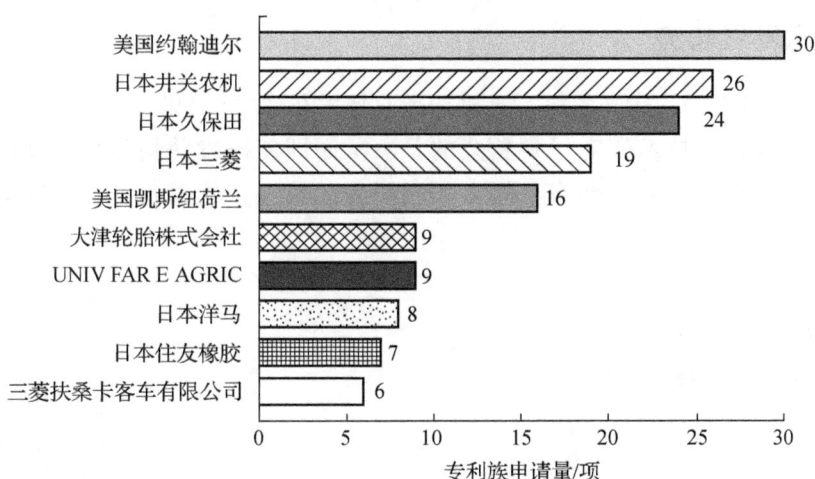

图 11.8 主要全球专利申请人排名

11.1.6 主要发明人和团队分析

由于专利发明人是对发明创造的实质性特点做出创造性贡献的人，因此这里对轮式农机行走机构技术的全球专利主要发明人及其团队进行了列表分析（表 11.2）。

表 11.2 全球专利主要发明人及其团队

发明人/团队	所属机构	所属国家	技术领域	专利量/项
Shchitov Sergej Vasil Evich；Kuznetsov Evgenij Evgen Evich；Kuznetsova Ol Ga Aleksandrovna	UNIV FAR E AGRIC	俄罗斯	车轮附着力的增大；用于单动或联动而安装的各个车轮的总成；旨在增加地面附着力的车轮或车轮附件	9
Mackin Ryan Patrick；Burke Daniel James；Coers Bruce Alan	BURKE D J；美国约翰迪尔；MACKIN R P；COERS B A	美国	联合收割机的零件；可按轮距变化调整的；适用多种用途的	7
Phely Olivier	OTICO SA	法国	用于播种或种植的开沟、作畦或覆盖沟、畦的机械	7
Aoki Nobuhiro	日本三菱	日本	用于种苗；B60B 7/06；B60B 15/00	6
Teramoto Seiji	三菱扶桑卡客车有限公司	日本	挖掘甜菜类作物的机械；其所用紧固装置；收割机或割草机在坡地行进时的控制机构	6
Arimura Kageyuki	大津轮胎株式会社	日本	用于种苗；旨在增加地面附着力的车轮或车轮附件；非充气胎或实心轮胎	5

11.1.7 技术发展趋势

从图 11.9 可以看出，轮式农机行走机构产业技术在 20 世纪 90 年代开始一轮高速发展，新技术开始快速涌现，技术研究呈现繁荣的景象。而即使研发热情较低的 2001—2003 年，也有不少新技术产生。到了 2008 年，随着中国研发的投入，轮式农机行走机构新技术又开始大量出现。

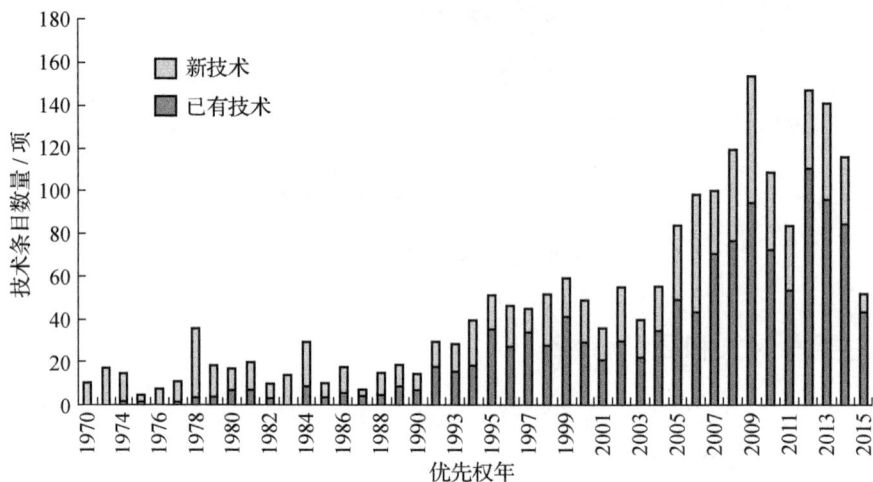

图 11.9　技术发展趋势

11.1.8 国内技术专利分析

如图 11.10 所示，对轮式农机行走机构相关的 196 项中国专利进行法律状态分析，其中，失效专利为 78 件，占比 40%；在审专利 22 件，占比 11%；有效专利 96 件，占比 49%。对 194 个专利族进行分析，其中，中国发明专利 54 项，实用新型专利 140 项，且没有任何一件 PCT 申请。以上情况说明，中国专利中发明专利占比低，专利质量较差，且主要针对本国市场，在国外市场基本没有专利布局。

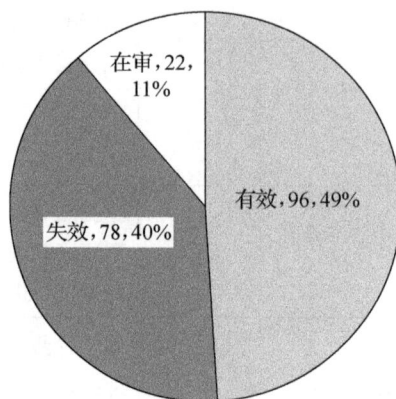

图 11.10　中国专利法律状态分析

申请人类型分析：个人申请量：77，大专院校申请量：11，科研单位申请量：4，工矿企业申请量：96。申请量最大的是工矿企业和个人，说明轮式农机行走机构技术已经产业化或朝着产业化方向发展。

轮式农机行走机构专利技术在国内分布如图 11.11 所示，除排名第一的山东申请量较大外，前几位的省市差距也不大。各省市排名中，浙江、江苏、广西、安徽、重庆、湖南次之。

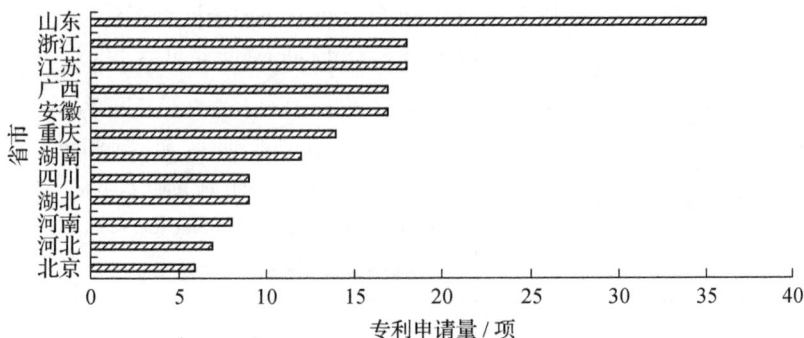

图 11.11　轮式农机行走机构专利技术申请地域分布

如图 11.12 所示，在轮式农机行走机构技术全球专利申请人排名中，兴化市雅兰机械制造有限公司、柳州博实唯汽车科技有限公司和江苏省农业科学院农业资源与环境研究所排名前 3 位，后续的申请人申请量都不大。这说明国内申请人的研发能力普遍都不太强。

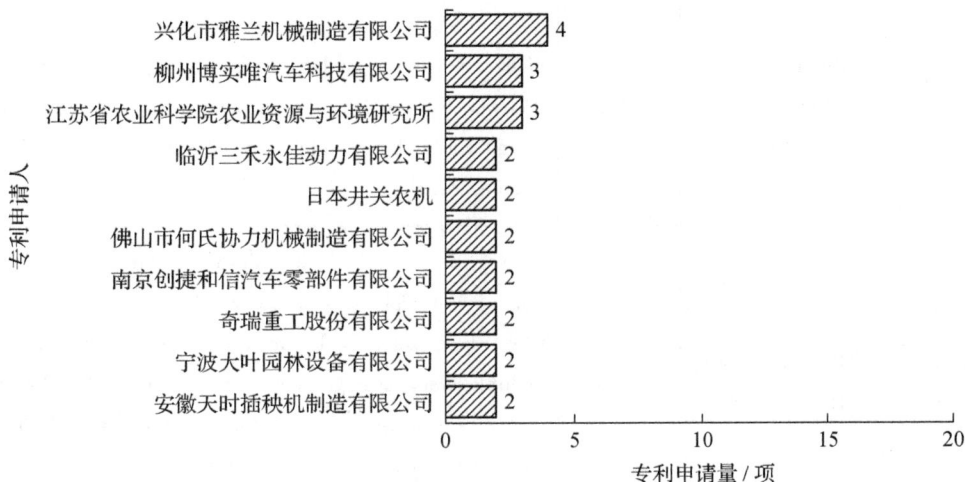

图 11.12　中国专利申请人排名

11.1.9　失效专利

表 11.3、表 11.4 列出了轮式农机行走机构技术领域的国内外失效专利。

表 11.3　轮式农机行走机构技术领域国外失效专利

基本专利号	专利权人	优先权年	标题	IPC
AT200000442A	FAIVELEY TRANSPORT	2000	Gritting device	B60B003908 ｜ B61C001510
CH681216A5	SCHILTER T	1989	Driving axle for vehicle-has pinion on each half-shaft driving wheel-axle gear via two intermediate double-width pinions	B60B003514 ｜ B60K001704 ｜ B60K001730 ｜ F16H000122
CH693740A5	GRUNDERCO AG	1999	Agricultural vehicle, such as combine-harvester, has drive and at least displace-able and inclinable wheel suspension ｜ Landwirtschaftliches Fahrzeug.	A01D007528 ｜ B60B003510 ｜ B60G000902
CZ199803683 A3	MISAR J	1998	Four-wheeled small tractor with capability to adjust height and spacing of ground wheels with remote control ｜ Čtyřkolový malotraktor s přestavováním výšky a roz-chodu pojezdových kol s dálkovym ovládáním	B62D004906 ｜ B60B003512 ｜ B60K001704
DE10200800 1459A1	MASCHFAB KEMPER GMBH&CO KG	2008	Support wheel arrangement for stone swath picker of agricultural harvester, has sup-port wheel assembly, which comprises ax-le and rim with tire supported on axle in rotating manner	A01B005100 ｜ A01B006900 ｜ A01B007300
DE10201001 4446A1	HORSCH MASCH GMBH	2010	Towing device for track adjustment for tractive unit, has telescopable spindle unit with two carrying wheels, at which one or multiple blade aggregates and frame con-nection are provided between spindle unit and free end by carrier frame ｜ Anhängevorrichtung mit Spurverstellung	B60B003510 ｜ A01B006316 ｜ B62D006306
DE19528473C1	美国约翰迪尔	1995	Additional weight for ballasting agricultural tractor involves vehicle having at least one insertion opening open sideways and limit-ed by upper and lower arms	A01B005104 ｜ A01B006302 ｜ B60B003900 ｜ B62D004908

基本专利号	专利权人	优先权年	标题	IPC
DE19710172A1	SAME DEUTZ-FAHR SPA	1997	Combine harvester with central gearing powering shafted end gears ｜ Landwirtschaftliche Erntemaschine	A01B007300 ｜ B60B003510
DE19948763A1	BEHRENDSEN E A ｜ RUDOLPHSEN J ｜ RUDOLPHSEN-BRANDENBURG J	1999	Conversion method to turn tractor into lawn roller uses tubular steel section fitted over deflated tractor tires, which are then re-inflated ｜ Verfahren zum Umrüsten eines Traktors zur Walze	A01B002902 ｜ A01B004500 ｜ B60B001526
DE19953069A1	AMAZONEN-WERKE DREYER GMBH H	1999	Agricultural spreader, especially a mud spreader can be bought with or without a weighing cell and electronic controller, thus allowing a farmer to spread the cost of purchase by upgrading the machine at a later date	A01B005906 ｜ A01C001700 ｜ G01G001908
DE2352158A1	ISPOW AG	1973	Lawn mower trolley wheel has rigid core surrounded by soft foam layer protected by tough outer skin for tread	B60B000502 ｜ B60B003710
DE2403050A1	GUTBROD-WERKE GMBH	1974	Traction wheel fixture for agricultural vehicle has pin insert to enable easy drive wheel change from fixed to free	B60B003700 ｜ F16B002112
DE2529379A1	美国约翰迪尔	1975	Variable track for tractor with conical wedges and rack and pinion drive along axle	B60B003510 ｜ F16D0001091 ｜ F16D0001095
DE2745170A1	VAN DER LELY NV C	1976	Agricultural tractor with tracked rear wheel pairs has additional three point linkages mounted at front and sides（NL 11.4.78）	B62D004900 ｜ B62D001118 ｜ B62D004906 ｜ B62D005502 ｜ B62D005504
DE2819368A1	RAUSCH M	1978	Bulk material spreading machine flow control-involves height adjustable fitting near container base for precisely metered feed ｜ STREUGUT-ZUFLUSSREGULIERUNG	A01C000716 ｜ A01C001500 ｜ E01C001920

续表

基本专利号	专利权人	优先权年	标题	IPC
DE2911764A1	RCD RES CORP LTD	1978	Vibrator for rodent control has frequency selectors controlling amplification according to frequency response of electronic oscillation circuit	A01M002916 ｜ A01M002922 ｜ B06B000102 ｜ G04G001302 ｜ H04R001710
DE2946966A1	PELSY G	1978	Trench cutting machine with propelling toothed wheel has surface profile on each tooth, preventing pressure on ground while revolving（BE 4. 6. 80）	B62D004906 ｜ B62D005702 ｜ E02F000320 ｜ E02F000508 ｜ E02F000902 ｜ E02F000318 ｜ E02F000502
DE3340555A1	VAN DER LELY NV C	1982	Utility vehicle, in particular agricultural tractor ｜ NUTZFAHRZEUG, INSBESONDERE ACKERSCHLEPPER	B62D004900 ｜ B62D004906
DE3618139A1	LOEHR & BROMKAMP GMBH	1986	Wheel bearing-universal joint assembly has inner bearing ring axially held by upsetting joint on rotation joint	F16D000320 ｜ B60B002700 ｜ B60B003514 ｜ B60B003518 ｜ F16C001918 ｜ F16C003360 ｜ F16C003504 ｜ F16C0035063 ｜ F16D0001068 ｜ F16D0003224
DE3618203A1	TRUNKENPOLZ MASCH G	1985	Interchangeable power shaft for optional installation in tractor trailers or the like ｜ WECHSELBARE TRIEBACHSE ZUM WAHLWEISEN EINBAU IN SCHLEPPERANHAENGER ODER DGL. ｜ Wechselbare Triebachse zum wahlweisen Einbau in Schlepperanhaenger od. dgl	B62D005902

续表

基本专利号	专利权人	优先权年	标题	IPC
DE3925278A1	GEBR TIGGES & CO GM	1989	Roller for use on agricultural vehicles-has rolls set deeper than vehicle wheels ｜ WALZENGERAET ZUR BEFESTIGUNG AN FAHRZEUGEN	A01B005904 ｜ B60B001912
DE3926546A1	ARNO WEIGEL & SCHLU	1989	Spreading grit in front of vehicle driven wheels-involves compressed air supply to convey grit from the vehicle-borne hopper to wheels ｜ AM KRAFTFAHRZEUG AN-GEORDNETE STREUVORRICHTUNG ZUR FOERDERUNG VON STREUGUT VOR DIE ANTRIEBSRAEDER	B60B003908
DE4105746A1	ZAHNRADFAB FRIEDRICHSHA FEN AG	1990	Seal unit with wiper-has corrugated sealing ring in sleeve, and has two spring-loaded sealing lips, with annular space between filled with lubricant ｜ DICHTUNG-SANORDNUNG	B60K001730 ｜ F16J001532
DE4105747A1	ZAHNRADFAB FRIEDRICHSH AFEN AG	1990	Seal unit with wiper and sealing ring-has e-lastically inner-coated sleeve, with lips resting on bushing and flange ｜ DICH-TUNGSANORDNUNG	A01B007108 ｜ B60K001730 ｜ F16D000306 ｜ F16J001532
DE4112155C1	MOERTL SCHLEP-PERGERA ETEBAU GMBH & CO F	1991	Tractor drawn disc-type mowing implement has each runner wheel with vertical swivel axes behind ground contacting point	A01B007300 ｜ A01D006700 ｜ B60B003302
DE4124093A1	GREENLAND GMBH & CO KG	1991	Agricultural rotary swather has swather mounted on chassis which runs on wheels for transportation and is swung from transport position into working position	A01B007300 ｜ A01D007500 ｜ B60B003302 ｜ B62B000504
DE4305365A1	SABO-MAS-CHFAB AG	1993	Bearing of a running wheel	B60B003502 ｜ F16C001916 ｜ F16C001954 ｜ F16C003332 ｜ F16C003362

续表

基本专利号	专利权人	优先权年	标题	IPC
DE4420486A1	BPW BERGISCHE ACHSEN KG	1994	Hub for cultivator tools on agricultural machines ｜ Nabe	B60B002702 ｜ F16C003378
DE4431277A1	SABO MAS-CHFAB GMBH	1994	Bearing for free running wheel ｜ Lagerung für ein Laufrad ｜ Lagerung fuer ein Laufrad	A01B007104 ｜ B60B003300
FR2288454A1	CHAPPAZ C H	1974	Appts. for soil sterilisation-with hoods and tractor with metal shoes over tyres ｜ DISPOSITIF POUR LA DESINFECTION DES SOLS, PAR VAPEUR ENVOYEE SOUS DES CLOCHES	A01G001100
FR2354212A1	ETUD & RECH AVANCEE	1976	Wheel drive arrangement for heavy vehicles-has epicyclic reduction gear with driven shaft connected to input shaft by sleeve for quick dismantling ｜ PERFECTIONNEMENTS APPORTES AUX VEHICULES OU MACHINES COMPORTANT AU MOINS UNE ROUE FAISANT SAILLIE DU RESTE DUDIT VEHICULE	A01D007500 ｜ B60B003514 ｜ B60K001732
FR2389521A1	BREGOLI C	1977	Support for use when changing tractor wheel-consists of telescopic leg with adjustable top bracket engageable on lift arm or front axle	B62D004908 ｜ B66F000724
FR2457630A1	TAUNAY M	1979	Liquid fertiliser spreader for waterlogged ground-has sixteen driven wide tread wheels on two steering front and two fixed rear axles ｜ ENGIN MOTORISE EPANDEUR D'ENGRAIS TRAVAILLANT SUR UN TERRAIN IMPREGNE D'EAU	A01C001500 ｜ B60K001734 ｜ B62D004906 ｜ B62D006110
FR2574345A3	VAYSSET J D	1984	Device for moving the axles forwards or backwards on a trailer of essentially agricultural type ｜ DISPOSITIF POUR AVANCER OU RECULER LES ESSIEUX DE REMORQUE DE TYPE ESSENTIELLEMENT AGRICOLE	B62D005306

续表

基本专利号	专利权人	优先权年	标题	IPC
FR2594072A1	BANCEL V	1986	Device allowing the non-permanent raising of a tractor, in particular an agricultural tractor ｜ Dispositif permettant le rehaussement non definitif d'un tracteur notamment agricole	B60B003502 ｜ B62D004906
FR2704287A1	FRANCE REDUC-TEURS SA	1993	Worm and wheel reduction gear drive for vehicles like lawn mower tractor includes forks, for preventing flexing of shaft, offset on input shaft between cones and support bearing, with movement absorption member radially fixed on this shaft	F16D000702 ｜ F16H000116
FR2782949A1	IDASS SA ｜ IDASS SARL	1998	Wheel system for swath pickup machine, has wheel mountings which rotate relative to the chassis	A01D007810 ｜ A01D008900
FR2932763A1	CIE GEN ETAB MICHELIN&CIE	2008	Heavy vehicle e. g. four drive wheel farm tractor, for towing e. g. canadian cultivator, has wheel and tire assemblies to tow machine, where vehicle properties satisfy specific relation comprising parameters e. g. turning radius and wheel base	B62D004900 ｜ B62D004906 ｜ B62D005300 ｜ B62D006100
FR2956641A1	ASTROLLAB	2010	Stroller frame for transporting child, has articulation assembly comprising plates that are coupled with each other according to plane transversal to pivoting axis and cooperated with each other by sliding and friction contact	B62B000704
GB2067484A	MASSEY FERGU-SON PERKINS LTD	1980	Ballast weights for tractors and like vehicles	B62D004908
GB2095522A	美国约翰迪尔	1981	Agricultural implement with locking castor wheel	A01B006316 ｜ A01B007300
GB2096072A	VALMET OY	1981	Auxiliary wheel fastening	B60B001102

基本专利号	专利权人	优先权年	标题	IPC
GB2160160A	MILLER I M	1984	Improvements in and relating to wheel mountings and assemblies	B60B001900
GB2306413A	UNVERFERTH MFG CO INC	1995	Adjustable track vehicle axle	B60B003510 | B60G000904
GB2435867A	HEARD S | HEARD S J	2006	Method of fitting flexible track to vehicle crawler assembly	B62D005532 | B60B002310 | B62D005504
JP10035204A	日本三菱	1997	Front wheel cap of manned type rice planting machine	A01C001102 | B60B000702 | B60B000706
JP10297202A	KYORITSU KK	1997	Wheel for working vehicle	A01D003468 | B60B000308 | B60B001900
JP11098908A	日本久保田	1997	Furrow traveling apparatus | Inter-ridge traveling apparatus	A01D002500 | A01D006700 | B60B003514
JP11099802A	OHTSU TIRE & RUBBER CO LTD | 日本住友橡胶	1997	Wheel for agricultural use | Agricultural wheel	A01C001102 | B60B001502 | B60B001900
JP11158920A	TOYO UMPANKI CO LTD	1997	Arrangement structure of axle of industrial vehicle | The axle arrangement | positioning structure of an industrial vehicle	E02F000902 | B60B003516 | B60K000700
JP11192806A	SEIREI IND CO LTD	1998	Tread adjusting device of moving agricultural machine | The tread adjusting device of a movable agricultural machine	A01D002500 | A01D006700 | B60B003514
JP2000006603A	日本久保田	1998	Wheel cap for paddy field wheel | The wheel cap of a paddy field wheel	A01C001102 | B60B000706

基本专利号	专利权人	优先权年	标题	IPC
JP2000236713A	日本洋马	1999	Traveling part of vegetable transplanter ｜ The driving｜running｜working part of a vegetable transplanting machine	A01C001102
JP2000255201A	OHTSU TIRE & RUBBER CO LTD ｜ 日本住友橡胶	1999	Tire for agricultural machine ｜ Agricultural wheel	A01C001102 ｜ B60B000304 ｜ B60B001500 ｜ B60C000700
JP2000309281A	KANZAKI KOKYUKOKI MFG CO LTD	1999	Steering case support device for work car ｜ The steering case support apparatus of a working vehicle	B60B003514 ｜ B60K001730 ｜ B62D000718
JP2000350503A	KASHIMA NOGU SEISAKUSHO YG	1999	Device for adjusting tread of carrying vehicle ｜ The tread adjusting device of a carrier vehicle	A01B007304 ｜ B60B003514 ｜ B62B000302 ｜ B62D002114
JP2001310603A	ISEKI AGRIC MACH MFG CO LTD ｜ ISEKI NOKI CO LTD ｜ ISEKI NOKI KK	2000	Moving vehicle	B60B003516 ｜ B60K001722 ｜ B62D000718 ｜ B62D001108 ｜ B62D004900 ｜ F16H004808 ｜ F16H004838 ｜ F16H004840 ｜ F16H0057037 ｜ F16H0057038 ｜ F16H0057039
JP2003089364A	OHTSU TIRE & RUBBER CO LTD ｜ SANWA SHARYO KK ｜ SUMITOMO RUBBER IND LTD	2001	Traveling device ｜ Moving device	A01B007500 ｜ B60B001500 ｜ B62B000110 ｜ B62B000300 ｜ B62D005106

基本专利号	专利权人	优先权年	标题	IPC
JP2005096586A	日本久保田	2003	Paddy field working vehicle ｜ Paddy field industrial vehicle	A01C001102 ｜ B60B000700 ｜ B60B001500
JP2005238946A	日本住友橡胶	2004	Wheel for agricultual use ｜ Agricultural wheel	A01C001102 ｜ B60B000304 ｜ B60B001500 ｜ B60B002306
JP9107712A	日本久保田	1995	Apparatus moving in furrow	A01B005102 ｜ A01C001102 ｜ B60B003510 ｜ B60K001704 ｜ B62D004900
JP9118103A	日本三菱	1996	Front wheel cap of rice transplanter for riding	A01C001102 ｜ B60B000702 ｜ B60B000706
JP9207507A	日本久保田	1996	Rear axle case supporting structure for working vehicle	A01C001102 ｜ B60B003516 ｜ B60G000102 ｜ B62D004900
JP9263104A	SEIREI IND CO LTD	1996	Tread adjusting device of mobil agricultural machine	A01D002500 ｜ A01D006700 ｜ B60B003514
JP9263105A	SEIREI IND CO LTD	1996	Tread regulating mechanism for mobile agricultural machine	A01D002500 ｜ A01D002504 ｜ A01D006700 ｜ B60B003514
JP9275730A	日本洋马	1996	Wheel structure for sulky rice transplanter	A01C001102 ｜ B60B000702 ｜ B60B001900
NL199102134A	OLDENHUIS P W	1989	Foliage-stretching device ｜ LOOF-TREKINRICHTING.	A01D003306

续表

基本专利号	专利权人	优先权年	标题	IPC
NL2000019C2	KEES E J J M	2006	Wheel plate protects tire and possibly rim of wheel against damage and contributes to appearance of wheel ∣ Wielplaat, samenstel daarvan met een wiel en werkwijze.	B60B000700
NO199902937A	BLACK & DECKER EURO ∣ BLACK & DECKER INC	1998	Wheel mechanism has two real castor wheels with a figure of eight configuration	A01D003482 ∣ A01D007528 ∣ B60B003302
RU151136U1	UNIV FAR EASTERN ARGRARIAN	2014	Stabiliser of longitudinal stability of wheel tractor assembly, has support with hinge that is installed on tractor frame, such that lower flat spring is installed on eyelet	B60B001102
RU2012134936A	UNIV RUSSIA AGRIC EXTRAMURAL ∣ UNIV RUSSIAN AGRARIAN	2012	Increasing method for pull-coupling properties of wheel propeller for agricultural unit involves realization of functional qualities of propeller due to interaction of hook with ground in adjacent row of aisle	B60B001528
RU2399542C1	UNIV FAR E AGRIC	2009	Auxiliary device to increase non-four-and-four wheeled tractor cross-country capacity	B60B001110 ∣ B60B001500 ∣ B60B003900 ∣ B62D006112
RU2475367C2	UNIV FAR E AGRIC ∣ UNIV FAR EASTERN ARGRARIAN	2010	Auxiliary trapezoidal wheel propulsor to increase wheeled tractor flotation	B60B001526 ∣ B60B001108
RU2510762C1	UNIV FAR E AGRIC	2012	Device-hydro-pressing mechanism for redistribution of adhesive weight between axles of wheel tractor of semi-frame type	B60B003900 ∣ A01B007600 ∣ B60B001500

基本专利号	专利权人	优先权年	标题	IPC
RU2554905C2	INTELLEKTUAL-NAYA MEKHAN-IKA STOCK CO ｜ INTELLIGENT MECHANICS STOCK CO	2013	Spheromobile contains carrying frame, transmission engine and wheels installed on mutually perpendicular axes or shafts ensuring the wheels rotation	B62D005700 ｜ B60B001914
SE505758C2	FISCHIER I BAS-TAD AB MATS	1996	Rotary blade lawn = mower contains rotor units with wheel rotation axes oriented at acute angles to rotor rotation axes in centre of mover frame	A01D003463 ｜ B60B001900
US20020079737A1	DOYLE R J	2000	Low ground pressure tire chains for skid-steer loaders and other construction machinery	B62D005504 ｜ B62D0055205 ｜ B62D0055275
US20020079738A1	DOYLE R ｜ DOYLE R J ｜ MCLAREN GROUP HOLD-INGS PTE LTD	2000	Low ground pressure tire chains for skid-steer loaders and other construction machinery	B62D005504 ｜ B62D0055205 ｜ B62D0055275
US20020094905A1	FILHO R S ｜ MAQUINAS AG-RIC JACTO SA	2001	Mechanical transmission for agricultural vehicles of adjustable track width	B60B003510 ｜ B60K001704 ｜ B60K001716 ｜ B60K001722 ｜ F16H004806
US20060196160A1	ROTH M K	2005	Apparatus for raising and lowering the deck of a lawnmower	A01D003403
US20070066407A1	NTN CORP ｜ SAKAGUCHI A ｜ TAKEKAWA Y	2005	Double constant velocity universal joint	F16D000300 ｜ F16D0003224
US4638867A	OUTBOARD MA-RINE CORP	1985	Tine holder for turf aerating apparatus	A01B004502
US4735038A	WILLIAMS W T	1984	Lawn mower stabilizing devices for use in mowing steep terrain	A01D003482 ｜ A01D007528

基本专利号	专利权人	优先权年	标题	IPC
US4930801A	MATHEWS CO	1987	Front mounted implement	A01B0059048 | B62D004904
US5486027A	CORBEIL B | DIONNE A	1994	Combined traction mat, shovel and utility device	A01B000102 | B60Q000700 | E01F0009011 | E01F0009012 | E01H000502
US5611292A	GREAT PLAINS MFG INC	1995	Seed firming wheel assembly with bearing cap	A01C000506 | B60B003710 | F16C003372 | F16C003376
US6061956A	HADIKEN L	1998	Drying sand to prevent freezing without the use of salt	C09K000318 | F26B000500
US6139045A	LAND O LAKES INC	1997	Wheel assembly having a mechanism to adjust the distance between the wheels	B60B003510
US6299265B1	HOFFART R J	1999	Replaceable tire gripping system for endless track	B62D005528

表 11.4　轮式农机行走机构技术领域国内失效专利

基本专利号	专利权人	优先权年	标题	IPC
CN101574985A	邹海	2008	山地埂行机	B62D61/00 B60K7/00 B60K17/00 B60B15/00 A01B51/02 A01F12/60
CN1543762A	胡克仁	2003	一种滚筒行走式微型水稻收割机	A01D41/06 B60B15/00
CN200959744Y	李长海	2006	一种用于稻麦联合收割机的行走装置	A01D67/00 B60B15/02
CN201048480Y	湖南省双峰县湘源皇视电子有限公司	2007	一种收割机行走机构的防缠草结构	A01D75/00 B60B7/00

基本专利号	专利权人	优先权年	标题	IPC
CN201048481Y	湖南省双峰县湘源皇视电子有限公司	2007	一种收割机行走机构的阻挡泥草装置	A01D75/00 B60B7/00
CN201089334Y	朱昌春	2007	农用机械车轮	B60B15/02 A01C11/02
CN201161526Y	江知勇	2008	一种轿车轮胎保护装置	B60B7/00 A01M29/00
CN201208880Y	李琪	2008	入土防滑装置	B60B15/10
CN201254052Y	郑世杰	2008 – 07 – 08	高效水田轮	B60B15/00 A01B33/08
CN201278651Y	曾宪权	2008	微型联合收割机的行走机构	A01D41/12 B60B37/00
CN201307988Y	霍德义	2008	农田管理机	A01B51/02 B62D51/04 B62D49/06 B60B15/18
CN201308002Y	林登华	2008	轻型稻麦收割机	A01D41/02 A01D41/12 A01D69/06 A01F12/56 B60B19/12
CN201440793U	郭立春	2009	微型多功能玉米耕种机	A01B51/02 A01B3/52 B60B15/02 B60B19/00
CN201450700U	胡继孟	2009	手扶式微型多功能单犁双耙田土耕作机	A01B3/58 A01B17/00 A01B51/02 B60B15/02
CN201450760U	河北农业大学	2009	悬浮式开沟机	A01C5/06 B60B15/02

基本专利号	专利权人	优先权年	标题	IPC
CN201451133U	张树志	2009	多功能田间行走式打药机车	A01M7/00 B60G17/00 B60G17/06 B60B35/00
CN201479561U	许培森	2009	一种小型中耕播种施肥机	A01B49/06 A01B51/02 A01C7/06 A01C19/04 B60B15/02
CN201491471U	任建中	2009	轻便耕作机	A01B3/50 A01B49/02 A01B15/02 A01B15/14 A01B33/10 A01B51/02 B60B15/02
CN201499440U	刘君望	2009	轨式轮式两用育秧播种机	A01C7/16 A01C7/20 A01C19/04 B60C11/03 B60B15/02
CN201506205U	宁波大叶园林设备有限公司	2009	压草割草机转卡式前轮盖	B60B7/00 A01D75/18
CN201528513U	马宏伟	2009	一种耕作机	A01B51/02 B60B15/02
CN201530265U	邢志胜	2009	农机行走轮以及采用该行走轮的农药喷洒车	B60B19/00 B05B15/06 A01M7/00
CN201541449U	陆永茂	2009	小型耕作机	A01B51/02 A01B71/00 B60B37/00
CN201552970U	宁波大叶园林设备有限公司	2009 - 09 - 10	压草割草机正弦式前轮箍	B60B19/00 A01D75/18

续表

基本专利号	专利权人	优先权年	标题	IPC
CN201566419U	佛山市何氏协力机械制造有限公司	2009	改进型农用凹式挂车轴	B60B35/06
CN201609022U	靳润山	2010	农田管理机	A01B51/02 B62D51/04 B62D49/06 B60B15/18
CN201633469U	河南农业大学	2010	农用高隙喷药车折叠轮机构	B60B33/00 A01M7/00
CN201663812U	株洲市众益机械加工厂	2009	一种微型联合收割机	A01D41/02 A01D61/00 A01F12/44 B60B15/10
CN201682801U	重庆嘉木机械有限公司	2010	收割机水田轮	A01D42/04 A01B33/10 B60B19/00
CN201700142U	黄志刚	2010	一种节能省力能除草的旋耕机耕作轮	A01B33/16 B60B19/00
CN201703196U	山东华山拖拉机制造有限公司	2010	拖拉机用多功能半轴总成	B60B35/14 B60B35/10 B60T1/06
CN201784410U	覃志明	2010	一种用油马达驱动的专用车桥	B60B35/12 B60K7/00 B60T1/06
CN201808406U	王金虎	2010	一种搬运车的独立升降车轮机构	B60B37/00
CN201821664U	重庆犇牛机械有限公司	2010	一种山地谷物联合收割机	A01D41/02 A01D41/12 A01F12/22 B60B19/00
CN201830662U	重庆犇牛机械有限公司	2010	一种山地谷物联合收割机	A01D41/02 A01D41/12 A01F12/22 B60B19/00

续表

基本专利号	专利权人	优先权年	标题	IPC
CN201830795U	何培松	2010	农用车行走轮结构	A01M7/00 B60B19/00
CN201849255U	覃志明	2010	一种液压驱动转向专用车桥	B60B35/14 B60K17/14
CN201989567U	于延军	2011	田园喷灌机前桥	B60B35/02 A01M7/00
CN202022096U	山东华山拖拉机制造有限公司	2011	四轮驱动水田专用机	B60K17/06 B60R11/00 B60B19/00 A01B51/02
CN202035287U	重庆康朋机电设备制造有限公司	2011	手扶式收割机	A01D41/02 A01D41/12 B60B19/00 A01D67/00 A01D69/08 A01F12/18
CN202098474U	麦兆木	2011	悬臂曲轴式履带多功能农用机	B62D55/08 B62D55/26 B60B35/14 A01B51/02
CN202147544U	李进	2011	拖拉机高脚爬坡耕田轮	B60B19/00
CN202278924U	俞春丽	2011	一种轮子	B60B19/00
CN202428992U	杭州汇丰车桥有限公司	2012	一种农用车后驱动桥	B60B35/14 B60K17/06 B60T1/06
CN202463463U	周勇	2012	一种耕田机防滑轮	B60B19/00 A01B71/00
CN202965794U	黄赟	2012	一种适合路面行走的农用机械铁轮	B60B1/00 B60B15/00
CN202998802U	叶集试验区三元兴隆农机服务专业合作社	2012	打田机上的滚筒轮	A01B76/00 B60B19/00
CN203126390U	诸城市义和车桥有限公司	2012	稻麦收割机后驱动桥	B60B35/12 B60K17/16 A01D69/06

续表

基本专利号	专利权人	优先权年	标题	IPC
CN203172346U	汪会军	2013	一种手扶拖拉机大尺寸水田轮	B60B19/00
CN203318050U	马井玉	2013	农药喷施设备	B60B37/00 A01M7/00
CN203353203U	于艳辉	2013	多功能韭菜收割机	A01D63/04 A01D43/06 A01D57/20 A01D57/22 B60B33/00
CN203637461U	广西河池德建农业装备制造有限公司	2013	一种农用车底盘与后轮连接结构	B60B37/00 B60T1/06
CN203713422U	南京农业大学	2014	三轮牵引车驱动桥装置	B60B35/12 B60K17/04
CN2931165Y	阳尧端	2006	凸轮伸缩式驱动轮	B60B15/12
CN2928548Y	王森豹	2006	水田埋草防滑轮	B60B15/02 A01B39/18

11.2 结论与建议

2008 年后，我国利用经济和政策带来的后发优势，主导了轮式农机行走机构技术的再发展，我国作为农机装备的主要生产国和消费国，技术研发能力不断提升，但在技术层次上，尚处于技术模仿与改进阶段。

目前，轮式农机行走机构主要技术分布为车轮（增加地面附着力的车轮或车轮附件、其他类目不包含的或具有本组中某一小组特点的车轮、带有铲形抓地齿的车轮、脚轮、板式车轮、轮子可相对于机架调整的农机或农具的提升或调整装置或机构）、车轴（车轴总成及其部件、传递转矩的轴、轮轴组合）、牵引车（适用多种用途的牵引车）、底盘（发动机驱动的专门用于安装各种农业机具或装置的底盘、专门用于安装各种农业机具或装置的底盘）、轮毂等行走机构固有特征的技术主题，均为研发的重点。

日本、美国在轮式农机行走机构领域走在全球前列，技术上已占据垄断地位。排名前 5 位的申请人美国约翰迪尔、日本井关农机和日本久保田、日本三菱、美国凯斯纽荷兰（CNH），其专利族数量远远超过其他竞争对手。专利布局方面，中国主要针对本国市场，在国外市场专利布局还较少，同时国外在中国的专利布局力度还不算强，因此中国应该继续利用后发优势，一方面保持在国内申请大量相关专利，构筑专利壁垒，巩固国内市场份额，另一方面应积极在国外申请相关专利，为在国外生产和销售轮式农机行走机构做好知识产权准备。

第十二章 履带式农机行走机构专利分析

本章中，在专利分析工具上，使用了德温特专利数据库，结合关键词、IPC 分类、德温特手工代码的方法进行专利检索和数据采集，综合应用了 Thomson 公司的 TDA 和 TI、Innography 及国家知识产权局知识产权出版社专利分析软件等工具。通过计算机联机检索，再经过去重和筛选，共得到与履带式农机行走机构相关的德温特专利 357 项专利族，364 件专利；中国专利 140 项（146 件）（检索时间范围为 1962 年至 2016 年 5 月）。

12.1 履带式农机行走机构全球专利申请基本状况

12.1.1 年度专利走势

从履带式农机行走机构全球专利族申请年度分布情况来看（图 12.1），履带式农机行走机构技术发展大致可分为 2 个阶段：

第一阶段：技术孕育阶段。最早的履带式农机行走机构全球专利族申请出现在 1972 年，在之后近 30 年内，每年专利族申请量都只有 1~2 项，直到 2001 年才有 4 项专利族申请，到 2005 年才有 13 项专利族申请，表明履带式农机行走机构处于技术孕育阶段。

第二阶段：起步发展阶段。2005—2015 年，履带式农机行走机构全球专利族申请量进入起步发展阶段，专利族申请量出现逐年增长态势，到 2011 年发展到 41 项专利族申请，该阶段研发由日本主导；2012—2013 年，日本的申请量陷入低迷，而中国的专利数量呈现快速增长趋势，并主导了履带式农机行走机构的发展，全球申请量到 2014 年发展到 58 项专利族申请，并且中国和日本的申请量均有增长，表明履带式农机行走机构技术进入了起步发展

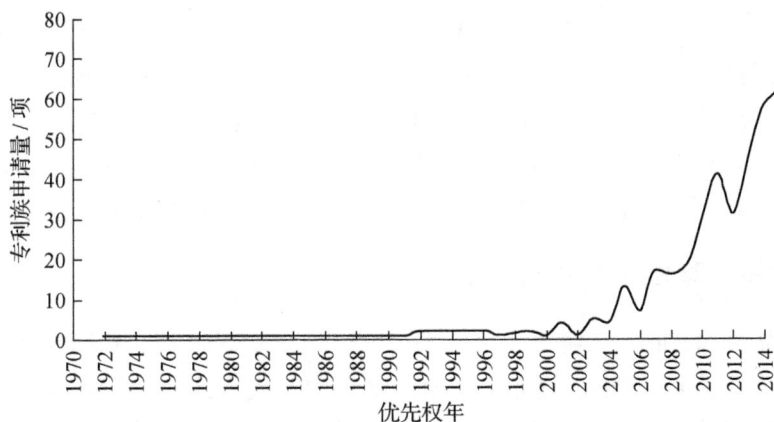

图 12.1 全球专利族申请年度分布

阶段。

纵观履带式农机行走机构全球专利族申请数量，履带式农机行走机构技术真正的发展阶段出现在 2005 年以后，虽然期间略有反复，但技术总体出现了快速增长，而且这一趋势延续至本次专利分析截止日期。表明履带式农机行走机构技术正在实现产业化，国际上技术研发热情很高，短期发展前景毋庸置疑。各主要优先权国专利族申请年度分布如图 12.2 所示。

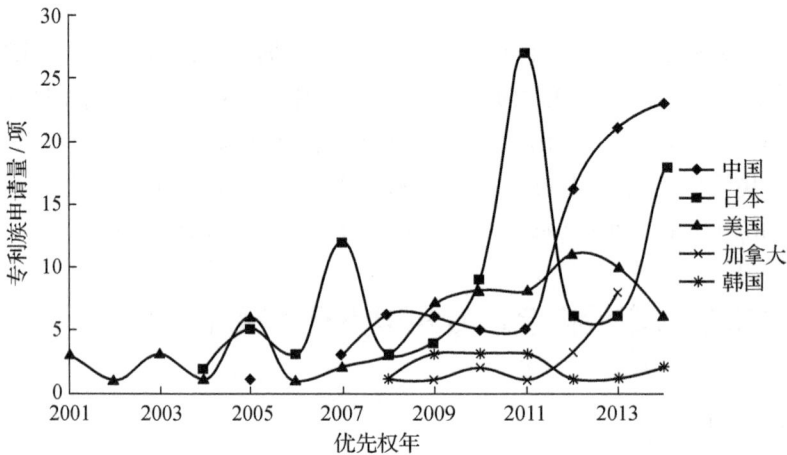

图 12.2　各主要优先权国专利族申请年度分布

12.1.2　技术生命周期

一般而言，技术的发展需要经过 4 个阶段：第一阶段为技术孕育期，早期技术萌芽期，企业进入意愿低，专利申请数量和申请人数量均很少；第二阶段为技术成长期，这一阶段产业技术有突破或厂商对于市场价值有了认知，竞相投入发展，专利申请量与专利申请人数急速上升；第三阶段为技术成熟期，厂商投资于研发的资源不再扩张，只剩少数继续发展此类技术，且其他厂商进入此市场意愿低，专利申请量与专利申请人数增长逐渐减缓；第四阶段为技术瓶颈期，产业技术研发遇瓶颈难以突破或此类产业已过于成熟，专利申请量与专利申请人数呈现负增长。

从图 12.3 ~ 图 12.5 中可以了解到，1985—2004 年，全球履带式农机行走机构处于技术孕育期，专利申请数量和申请人数量均很少；2005 年以后进入技术成长期，专利申请量与专利申请人数急速上升；2013 年以后有进入技术成熟期的迹象。

就中国专利部分，2012 年以前处于技术孕育期，专利申请数量和申请人数量均很少；2012 年起专利申请量与专利申请人数急速上升，但 2013 年起又有所回落。

12.1.3　主要技术领域专利族分布

从 IPC 代码中提取前 20 项主要相关技术，清晰地反映履带式农机行走机构热点技术分布情况，见表 12.1。可以看出，履带总成的技术主题是履带式农机行走机构领域研发的最重点。履带支重轮及轮架（悬架装置）、连接件（钢索内连构件、链条）、履带张紧装置等行走机构固有特征的技术主题，均为研发的重点。

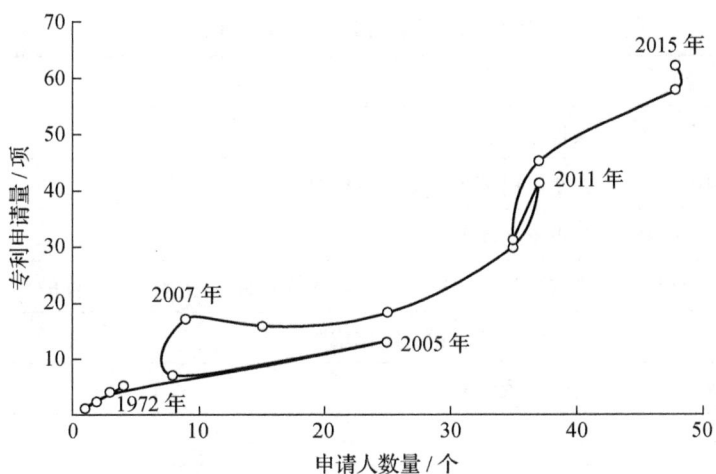

图 12.3 技术生命周期

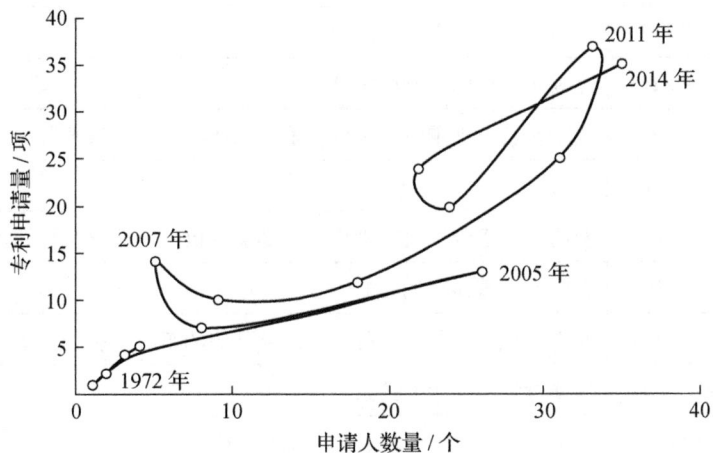

图 12.4 除中国之外的专利技术生命周期

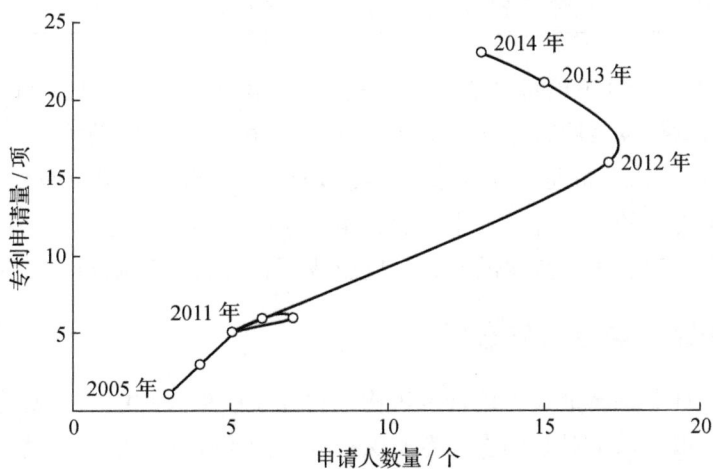

图 12.5 中国专利技术生命周期

表 12.1   排名前 20 位的 IPC 代码

申请量/项	IPC	IPC 类目	占比
75	B62D-055/08	履带总成；及其部件	20.6%
43	B62D-055/14	支重轮的装置，定位或配合	11.8%
40	B62D-055/10	履带支重轮架；车架	11.0%
40	B62D-055/253	具有通过一股或多股钢索内连构件的或有类似构件的	11.0%
38	B62D-055/12	主动链轮的装置，定位或配合	10.4%
38	B62D-055/30	履带张紧装置	10.4%
35	B62D-055/00	履带车辆	9.6%
29	B62D-055/065	多履带车辆	8.0%
28	B62D-055/06	有履带而无支地轮的	7.7%
24	B62D-055/02	有履带和附加支地轮的	6.6%
24	B62D-055/24	连续弯曲型的，例如橡胶带	6.6%
22	B62D-055/104	用于车轮、支重轮、履带支重轮架或车架的悬架装置	6.0%
19	B62D-055/18	履带	5.2%
16	A01D-067/00	专门适用于收割机或割草机的底盘或机架；调整机架的机构	4.4%
16	B62D-055/04	有履带和替换支地轮的	4.4%
16	B62D-055/084	履带总成或可分开、可调整或可延伸的车上安装的承重装置	4.4%
16	B62D-055/21	用横置轴销连接的链条	4.4%
14	B62D-055/15	装配部件，例如套筒、轴、轴承、密封	3.8%
14	B62D-055/20	铰接型的	3.8%
14	B62D-055/32	履带系统的装置、拆卸、修理或保养	3.8%

由图 12.6 可见，专利申请排名前七的公司——美国卡特彼勒、日本洋马、日本久保田、日本普利司通、日本住友橡胶、星光农机股份有限公司、美国科乐收（CLAAS IND TECH-NOLOGY CO LTD）在技术布局上各有侧重，美国卡特彼勒公司较为侧重履带总成、支重轮、履带、用横置轴销连接的链条等等技术，而日本公司则在钢索内连构件、履带张紧装置、悬架装置、履带支重轮架、主动链轮的装置，定位或配合等技术领域均有布局。

12.1.4   主要国家全球专利族布局

中国、美国、日本是履带式农机行走机构专利族规模最大的国家。发达国家对世界市场的争夺非常激烈，因此除了对本国进行专利保护外，为了在国外生产、销售履带式农机行走机构，其必须在国外地区申请相关专利以求获得知识产权保护，同时该国同族专利的申请也可以反映出其市场战略。

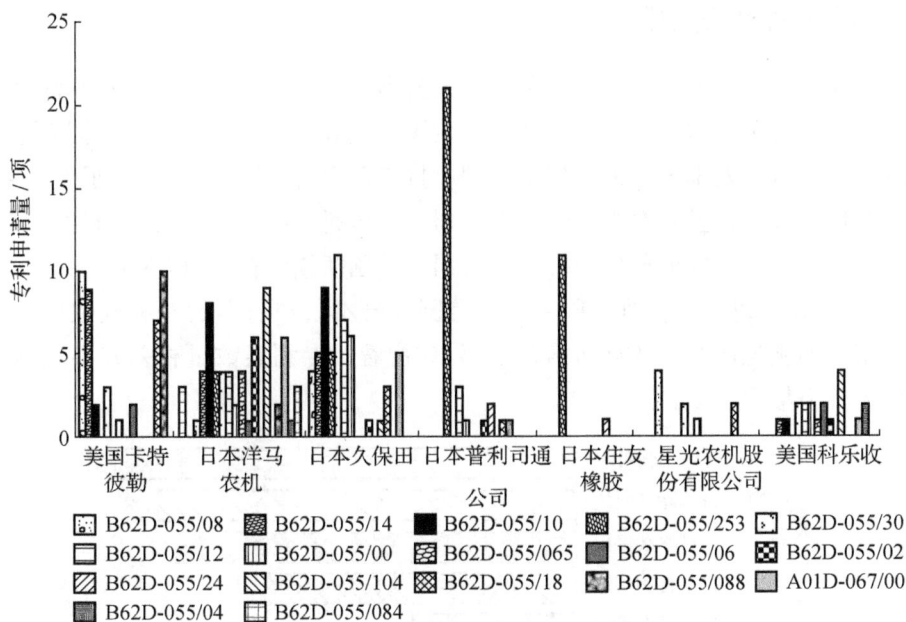

图 12.6 主要专利权人技术布局

从图 12.7 中可以了解到，日本除在本国申请外，同时重点关注中国、韩国等国家和地区。美国在专利总量上略少于日本，除本国市场外，重点关注加拿大、欧盟、中国等国家。加拿大对于国外市场，重点关注美国和中国的专利布局。

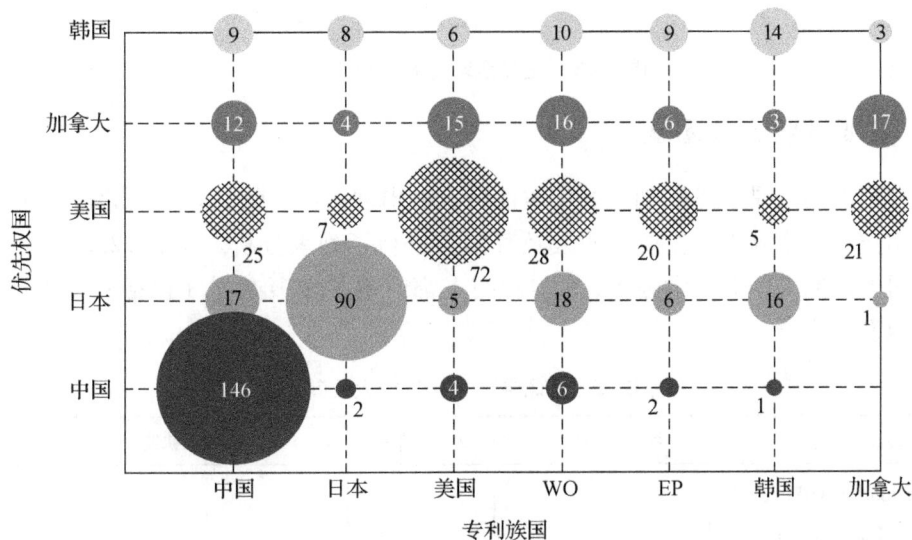

图 12.7 主要专利国家全球专利族布局

中国主要针对本国市场，在国外市场专利布局较少。可以看出，国外较为重视中国市场，对中国市场已有一定布局，国内需要通过技术研发抢占宝贵的国内市场。

12.1.5　全球专利申请人排名

在履带式农机行走机构技术全球专利申请人排名中，美国卡特彼勒、日本洋马、日本久保田、日本普利司通排名前 4 位。美国和日本在履带式农机行走机构技术上拥有绝对领导地位，在全球专利族申请人排名中也得到了体现。排名前 10 位的企业中，除了上述 4 家以外，其余还有日本住友橡胶、星光农机股份有限公司、美国科乐收、卡摩拉速力达、耒阳市振兴农业机械有限公司、湖南省烟草公司郴州市公司、美国凯斯纽荷兰（CNH）。

从图 12.8 中还可以看出，排名前 4 位的美国和日本公司占据的专利族数量远远超过竞争对手，占据市场领先地位。从排名第 5 至第 10 位看，专利族数量相差并不悬殊。总体上看专利族分布较为集中。

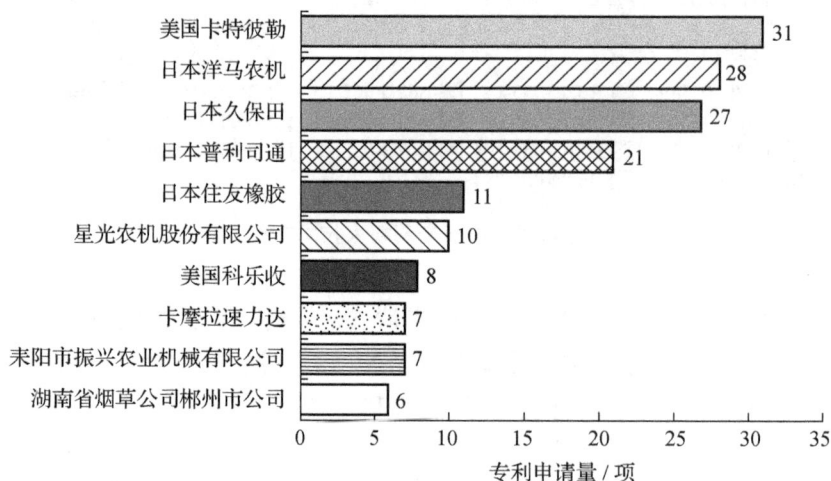

图 12.8　主要全球专利申请人排名

12.1.6　主要发明人和团队

由于专利发明人是对发明创造的实质性特点做出创造性贡献的人，因此这里对履带式农机行走机构技术的全球专利主要发明人及其团队进行了列表分析。从表 12.2 可见，美国卡特彼勒公司的发明人团队异常强大，6 名发明人都申请了多项专利（包括共同申请），远远超过了其他发明人。

表 12.2　全球专利主要发明人及其团队

发明人/团队	所属机构	所属国家	技术领域	专利数/项
Thorson Timothy Arthur； Diekevers Mark Steven； Kaufmann Gregory Jerome； Akinlua Temitope Olayemi； Steiner Kevin Lee； Meyer Robert Lee	美国卡特彼勒	美国	用横置轴销连接的链条；有排除或清理杂物装置的；有润滑装置的	12； 11； 10； 8； 8； 7

续表

发明人/团队	所属机构	所属国家	技术领域	专利数/项
Inaoka Motonari	日本久保田	日本	主动链轮的装置，定位或配合；具有通过一股或多股钢索内连构件的或有类似构件的；牵引车	9
Shimozono Yasuo	日本普利司通	日本	具有通过一股或多股钢索内连构件的或有类似构件的	8
Liang Rui-Gen	耒阳市振兴农业机械有限公司	中国	履带总成；及其部件	7
Qian Ju-Ping	星光农机股份有限公司	中国	履带总成；及其部件；联合收割机的零件；农用机械专用部件	7
Liao Sheng-Li	湖南省烟草公司郴州市公司	中国	履带总成；及其部件；带两件或多件不同类型的整地工作部件的	6

12.1.7　技术发展趋势

从图 12.9 可以看出，履带式农机行走机构产业技术在 20 世纪 90 年代开始一轮高速发展，新技术开始快速涌现，技术研究呈现繁荣的景象。而即使研发热情较低的 2001—2003

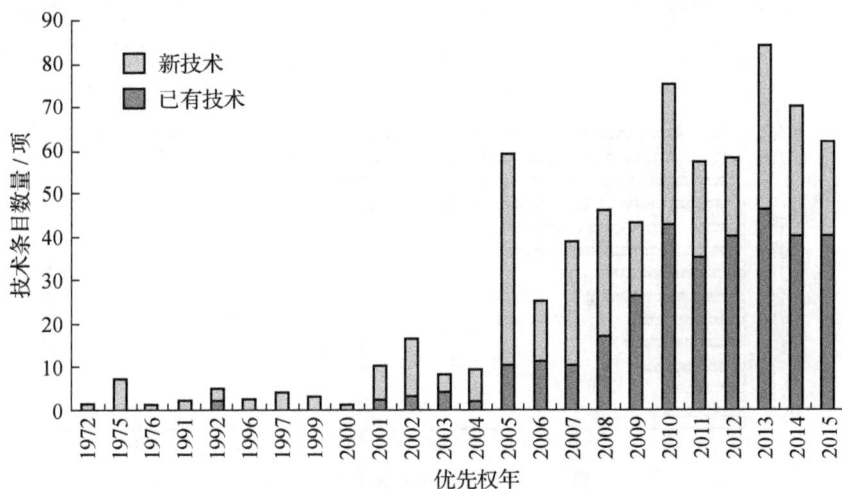

图 12.9　技术发展趋势

年，也有不少新技术产生。到了 2005 年，随着日本、美国及 2008 年后的中国研发的投入，履带式农机行走机构新技术又开始大量出现。

12.1.8　国内技术专利分析

对履带式农机行走机构相关的 189 项中国专利进行法律状态分析，如图 12.10 所示，其中，失效专利为 33 件，占比 17%；在审专利 56 件，占比 30%；有效专利 100 件，占比 53%。

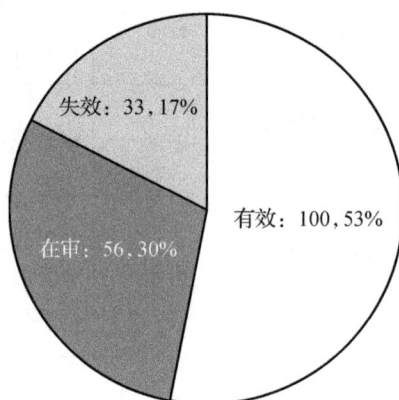

图 12.10　中国专利法律状态分析

对 140 个专利族进行分析，其中，中国发明专利 63 项，实用新型专利 77 项，且没有任何一件 PCT 申请。以上情况说明，中国专利中发明专利及有效专利占比情况良好，专利质量尚可，但主要针对本国市场，在国外市场基本没有专利布局。申请人类型分析：个人申请量：29，大专院校申请量：15，科研单位申请量：3，工矿企业申请量：89。申请量最大的是工矿企业，说明履带式农机行走机构技术已经产业化或朝着产业化方向发展。

如图 12.11 所示，履带式农机行走机构专利技术申请量排名前 5 位的依次是湖南、美国、江苏、日本、浙江。这说明美国和日本非常重视履带式农机行走机构技术，在中国积极

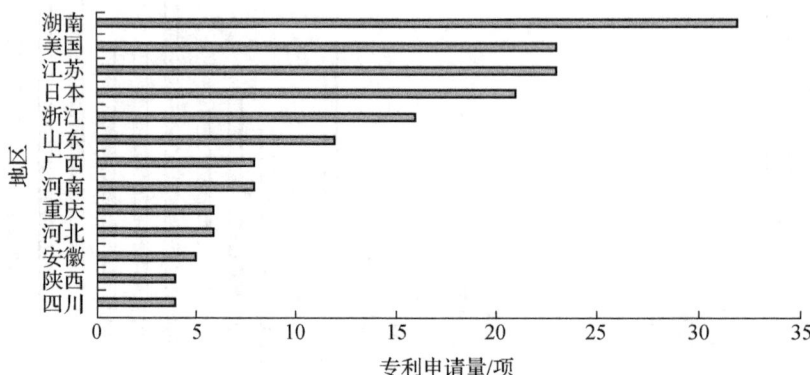

图 12.11　履带式农机行走机构专利技术申请地域分布

进行专利布局。国内应注重技术研发，以争取宝贵的国内市场。在专利布局上的不同，提示履带式农机行走机构可能代表了未来的发展方向，相比轮式农机行走机构，需要国内机构更加重视，投入更大的研发力量。

如图 12.12 所示，在轮式农机行走机构技术全球专利申请人排名中，美国卡特彼勒、日本久保田、星光农机股份有限公司、耒阳市振兴农业机械有限公司、湖南省烟草公司郴州市公司排名前 5 位，后续的申请人申请量都不大。这说明国外申请人在国内大量进行了专利布局，而国内申请人虽然有一定的专利申请量，但研发能力普遍都不太强。

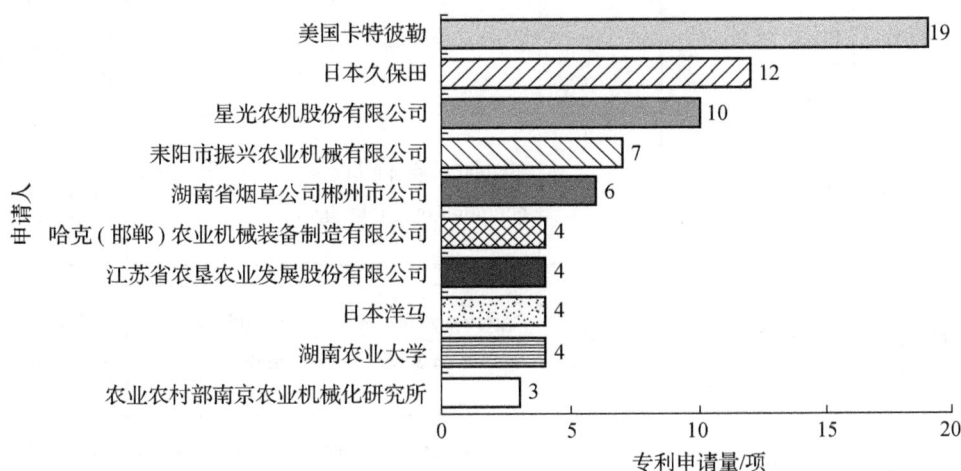

图 12.12　中国专利申请人排名

12.1.9　失效专利

表 12.3、表 12.4 列出了履带式农机行走机构技术领域的国内外失效专利。

表 12.3　履带式农机行走机构技术领域国外失效专利

基本专利号	专利权人	优先权年	标题	IPC
FR2330582A1	美国卡特彼勒；日本三菱	1975	Sound proofing fitting for tractor chain support roller has steel dishes containing sheets of noise vibration material secured to roller lateral faces	B62D0055096 ∣ B62D005514 ∣ E02F000362 ∣ E02F000902 ∣ F16H005514 ∣ F16H005530 ∣ F16H005536 ∣ G10K001100

续表

基本专利号	专利权人	优先权年	标题	IPC
FR2691045A1	DECAIX R O A	1992	Trap for processional crawler is formed by flexible seal, fitting around tree and carrying external wall with pipe leading through seal into container	A01G001310 | A01M000118 | A01M000110
US6186604B1	FIKSE T H	1996	Tractor endless tread	B62D0055215 | B62D0055253 | B62D005526
RU2175176C2	MAISOV I A	2000	Method of preparing agricultural land for operation of agrobridge	A01B004900
RU2239981C1	MAISOV I A	2003	Agrobridge for picking up and pressing of, for example, straw windrows	A01B004900 | A01F001507
RU2242103C2	MAISOV I A	2003	Agrobridge for repair of constant tracks on farm land	A01B004900 | A01B004902
JP2005343273A	日本住友橡胶	2004	Elastic crawler	B62D005524 | B62D0055253
JP2006199289A	日本洋马	2006	Combined harvester | Combine	A01B006900 | A01D006700 | B62D001108 | B62D001118
RU2285388C2	ONEZHSK TRACTOR WKS STOCK CO	2004	Chokerless tree skidding machine	A01G002300 | B60P000340 | B60P000341
GB2435867A	HEARD S	2006	Method of fitting flexible track to vehicle crawler assembly	B60B002300 | B62D005500 | B62D005514 | B60B002310 | B62D005504 | B62D005532

续表

基本专利号	专利权人	优先权年	标题	IPC
DE1020060536 83A1	HORSCH MASCH GMBH	2006	Chassis arrangement for e. g. tractor or lorry, has coupling device for tractor, where arrangement carries load of semi-trailer which has broad track width in working position and narrow track width for road travel in transport position	B62D002114 ǀ B62D002118 ǀ B62D004900 ǀ B62D005508 ǀ B62D006300 ǀ B62D002120 ǀ B62D004906 ǀ B62D005510 ǀ B62D006306
RU2361386C1	UNIV FAR E AGRIC	2008	Self-propelled track-type fodder-harvesting combine	A01D004308 ǀ A01D004310
TW511455U	HUANG S	1999	Structure of scoop for caterpillar tractor	A01D009000
RU2011100273A	KRANSPETS-BURMASH SHI-MANOVSK MECH ENG WKS	2011	Driving axle for a crawler harvester has control mechanism provided to the braking device of the onboard reducer and the steering clutch not	B62D005500

表 12.4 履带式农机行走机构技术领域国内失效专利

基本专利号	专利权人	优先权年	标题	IPC
CN101053298A	江友文	2007	大蒜、花生挖掘机	A01D15/04 A01D33/12 A01D33/14 B62D55/08
CN1511097A	尼尔斯·凯尔·劳尔森	2002	用于调节底盘部分相对于参考方向的方位的高度可调底盘	B62D24/04 B60G17/00
CN201107902Y	上海创绘机器人科技有限公司	2007	智能割草机器人结构	A01D34/00 B62D55/065
CN201146680Y	张广太	2008	微型多功能履带式耘播机	A01B49/06 A01B71/00 A01B51/02 B62D55/18

基本专利号	专利权人	优先权年	标题	IPC
CN201191978Y	石华山	2008	多功能田园管理机	A01C7/00 A01C19/02 A01B51/02 A01B71/00 B62D55/30 F16F15/04
CN201283916Y	纪处新	2008	新型履带式手扶拖拉机	B62D55/00 B60K17/00 A01B59/06
CN201409286Y	陈纳田	2009	耕整机	A01B51/02 A01B33/02 B62D55/08 B62D55/20
CN201457505U	现代农装北方（北京）农业机械有限公司	2009	一种拖拉机的行走装置	B62D55/08 B62D55/10 B62D55/30
CN201467679U	杨民芝	2009	双履带甘蔗中耕培土机	A01C13/00 B62D55/065 B62D55/08
CN201957408U	麦兆木	2010	链轨式履带多功能耕作机	A01B49/06 B62D55/08 B62D55/12 B62D55/30 A01B3/56 A01B15/14 A01C7/00 A01C15/00
CN202098474U	麦兆木	2011	悬臂曲轴式履带多功能农用机	B62D55/08 B62D55/26 B60B35/14 A01B51/02
CN202439774U	金华职业技术学院	2012	小型联合收获机履带行走装置悬挂式支重轮系	B62D55/14

续表

基本专利号	专利权人	优先权年	标题	IPC
CN202847431U	富平县悦达机械制造有限公司	2012	一种改制手扶变速箱应用的履带拖拉机	B60K17/06 B60K20/02 B60K23/02 B60K26/02 B62D1/12
CN203528623U	西北农林科技大学	2013	一种丘陵山区微型适时四驱农业运输车	B62D55/065 B60K17/354 B60K17/344

12.2　结论与建议

2012 年后，我国利用经济和政策带来的后发优势，主导了履带式农机行走机构技术的再发展，我国作为农机装备的主要生产国和消费国，技术研发能力不断提升，但在技术层次上，尚处于技术模仿与改进阶段。

目前，履带式农机行走机构主要技术分布为履带总成、履带支重轮及轮架（悬架装置）、连接件（钢索内连构件、链条）、履带张紧装置等行走机构固有特征的技术主题，均为研发的重点。

日本、美国在履带式农机行走机构领域走在全球前列，技术上已占居垄断地位。排名前5 位的申请人——美国约翰迪尔、日本井关农机和日本久保田、日本三菱、美国凯斯纽荷兰（CNH），其专利族数量远远超过其他竞争对手。在专利布局方面，中国主要针对本国市场，在国外市场专利布局还较少，而美国和日本竞相在中国展开专利布局，反映出美日对中国市场上履带式农机方面的重视，因此，中国应该继续利用后发优势，一方面保持在国内申请大量相关专利，构筑专利壁垒，巩固国内市场份额，另一方面应积极在国外申请相关专利，为在国外生产和销售履带式农机行走机构做好知识产权准备。

第十三章　农机多地形行走机构难点分析

轮式拖拉机在田间重负荷作业时滑转率高，但牵引效率低。欧美等机械化发达国家对农用轮式拖拉机改两轮驱动为多轮驱动，同时增加轮胎宽度及增加并置轮胎数量等措施以降低对土壤地表的压力。这些改进方案对驱动轮轴要求较高，对整车操作和转向性能有一定影响。我国南方山区、丘陵地区地块阡陌交错，垄沟、田埂等地形复杂，简单的车轮方面改进并不能系统、完整且有效地解决土壤机械压实问题，也无法从根本上提高拖拉机的牵引附着性能。

为了适应多地形，对轮式拖拉机来说，一是提高拖拉机的牵引附着性能，技术措施包括：增加驱动轮上的垂直载荷、增大轮胎的直径、采用并列驱动轮等。二是研发新的行走机构，如：轮胎外侧附加型无轮缘铁制水田轮、在单轮车辆上设置一个可旋转的附属肢体等、配备超低气压轮胎的全地形仿形行走底盘等。

对履带式拖拉机来说，技术措施包括：改进履带性能如选装宽履带等，研发新型履带行走机构，如：半履带行走装置、非常规履带行走机构等。国内外出现了多种非常规履带行走机构，如：非等边三角形布置的行走机构、三轮一带式无托链轮的橡胶履带行走机构、"V"形框架式履带行走装置、浮箱履带式行走装置。

依据上述专利分析的结果，从 2002 年开始全球轮式农机行走机构技术进入了起飞发展阶段，中国在 2008 年后专利数量才开始呈现快速增长趋势；履带式农机行走机构的专利申请量则从 2005 年起才出现逐年增长态势，中国专利数量快速增长则出现在 2012 年之后。目前，国际上对两者的技术研发热情都很高，短期发展前景较好。我国近年来对于这两类农机行走机构的研发热情高涨，正在积极进行技术研发和储备，为产业化做准备。

从技术研发情况上看，目前，农机行走机构主要技术领域为 B60B-015/00（旨在增加地面附着力的车轮或车轮附件）、B60B-035/00（车轴总成；及其部件）、B62D-055/08（履带总成；及其部件）、B62D-055/14（支重轮的装置，定位或配合）等。针对多地形，研发的重点可能还是在于增加车轮地面附着力、改进车轴总成、履带总成与支重轮的改进设计等方面。

从专利数量上看，在轮式农机行走机构中国专利中，发明专利占比低，专利质量较差，且主要针对本国市场，在国外市场基本没有专利布局。

在履带式农机行走机构中国专利中，发明专利及有效专利占比情况良好，专利质量尚可，但主要针对本国市场，在国外市场基本没有专利布局。需要注意的是，美国和日本非常重视履带式农机行走机构技术，美国卡特彼勒和日本久保田在中国积极进行专利布局，这给我们的启示是履带式农机行走机构可能代表了未来的发展方向，相比轮式农机行走机构，需要国内机构更加重视，投入更大的研发力量。

从专利质量上看，中国专利中发明专利占比仍较小，质量相对较差。

从竞争机构上看，中国专利申请量最大的是工矿企业和个人，说明这两类农机行走机构技术已经产业化或朝着产业化方向发展，但呈现专利申请人分散的特点，单家机构的研发实力较弱。

从发明人及其团队来看，数量领先的发明团队均都来自美国、日本、俄罗斯、法国，且其中大部分为来自企业的发明人。

综合考虑，未来的多地形农机行走机构技术的发展，很有可能需要中国政府的政策支持、资金投入及产业发展规划指引方向，引领农机企业合作研发强强联手，进行合理的产业布局。

第十四章　浙江省多地形农机
行走机构发展建议

行走机构只是农机整机中的一个组成部分，但对农机适应中国南方丘陵农田的作业环境却至关重要。在农机行走机构的类型上，大致可分为轮式行走机构、履带式行走机构（包括改进的轮履复合式，如变体轮、半履带式等）。轮式行走机构较适应旱地作业，针对本项目为浙江多山地、丘陵地区，种植区域多为水田、坡地，履带式行走机构、半履带式行走机构因具有适应多种地形的特性，应为重点研究发展的对象。

14.1 浙江省多地形农机行走机构发展 SWOT 分析

14.1.1 浙江省多地形农机行走机构发展的机会和优势

1. 国家政策大力支持，具备良好的宏观发展环境

国务院发布的《关于加快推进农业机械化和农机装备产业转型升级的指导意见》，指出农业机械化和农机装备是转变农业发展方式、提高农村生产力的重要基础，是实施乡村振兴战略的重要支撑；提出到 2020 年，农机装备产业科技创新能力持续提升，主要经济作物薄弱环节"无机可用"问题基本解决，全国农机总动力超过 10 亿 kW，全国农作物耕种收综合机械化率达到 70%，小麦、水稻、玉米等主要粮食作物基本实现生产全程机械化，棉油糖、果菜茶等大宗经济作物全程机械化生产体系基本建立，设施农业、畜牧养殖、水产养殖和农产品初加工机械化取得明显进展。而面临的机遇是党中央、国务院高度重视农业机械化发展，法律法规政策不断完善，农业机械化发展的政策环境更加优化，挑战是先进适用、技术成熟、安全可靠、节能环保、服务到位的农机装备和技术有效供给整体依然不足，研发投入少，基础性与原创性开发能力不强，农机装备结构和布局不尽合理，丘陵山区和薄弱环节机械化发展滞后等，主要任务是全面提高农机装备和作业水平，重点提升大马力、高性能、复式作业及适合丘陵山区作业的机械保有量。

《农业机械化发展第十二个五年规划（2011—2015 年）》指出的区域发展重点是，南方低缓丘陵区重点发展水稻、油菜生产机械化，努力提高水稻、油菜栽植与收获机械化水平。加快突破甘蔗收获机械化"瓶颈"制约，提升甘蔗耕种收综合机械化水平。因地制宜发展茶叶、林果等经济作物及生猪养殖机械化，推广应用小型秸秆收贮加工机械，积极发展设施农业。

由此可见，针对丘陵山区开发小型、轻便、耐用、适合多地形的农用机械，符合国家政策导向，受到政府鼓励。

2. 农机市场需求大，前景看好

在国内目前的政策与市场导向下，农机市场需求热点大致有以下几个方面：

（1）大规模推进高标准农田建设。2019 年中央一号文件提出完成高标准农田建设任务，推进重金属污染耕地治理修复和种植结构调整试点。农田整治和提升耕地质量与产能工程，特别是大规模推进高标准农田建设，都离不开农业机械。大型拖拉机、农用运输车、农用型挖掘机、开沟机、履带式推土机与推土铲、清淤机、铲运机、激光平地机等农田基本建设需求增长。

（2）乡村振兴战略对多地形农用机械有新需求。在全国农业机械化工作会议上，农业农村部提出，紧盯全程全面高质高效发展目标，加快推进机械化由耕、种、收环节向植保、烘干、秸秆处理全过程延伸，由种植业向畜牧业、渔业、设施农业、农产品初加工扩展，由平原地区向丘陵山区迈进，为实施乡村振兴战略、推进农业农村现代化提供有力机械化支撑。

（3）大力推广应用保护性耕作，提升了免耕播种机具等市场需求量。国务院提出大力支持保护性耕作等绿色高效机械装备和技术的示范推广；不少地方政府继续支持推广应用保护性耕作免耕播种技术。

（4）减量施用化肥、农药的机具。2019 年中央一号文件提出要加大农业面源污染治理力度，开展农业节肥节药行动，实现化肥农药使用量负增长。需要利用先进的农机技术，减少种植过程中化肥、农药和除草剂的施用量，对农机具提出了新的市场需求。目前，在这方面农业机械的保有量还不多。

3. 浙江省建有省级现代农业装备高新技术产业园区，奠定良好基础

浙江省建有省现代农业装备高新技术产业园区，确立了智能化成台套农机田间作业装备，基于农用物联网的自动化园林与林业装备，设施农业与精准农业装备，茶叶、棉花等能替代人工作业的采摘收获装备等重点发展方向；成立了浙江四方现代农机装备研究院、浙江莱恩农机研究院有限公司和浙江省威力小型收获装备研究院等农业装备领域省级重点企业研究院；建设了浙江四方集团公司、星光农机股份有限公司、浙江小精农机制造有限公司等农机企业院士专家工作站；涌现了湖州星光、浙江四方、中国富士特等知名农机品牌；创建了永康现代农业装备高新区"协同创新基地"、浙江省现代农业装备产业科技创新联盟、浙江省现代农业装备设计研究院等创新驱动平台；推进了星光农机股份有限公司、浙江中坚科技股份有限公司等一批公司上市；率先建立《农业机械产品需求与科研导向目录》，为浙江省农机生产企业和科研单位研发生产提供方向。

14.1.2 浙江省多地形农机行走机构发展的劣势和威胁

1. 缺乏多地形农机行走机构的技术储备和人才储备

通过专利分析可以得出，目前还没有浙江省机构或个人关于多地形农机行走机构的专利公开，浙江省缺乏多地形农机行走机构的技术储备和人才储备，这给浙江省喷药无人机的发展带来较大困难。

2. 国内外竞争对手在多地形农机行走机构领域进行了一定的专利布局

在轮式地形农机行走机构方面，日本、美国在轮式农机行走机构领域走在全球前列，技术上已占居垄断地位，但在中国的专利布局力度还不算强。而美国和日本非常重视履带式农机行走机构技术，卡特彼勒公司和日本久保田在中国积极进行专利布局，这给我国企业开发相关专利带来很大的专利风险，需要引起高度重视。

3. 国内外农机厂商竞相开发多地形相关农机产品

主要农机厂商竞相开发多种类型的农机产品，但目前主流基本上分为轮式农机和履带式农机，一般均能做到适合多种地形下的作业，极少有机型标榜其多地形特性作为卖点。

日本的农机生产企业有近千家，小企业众多，但农业机械主要生产供应集中在日本久保田、洋马、井关农机、三菱四大农机公司。日本久保田和洋马等公司生产水稻从育秧到拖拉机、插秧机、植保机械、水稻收获、脱粒、干燥、运输等各类农业机械。其中，如久保田SR-331KH 温室育苗播种设备、KS-560C/84C 育苗器、SPA65 型高速插秧机、S1-6HD 两轮步行式插秧机及 PRO481 半喂入水稻联合收割机和洋马轮式拖拉机系列、GP6 乘座式插秧机、AP600 步行式插秧机、机动喷雾机、CA160、CA215、CA355 半喂入联合收割机及 CA600、CA700、CA1200 自走式全喂入联合收割机。久保田于 1960 年首次发布日本制造的农用拖拉机以来，久保田拖拉机就始终占据着市场的领头羊地位。在中国，久保田于 2010 年开始大规模销售拖拉机，并在水田市场得到了高度评价。在日本，久保田的联合收割机和插秧机帮助实现了水稻栽植和收割（水稻种植中最为劳动密集的环节）的机械化操作，从而减少了劳动力并提高了效率。

日本洋马销售的产品有：高速乘坐式插秧机、手扶式插秧机、半喂入联合收割机、全喂入联合收割机、拖拉机、施肥机、点播播种机、蔬菜移植机、1 行与 2 行割捆机和自走式脱粒机。

星光农机股份有限公司：现有谷物收获机械（全喂入联合收割机、水稻联合收割机）、籽粒作物收获机械（油菜联合收割机）、耕地机械三类产品，均为履带式。

浙江四方集团公司的产品包括：单缸柴油机系列、手扶拖拉机系列、收割机系列、轮式拖拉机系列、配套农机具及零部件系列。微耕机采用橡胶轮、人字铁轮、宽幅轮；联合收割机系列采用履带行走装置；轮式拖拉机是水旱兼用，以旱耕为主，兼顾运输等作业的拖拉机。

洛阳拖拉机研究所有限公司的农业机械包括履带拖拉机、轮式拖拉机系列、犁、耙、旋耕机、播种机、农用拖车等。履带拖拉机底盘采用履带式全刚性船形结构，强度高，接地比压低，通过性好，对山地、湿地具有很好的适应性。

14.2 浙江省多地形农机行走机构发展的建议

目前，我国农机化进程发展迅速，但丘陵山区农机化程度远远落后于平原地区，其主要原因之一是丘陵山区地面崎岖不平，坡度较大，一般农机适应平原地区耕作，难以适用于丘陵山区复杂多变的地形。丘陵山区主要农用车辆有四轮拖拉机、手扶拖拉机、农用三轮车、微耕机及履带式拖拉机等。

（1）轮式农机行走机构专利布局现状：轮式农机行走机构发展历史较早，1994 年起就已进入快速发展阶段。日本、美国在轮式农机行走机构领域走在全球前列，技术上居垄断地位。但在专利布局方面，国外在中国的专利布局力度还不算太强。

（2）轮式农机行走机构发展战略：根据专利分析结果，在轮式农机行走机构方面应重点关注美国约翰迪尔、日本井关农机、日本久保田、日本三菱、美国凯斯纽荷兰（CNH）等领军企业的相关专利申请，掌握轮式农机行走机构技术领域的最新发展趋势。

另一方面，中国在 2008 年后才在专利数量上呈现快速增长趋势，但表现出发明专利占比极小，大量专利已经失效的特点，这说明了核心技术力量的薄弱。浙江省在轮式农机行走机构上的专利数量仅次于山东，可以利用后发优势，保持在国内申请大量相关专利，构筑专利壁垒，巩固国内市场份额。

（3）轮式农机行走机构技术研发方向：针对丘陵山区特殊地形的农业作业环境，为保护耕作，改善车辆在松软地面的通过性能，多地形行走机构的主要趋势是提高牵引附着性能，同时有效减小土壤机械压实。现有车轮方面的改进技术包括：采用增加驱动轮上的垂直载荷（如在驱动轮上附加叶轮）、适当增大轮胎宽度、采用多轮驱动、增加并置轮胎数量等，可在一定范围和条件下改善其牵引附着性能。而根本性的解决措施则是研发新的全地形农用车辆行走机构，采用地面仿形行走底盘或仿生步行机构、多自由度底盘等。

（4）履带式农机行走机构专利布局现状：履带式农机行走机构专利技术中国申请量湖南、江苏、浙江分居第 1、3、5 位，美国、日本分居第 2、4 位。这说明美国和日本非常重视履带式农机行走机构技术，在中国积极进行专利布局，以期争夺中国的履带式农机市场。

相比轮式农机行走机构，履带式农机行走机构技术在 2005 年以后才进入高速发展，技术高速发展阶段来得较轮式农机行走机构晚，而且美国和日本等发达国家非常重视在中国的专利布局。因此，需要更加重视履带式农机行走机构的专利布局，投入更大的研发力量，以抗衡国外公司在国内的产业竞争，同时也要抵御来自与湖南、江苏等省份的竞争。

（5）履带式农机行走机构发展战略：根据专利分析结果，重点关注美国卡特彼勒、日本洋马、日本久保田、日本普利司通等领军企业的相关专利申请，掌握履带式农机行走机构技术领域的最新发展趋势。

（6）履带式农机行走机构技术研发方向：针对丘陵山区特殊地形的农业作业环境，重点在半履带式行走机构等的结构创新，重点解决履带式行走机构对丘陵地区山地坡度适应能力、跨越沟壑等障碍物的能力、克服深泥脚田作业下陷的能力等。

（7）产业发展建议：从专利分析结果可以看出，我国在轮式农机行走机构、履带式农机行走机构方面还处于成长阶段，涉及该技术领域的公司或个人都只具备较少的申请量，具备完善的研发、生产能力的公司数量稀少，从专利布局的角度处于非常不利的地位。与之相比，全球领先企业的专利布局则相对完善，而且美国和日本等发达国家非常重视履带式农机行走机构在中国的专利布局。对于浙江省相关农机企业来说，浙江在专利申请量上处于全国前列；从构建完整产业链的角度，如能发展处完整的产业布局，则未来发展机会更大。

但从前文的专利分析可以看出，目前浙江省机构或个人在多地形行走装置领域缺乏前期技术积累和储备，相关企业如何开展产业布局，是发展的难点，单家企业的研发能力不足，整合产业链形成较大规模的产业集群则需要政府部门统筹规划，政府部门应该在这方面加强知识产权管理。此外，浙江省机构或个人可充分利用表 11.3、表 11.4、表 12.3、表 12.4 所示的国内外失效专利。

此外，随着技术的成熟，农机行走机构势必朝标准化、通用化和系列化的方向发展。相关企业应积极倡导并参与农机行走机构的标准制定，适应农机行走机构标准化、系列化的发展趋势。不管对于中国还是浙江省来说，及早参与行业标准的制定，将有利于农机行走机构的发展，把握行业发展的主动权和控制权。

第四部分　农业装备动力装置供油系统发展动态研究

第十五章 概 述

15.1 农机装备动力装置发展概述

15.1.1 国外农机装备动力装置现状

国外由于较早地执行了严格的非道路排放标准，所以这些国家的大型农业机械配套的柴油机大多采用四气门、VGT（可变截面涡轮增压器）和电控燃油喷射系统等技术，在尾气处理方面主要采用 SCR（选择性催化还原）和 EGR（废气再循环）+ DPF（颗粒捕集器）等比较成熟的技术方案。此外，为了适应当前能源短缺的局面，许多农机企业开始研发新能源替代系统。目前，国际上为农机配套的柴油机生产商主要有约翰迪尔、道依茨、FPT Industrial、西苏、康明斯、Perkins、久保田等。

1. 美国约翰迪尔

美国约翰迪尔生产的拖拉机标定功率最高可达 447 kW，排量有 4.5 L、6.8 L、9.0 L、13.5 L，全部为直列式、4 缸或 6 缸，每缸 4 气门、高压共轨燃油系统、增压和空 - 空中冷系统等技术。其采用模块构建式技术路线来满足新的排放法规，在部分功率等级的产品上采用整体集成式排放控制系统，即将优化的后处理技术与经过证实可增强性能并改善燃油效能的采用冷却 EGR 的元 Interim Tier4/Stage IIIB 发动机平台相结合的系统。其典型的整体集成式排放控制系统将由专为非道路应用开发的 DOC（diesel oxidation catalyst，即柴油氧化型催化器）、DPF（diesel particulate filter，即柴油机颗粒捕捉器）和 SCR（selective catalytic reduction，即选择性催化还原）系统组成。系统由 Deere 公司专有的增强版发动机电控单元（ECU）统一进行监控，具有出色的 DEF 溶液使用效率，同时不牺牲发动机总体性能。

2. FPT Industrial 公司

菲亚特旗下子公司 FPT Industrial 主要研发制造道路/非道路车辆、船舶和发电机组用动力及传动系统，在农机用柴油机领域主要有 4 个产品系族，功率范围为 40~753 kW（54~1024 hp），排量 3.2~20 L。其特点包括具有创新的多气门结构，采用固定或变截面涡轮增压器、机械式或高压共轨或电控泵喷嘴燃油系统等先进技术，但其仅用 SCR 的技术路线来满足排放法规要求。

3. Perkins 公司

Perkins 公司在 1997 年被美国卡特皮勒公司收购，其现有的非道路柴油机产品系列功率范围覆盖 10.2~225 kW。在 2012 年推出的满足欧Ⅳ排放法规的 1204F/1206F 发动机，前者采用 DOC + SCR 技术，后者采用 DOC + DPF + SCR 技术。

4. 西苏公司

西苏（Sisu）公司为爱科集团旗下发动机企业，其非道路家族覆盖功率为 56～500 kW，排量为 3.3～9.8 L，缸数分成 3、4、6、7 缸。其采用自己开发的称为 "e3" 的 SCR 技术，同时，爱科动力的某些特定机型还采用小流量的冷却 EGR 系统，称之为 cEGR，而功率最大的机型还配置了 2 级涡轮增压器，达到欧 IV 排放。

5. 康明斯公司

康明斯（Cummins）公司是世界最大的独立发动机及相关技术研发制造企业，非道路柴油机配套中等功率包括 55.93～29 828 kW（75～400 hp）范围。其通过配置 "超洁净"（ultra-clean）的后处理系统，有康明斯自行研发的带有选择性催化还原的紧凑型催化系统构成，称为 "CCC-SCR" 系统。

15.1.2 国内农业装备动力装置现状

"十一五" 期间，我国农机工业总产值保持了年均 20% 以上的增长速度。"十一五" 末期，我国农机总动力已达到 9.2 亿 kW，到 2020 年，我国农机总动力将稳定在 12 亿 kW 左右，而农机动力能源约 80% 来自柴油机。有资料显示，以柴油机为动力的农用动力机械社会保有量已达到相当规模。我国的农用柴油机从单缸到多缸，功率覆盖面宽，产品品种多，可以说我国是名副其实的农用柴油生产大国。为了达到非道路国 III 排放标准，近几年，国内各主机厂商对节能做了很多改进技术，如降低动力匹配转速，优化散热系统等，目前比较流行的做法是在液压上采用定变量系统。国内农用柴油机产品大致可分为单缸柴油机、多缸柴油机和中等功率柴油机。

（1）单缸柴油机。单缸柴油机由于具有结构简单、配套灵活、价格便宜及易于维修等优点，广泛应用于小型拖拉机、三轮汽车、小型收割机、微耕机、水泵机组、农副产品加工机械等。我国是单缸柴油机年产量最大的国家，"十一五" 期间，我国单缸柴油机总产量约为 3955 台，其中，2010 年生产 865 万台。根据单缸柴油机年生产能力，国内年产量大于 70 万台的单缸柴油机企业主要有常柴、常发、时风、江动四家。根据产销动向，从 2000 年开始至 2005 年，我国单缸柴油机保持持续大幅增长，到 2006 年才开始走下高位运行。

（2）多缸小柴油机、中等功率柴油机。农用多缸柴油机是我国中小功率柴油机的一部分，主要包括 2 缸、3 缸、4 缸及 6 缸柴油机。农用配套使用最多的为 2 缸、3 缸和 4 缸柴油机。2 缸、3 缸柴油机主要为低速货载车、小型拖拉机和水泵机组等农机配套，也有部分机型为微型客货车、小型工程机械等。4 缸柴油机也是农机配套的主要机型，但 4 缸柴油机在总产量中所占比例较小。6 缸柴油机是我国中小功率柴油机中功率覆盖面大、配套范围广的一大类，其中，为农机配套的主要机型有 6100、6105、6108、6112、6115 及 6126 等，这些 6 缸柴油机主要为大功率拖拉机、大型自走式谷物联合收割机、自走式玉米收获机和大型青饲收获机等配套。根据多缸机的年生产能力，国内年产量大于 10 万台的多缸小柴企业主要有云内、全椒、朝柴、扬动 4 家。根据产销动向，从 2000 年开始至 2005 年，多缸小柴油机一直保持持续增长的趋势，到 2006 年才从井喷式高速增长期进入理性增长期。

近几年，企业对农用发动机的研发热情高涨。中国一拖、五征集团在引进国外先进技术的基础上，大力研发应用电控单体泵、电控高压共轨等新型技术的动力装置。

五征集团生产的雷诺曼－2104 型拖拉机配套道依茨 WP6T200E22 发动机，采用了德国博世力乐电液控制提升系统，达到非道路国 II 排放标准。由约翰迪尔（中国）投资有限公司生产的 7M-2204 型拖拉机采用约翰迪尔 6.8 L 高压共轨中冷 6 缸涡轮增压发动机。为了满足国内大型农场及高端客户的需求，一拖集团开发了具有完全自主知识产权的 220 马力的大功率轮拖产品——东方红－LF2204 轮式拖拉机。该产品采用了东风康明斯 QSB6.7 全电控高压共轨增压中冷柴油机，扭矩储备 25% 以上，油耗低，排放满足非道路车辆欧 III 要求，并可升级到欧 IV 标准。此外，一拖集团还通过与英国卡里多等公司合作，采用先进的电控单体泵技术研发新型的电控柴油机，排放达到非道路欧 III 标准。

15.2　国内外柴油发动机供油系统发展概述

15.2.1　柴油机供油系统发展历史

柴油机的供油系统发展至今，经历了由蓄压式供油到机械式喷油再到如今的电控式喷油的发展历程。电控燃油喷射系统已成为柴油机供油系统的主流产品，至今也已历经 3 代：位置控制式系统、时间控制式系统和共轨＋时间控制式系统。

1. 位置控制式系统特点

位置控制式系统的特点是完全保留了传统的基本结构和脉冲高压供油的原理，通过增设传感器，执行器和微处理器所组成的控制系统，对高压油泵的齿条和位置进行了电子控制，从而控制燃油喷射量和喷油正时。该系统的优点是只要用电控泵及其控制部件代替原有的机械式柱塞泵就可转为电控系统，柴油机的机构几乎无须改动，故生产继承性好，便于升级改造。但缺点是控制自由度小，控制精度较差，喷油率和喷射压力难于控制。

2. 时间控制式系统特点

时间控制式系统仍然采用脉冲高压供油原理，只是利用高速强力电磁阀的开闭正时准确地控制燃油的喷射量和喷射正时。系统的控制精度、控制范围、相应速度和控制能力得到提高，但其难点在于高速强力电磁阀的响应速度，此外喷射压力也无法控制。

3. 高压共轨＋时间控制式系统特点

高压共轨＋时间控制式系统是通过高压共轨（或共轨蓄压式，或液力增压式形成高压），采用压力＋时间式燃油计量原理，用电磁阀控制喷射过程。该系统根据柴油机运行工况的不同不仅可以适时地控制喷油量及正时，使其达到与工况相适应的最优数值。由于高压共轨喷射系统能够满足高精度控制、高压力喷射的要求，所以其应用基本成为柴油机电控燃油喷射系统的主流趋势。

15.2.2　主流产品结构和特点

目前，国内广泛应用的电控喷油系统主要有电控泵喷嘴系统、电控单体泵系统及电控高压共轨系统。

1. 电控泵喷嘴系统结构和特点

电控泵喷嘴系统是把柱塞泵、喷油嘴和电磁阀集成一体的单体式燃油喷射系统，它直接安装在缸盖上，无高压油管，由凸轮轴驱动喷油泵加压。该系统没有额外的高压燃油管路，故消除了管路压力损失并避免了管路泄漏的可能。同时因为燃油增压与喷射装置的一体化，故可以在短时间内高效高压完成燃油喷射并对其喷油量、压力、正时进行灵活控制。该系统最大优点是喷油压力可达150 MPa以上，能够减轻或者消除在柴油流动和喷射过程中高压油管内压力波的影响，通过电磁阀精确控制喷油正时量和喷油量，能实现多次喷射和对喷油速率、燃烧过程的优化控制，但燃油的加压和喷射两个过程在时序上不能完全分开。

2. 电控单体泵系统结构和特点

单体式喷油泵简称单体泵。将整体式喷油泵化整为零安装在发动机每个气缸上，燃油喷射由各自的独立喷射单元来完成。喷油泵和喷油嘴之间用一根很短的高压油管相连。电控单体泵系统是在泵喷嘴系统的基础上衍生出来的，除了压力比泵喷嘴稍低一点外，其他功能基本和泵喷嘴相近。单体泵系统主要由柱塞、柱塞套筒、回位弹簧、弹簧座、出油阀、出油阀座、出油阀弹簧、出油阀压紧螺帽等零件组成。其主要工作原理是通过电子系统对喷入气缸的喷油量、喷油正时进行精确、柔性的控制，以及通过油泵结构设计的优化而实现对喷油气缸喷油压力的提高，从而改善发动机的燃烧工作过程。该系统油泵最高压力可达到1800～2000 bar，但由于油泵压力和发动机转速成正比，低转速区域压力较低，因而不利于柴油机低速时燃烧性能的提高。在国Ⅲ排放要求阶段，喷油器的喷油开启方式仍是依靠弹簧压力控制。进入国Ⅳ阶段，需将机械式喷油器改成电控喷油器，形成双电磁阀单体泵系统。

3. 电控高压共轨系统特点

高压共轨式系统不再采用脉动喷油原理，该类系统具有一个或两个共轨管，高压油泵并不控制喷油器，而是向共轨供油以保持所需的共轨压力，通过连续调节共轨压力来控制喷射压力，采用了压力－时间式燃油计量，用电磁阀控制喷射过程。共轨式系统有蓄压共轨式、液力增压共轨式和高压共轨式系统3种。前两种属于中压共轨系统，结构较为复杂，控制精度不高。高压共轨系统是主要由电子控制装置（ECU）、高压油泵、高压油轨（也叫共轨管、共轨腔、蓄压器）、电控喷油器及各种传感器和执行器等组成。高压共轨管上安装了压力传感器、限流缓冲器和限压器。电控喷油器根据ECU发出的控制信号，通过控制电磁阀的开启和关闭，将高压油轨中的燃油以最佳喷油定时、喷油量和喷油率喷入燃烧室。该系统中，燃油喷射可以实现每循环多次喷射。高压共轨喷射系统将是柴油发动机燃油喷射系统今后的发展方向。

15.2.3 发展现状动向

1. 电控泵喷嘴发展现状与动向

（1）国外发展现状与动向

美国威斯康辛大学开发的电控泵喷嘴系统（UHIP-S）最高喷油压力已达260 MPa。德国博世公司的泵喷嘴系统（UIS）可适用于单缸功率至30 kW的轿车和轻型车，也可以适用于单缸功率至80 kW的重型货车。

（2）国内发展现状与动向

因为对发动机缸盖的设计难度增大，从近期国内主要商用车企业已申报和正在申报的国IV发动机产品公告来看，到目前为止还没有此种系统的实际应用。

2. 电控单体泵发展现状与动向

（1）国外发展现状与动向

单体泵多用于大功率的重型柴油机，欧洲市场上85%以上的重型柴油机均采用该技术，有德尔福单体泵、博世单体泵（UPS）、衡阳单体泵和威特单体泵。目前最高喷油压力可达200 MPa。博世单体泵可适用于单缸功率至30 kW的轿车和轻型车，也可以适用于单缸功率至80 kW的重型货车。

（2）国内发展现状与动向

电控单体泵在国内外都已被成熟应用。在国内产品的应用中，考虑到重新设计发动机机体需要对现有发动机的铸造、加工生产线有较大的变动，为控制成本，国III阶段一般都采用外挂式单体泵，但这种设计对噪声、震动会有一定的负面影响。国IV阶段则与欧美产品接轨，普遍采用半内置式单体泵系统。国产CA6DE3系列欧III标准柴油机也采用了电控单体泵技术，是在原CA6DE2系列柴油机基础上进行优化而得。

3. 电控高压共轨发展现状和动向

（1）国外发展现状与动向

高压共轨在国外发展已较为成熟，主要的开发公司有Fiat集团、电装公司、博世公司、美国BKM公司、德尔福公司、西门子公司等。在发展研究中，其主要研究方向包括：一是采用新型材料。博世公司用压电石英作为执行器代替高速电磁阀，喷射压力已经高达180 MPa，针阀运动速度达到1.3 m/s，预喷射油量可控制在1 mm³之内；西门子VCO采用压电晶体喷油器，压电晶体执行器由20~200 μm陶瓷层烧结而成。二是提高喷油压力。博世公司开发的超高压电控喷油系统的最大喷射压力可达300 MPa，BKM公司的Servoijet蓄压共轨系统采用了蓄压式的喷油嘴，使得喷射过程与发动机转速无关，在所有转速都可以有十分高的压力和非常短的喷油持续期。三是强调柔性调节能力。博世公司的增压活塞共轨系统、卡特皮勒公司的HEUI-CRD和德尔福公司的E3-EU1均通过安装两个电磁阀达到柔性调节目标。随着材料技术的发展，电磁阀使用以树脂为黏结剂并加入铁粒子的软磁性负荷材料制作定子，同时，开发了只在磁路部分采用软磁性复合（烧结）材料的转子。电控共轨技术和电控单体泵的融合发展也将成为今后的发展趋势。菲亚特发动机F5系列、NEF系列及CURSOR系列均采用最新电控高压共轨、电控单体泵技术。

在非道路用柴油机应用中，日本久保田开发小型非道路用共轨直喷式柴油机，德国MTU和L'Orange公司开发出一种带独立蓄压室的新型共轨喷油系统。

（2）国内发展现状与动向

国内的柴油机的电控技术的起步比较晚，目前国内较多的研究是位置控制系统，对电控高压共轨燃油喷射系统的研究起步较晚，主要研究工作集中于对柴油机电控喷油系统的研究与开发，包括一些零部件的优化调整、共轨电控系统及其标定的研制开发、燃油系统的模拟计算及燃油特性分析等方面工作，在一些关键技术问题，如泵油量的控制、高速电磁阀的研究、泄漏问题、执行机构的开发等方面仍不够成熟。但也已取得一些成果，其中天津大学研制的 FIRCRI 高压共轨系统正处于硬件在环仿真和实机测试阶段；上海交通大学开发的 GD-1 型高压共轨系统处于匹配玉柴 6110 柴油机的准备阶段；北京理工大学、华中理工大学等也在开发自己的高压共轨系统；无锡威孚集团与博世公司联合组建的无锡博世汽车柴油机系统股份有限公司，也开始了高压共轨系统的生产。清华大学的 PPVI 系统（泵－管－阀－嘴系统）已取得成果。一汽集团无锡油泵油嘴研究所在电控分配泵系统方面进行了研究开发。

第十六章 国内外主要农机企业及其动力装置产品

全球农业机械制造行业已形成农机生产巨头规模化竞争和中小企业专业化竞争并存的局面。特别是最近一二十年来，国际农机竞争市场出现了重组并购浪潮，行业集中度大为提高。欧美地区形成了约翰迪尔、凯斯纽荷兰、爱科、克拉斯和赛迈道依兹五大农机集团，其中，约翰迪尔、凯斯纽荷兰和爱科占据了全球农业机械 1/3 左右的市场份额。日本则形成了以久保田为首的四大农机生产巨头。我国农用柴油机龙头企业主要有中国一拖集团有限公司、广西玉柴机器股份有限公司、天津雷沃动力股份有限公司、江苏常发农业装备有限公司等，其中，江苏常发农业装备有限公司以单缸机为主。本章具体介绍这些企业及其动力装置产品。

16.1 美国约翰迪尔

美国约翰迪尔创建于 1837 年，由最初只有一个人的铁匠铺发展成为今天业务遍及全球160 个国家和地区、拥有约 6 万名员工的跨国农机企业集团。2010 年，约翰迪尔的销售额为260 亿美元，经营规模稳居世界农业机械企业第一位。目前，产品主要是农业机械（拖拉机、联合收割机、农机具）、商用与市政机械、建筑与林业机械、动力系统（柴油机与传动系部件等）。自 2006 年开始，约翰迪尔开始生产满足美国 EPA 非道路用发动机排放 Tier 3 标准的发动机。2010 年，约翰迪尔成为行业内首家满足美国 Tier 4 标准的、功率大于 130 kW 的发动机制造商。2011 年，约翰迪尔（天津）有限公司旗下新建柴油发动机工厂。这是约翰迪尔在中国的第一家柴油发动机工厂，并已于 2013 年正式投产，主要为约翰迪尔在中国的农业和工业机械设备提供动力。

主要农用发动机产品包括：PowerTech 3029（2.9L）、4045（4.5L）及 6068（6.8L）发动机（图 16.1）。

16.1.1 PowerTech 3029（2.9 L）发动机

约翰迪尔 75 kW（100 hp）以下的小马力发动机，采用机械式燃油泵和废气再循环（EGR）技术，实现对氮氧化物（NO_x）和颗粒物（PM）排放的有效控制。

16.1.2 PowerTech 4045（4.5 L）发动机

约翰迪尔 75~160 kW（100~215 hp）的中马力发动机，采用 ECU 精确控制的高压共轨燃油喷射系统，在充分保证发动机性能的稳定性的同时，兼顾整车电子控制方面的功能扩展，对将来升级中国非道路用发动机国Ⅳ标准，具备直接技术移植的潜力。

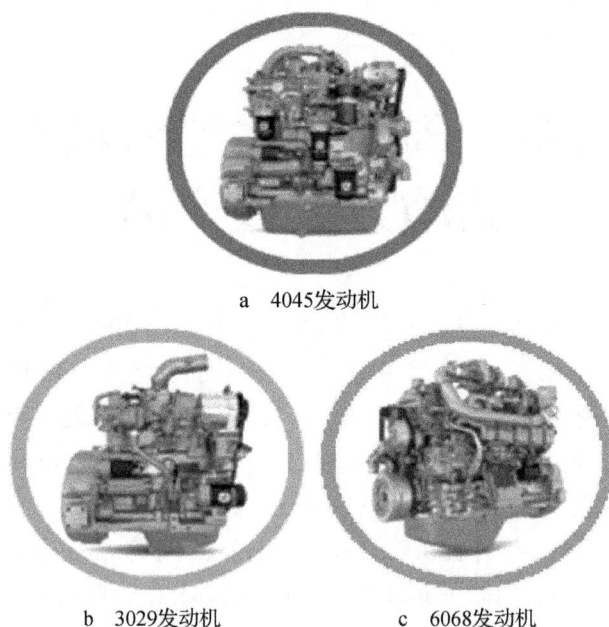

a 4045发动机

b 3029发动机　　　　c 6068发动机

图 16.1　美国约翰迪尔主要农用发动机产品

16.1.3　PowerTech 6068（6.8 L）发动机

约翰迪尔 160 kW（218 hp）以上的大马力发动机，除采用高压共轨燃油喷射技术以外，更匹配了可变截面增压器 VGT 和外部冷却 EGR 系统，保持最优化的燃油经济性和性能需求，性能稳定，品质卓越。

16.2　美国凯斯纽荷兰

凯斯纽荷兰（CNH）是 1999 年由凯斯和纽荷兰两家国际著名的农业机械企业合并而成的，成为紧随约翰迪尔、经营规模稳居世界排名第二的跨国农业机械企业集团。其产品主要涉及农用拖拉机、打捆机、咖啡收割机、联合收割机、棉花采摘机、甘蔗收获机、园艺机械和耕作机械等。这些产品通过 4000 多个经销商销往美洲、欧洲、非洲、亚洲、大洋洲等的 160 多个国家和地区。

主要农机发动机装备包括：Farmall 系列、Puma 系列、Magnum 系列、Steiger 系列。

16.2.1　Farmall 系列（125～140 hp）

Farmall 系列（125～140 hp）发动机（图 16.2）带涡轮增压和中冷，动力强劲，油耗低并带冷启动。1254 及 1404 的发动机均为 6 缸，6.7 L 排量，欧Ⅲ标准，最大提升力分别为 2170 kg 和 2940 kg（球形末端后 610 mm 处）；液压输出总流量达 83 L/min，满足各种液压输出作业需求。先进的变速箱：1254 为同步器换挡 8 + 8 变速箱，1404 为同步器加高低动

图 16.2　Farmall 系列（125~140 hp）

力挡换挡 16 + 8 变速箱；1404 配备动力换向手柄，换向操作更轻松方便，提高工作效率。

16.2.2　Puma 系列（185~225 hp）

如图 16.3 所示为 Puma 系列（185~225 hp）发动机，其恒定功率范围：在 1600 r/min 时可以获得与额定转速下相同的性能，984 Nm 的最大扭矩，同时拥有燃油效率增加而生产效率不减的好处。先进的变速箱：全动力换挡变速器，提供从零到 40 km/h 或 50 km/h 的无缝平稳换挡。可选的 CVT 变速器，能够改进燃油消耗和驾驶员舒适性。爬行挡能够在 2200 r/min 时提供额外的 10 级变速——从 225 m/h 到 1.6 km/h。功能强大的液压悬挂系统：Puma PTO 管理系统可在农机具提升时立即自动切断动力输送，而当挂接装置再次降低时，则会重新接合。该系统旨在保护农机具传动轴、减轻驾驶员疲劳，还可以编程到地头管理当

图 16.3　Puma 系列（185~225 hp）

中。软启动 PTO 会逐渐增大扭矩，以确保机器顺利启动并保护农机具的传动轴。使用可选的电动转速选择器（ESS），驾驶员在驾驶室内就可以轻松地选择 PTO 转速。

16.2.3　Magnum 系列（265～315 hp）

Magnum 系列（265～315 hp）（图 16.4），其发动机采用涡轮增压/中冷，高压共轨燃油系统。带动力提升功能，能在某些条件下提供最多 35 hp 的额外动力。先进的变速箱：动力换向手柄及自动换挡功能。18 个前进挡，4 个后退挡。功能强大的液压悬挂系统：最大提升力达到 9130 kg 和 10 200 kg。闭心式压力流量补偿泵，液压总流量 166 L/min。

图 16.4　Magnum 系列（265～315 hp）

16.2.4　Steiger 系列（400～600 hp）

Steiger 系列（400～600 hp）（图 16.5），是世界上马力最大的拖拉机。凯斯 Cursor13 系列发动机，高压共轨燃油系统。带动力提升功能，能在某些条件下提供最多 35 hp 的额外动力。先进的变速箱：动力换向手柄及自动换挡功能。16 个前进挡，2 个后退挡。功能强大的液压悬挂系统：最大提升力达到 9071 kg 和 8900 kg，闭心式压力流量补偿泵，液压总流量 216 L/min。

图 16.5　Steiger 系列

16.3　美国爱科

美国爱科集团是世界第三大农机巨头，美国财富500强企业。总部在美国的爱科公司成立于1990年，1993—1994年收购了英国的麦赛福格森公司，1997年收购了德国的芬特公司，2002年收购了美国卡特彼勒公司的农用橡胶履带拖拉机业务，2003年又收购了芬兰的维创公司。爱科公司的产品包括拖拉机、联合收割机、柴油机、牧草机械、农机具及零部件等。

重点农机发动机装备包括：MF7600系列拖拉机、MF1004/1104/1204型拖拉机、MF8690型拖拉机、T2104型拖拉机。

16.3.1　MF7600系列拖拉机

MF7600系列拖拉机（图16.6）的发动机，采用涡轮增压中冷、高压共轨、电喷技术，充分发挥每一滴燃油的能量。爱科独有的Dyna-6传动系统，提供更多的速度选择和更高的传动效率。先进的电液控制系统，提供与机具更好的配套性。全新设计的驾驶室，提供广阔的视野、便捷的操作和更佳舒适性，使用户可享受完美的驾驶体验。

图16.6　MF7600系列拖拉机

16.3.2　MF8690型拖拉机

MF8690型拖拉机（图16.7）的发动机采用最新（第二代）的SCR技术，实现增压中冷、高压共轨电控喷射的全新操作，为用户提供卓越的燃油经济性和更清洁的排放，满足欧Ⅳ排放标准；最先进的Dyna-CVT传动系，提供更宽的速度范围和更加平顺的变速效果，最新的独立的电液压一体化悬挂系统，实现无与伦比的力量和众多先进功能；一体化动力控制系统，提供巡航控制功能；配装彩色终端显示屏，实时监控拖拉机运行状态。

图16.7　MF8690型拖拉机

16.3.3 T2104 型拖拉机

维美德 T2104 型拖拉机（图 16.8）配装的爱科动力发动机，采用爱科动力高压共轨电控发动机，使用涡轮增压、中冷技术，具有良好的燃油经济性；采用怠速管理功能，当拖拉机停车且手刹车结合时，发动机怠速自动下降至 650 r/min，可进一步降低油耗。拥有 36 + 36 个挡位，挡位分布均匀，有更多工作挡位可供选择；3 挡负载换挡可根据负荷和发动机转速，自动换挡。通过方向盘左侧的换向操纵杆，即可实现平稳、快捷地换向；四轮驱动、差速锁、PTO 的操纵均可自动控制，降低了拖拉机驾驶复杂性，提高作业效率。

图 16.8 T2104 型拖拉机

16.4 德国克拉斯

德国克拉斯农机公司（CLAAS KGaA mbH，以下简称"德国克拉斯"）是世界著名的农牧业机械和农用车辆制造商，产品主要包括联合收割机、自走式青贮收获机、甘蔗收获机、农用运输机械、拖拉机和割草机、搂草机、翻晒机、打捆机，此外，德国克拉斯还生产发展农用牵引车辆，最新的农业信息科技和精准农业技术，汽车及航天工业机械制造系统的整部件等。

16.4.1 德国克拉斯 ATLES 系列拖拉机

德国克拉斯 ATLES 系列拖拉机（图 16.9）的主要技术参数见表 16.1。

图 16.9 德国克拉斯 ATLES 系列拖拉机

表 16.1 ATLES 系列拖拉机主要技术参数

型号	950	940	930	920
发动机	FPT	FPT	FPT	FPT
气缸数/进气	6/TI	6/TI	6/TI	6/TI
排量/cm³	8710	8710	8710	8710
发动机额定转速/(r·min⁻¹)	2150	2150	2150	2150
发动机额定功率（ECE R 120 标准）1/kW（hp）	298（405）	276（375）	254（345）	232（315）
最大输出功率（ECE R 120 标准）1/kW（hp）	302（410）	279（380）	257（350）	235（320）
发动机额定功率（97/68 EG）2/kW	306	282	259	236
变速箱类型	CMATIC	CMATIC	CMATIC	CMATIC
挡位数（前进/后退）	无限可变	无限可变	无限可变	无限可变
发动机额定转速时液压系统最大流量/(L·min⁻¹)	220	220	220	220
液压输出阀数量/个	3~8	3~8	3~8	3~8

16.4.2 克拉斯 AXION 系列拖拉机

克拉斯 AXION 系列拖拉机主要配置了该公司研制生产的，与 TIER Ⅲ 相适应的 DPS 型高压共轨涡轮增压发动机（图 16.10）。该发动机输出功率为 127.9~191.1 kW，与 TIER Ⅱ 同类产品相比，燃油消耗率小 7%，扭矩大，功率恒定（转速为 600 r/min 时）。该系列拖拉机扭矩储备与上一代相比，提升了 19%。先进的电控系统，保证整个拖拉机在作业时都能呈现最优表现。冷却系统噪音低且节油。拥有更优的排放控制。

图 16.10 DPS 型高压共轨涡轮增压发动机

16.5 日本久保田

日本久保田创立于 1890 年，迄今已有 120 多年历史，是日本最大的农业机械制造商，在亚洲、美洲、欧洲、日本等全球各地全方位地开展业务。目前，总共有 150 家子公司及 20 家关联公司，在农业机械、小型建筑机械、小型柴油发动机、铸铁管等领域处于世界前列。

主要农用发动机装备如下。

16.5.1 Best-Partner 立式水冷发动机

由久保田发动机（上海）有限公司生产的超小型系列发动机具有以下特点：

低噪音，低振动的环保设计——将"噪音实验室"的研究成果用于发动机开发，使久保田发动机噪音更低，音质更好。

小型、大功率、高密度输出——通过对基本配置及零件功能的彻底改良达到小型化。另外通过创新式的燃烧方式在确保同一等级最大级别的高功率输出同时，大幅提高了扭矩及扭矩的上升量。

完美的匹配性和可靠性——对主要零件的结构进行解析，对发动机的可靠性及耐久性做进一步强化。

久保田 Best-Partner 立式水冷发动机（图 16.11）的主要技术参数见表 16.2。

图 16.11　久保田 Best-Partner 立式水冷发动机

表 16.2　久保田 Best-Partner 立式水冷发动机主要技术参数

型号	Z482-E3B	Z602-E3B
气缸数/个	2	2
缸径×行程/mm	67×68	72×73.6
排量/L	0.479	0.599
功率（2200 r·min⁻¹）/kW	6.0	—
功率（2400 r·min⁻¹）/kW	6.6	8.1
功率（2600 r·min⁻¹）/kW	7.1	8.8
功率（2800 r·min⁻¹）/kW	7.7	9.4
功率（3000 r·min⁻¹）/kW	8.3	10.1
功率（3600 r·min⁻¹）/kW	9.9	12.5
外形尺寸/mm	长360×宽404×高564	长384×宽420×高544
质量/kg	53.1	60

16.5.2　M 系列发动机

M 系列发动机（图 16.12）内含独立的动力输出轴（PTO），分别有 540 r/min、720 r/min 两种转速选择，以及直喷引擎，该引擎将提供更强大的动力、更高的燃油功效、更好的耐用性，同时符合环保要求（排气指标达到 GB 20891—2007 Ⅱ 的标准和欧Ⅲ标准）。

图 16.12　M 系列发动机

16.5.3　PRQ688Q 型油菜籽收获机

久保田 PRQ688Q 型油菜籽收获机（图 16.13）的主要技术参数见表 16.3。

图 16.13　久保田 PRO688Q 型油菜籽收获机

表 16.3　久保田 PRQ688Q 型油菜籽收获机主要技术参数

型号	4LYZ-1.8（PRO688Q）
尺寸/mm	长 5150 × 宽 2340 × 高 2765
发动机型式	立式水冷 4 冲程 4 缸柴油发动机
总排气量/L	2.434
发动机功率/kW	50
启动方式	电启动
履带宽度 × 接地长度/mm	400 × 1680
变速方式	机械式变速 + 液压式变速
割幅/mm	2000
割刀宽度/mm	1905
割茬高度/mm	40
集谷箱容量/L	420
作业效率/（亩·h⁻¹）	3 ~ 8（随作物品种及条件而定）

16.6　日本洋马

　　洋马是日本的四大农机生产厂家之一，成立于 1912 年 3 月，产品包括拖拉机、联合收割机、插秧机、蔬菜机械、豆类机械、耕耘机和动力喷雾器等。洋马在日本拥有 3 个制造工厂、1 个技术研究中心和 7 个零件经销中心，在中国、印度尼西亚、泰国、韩国、法国和美国设有生产制造基地，在英国设有供应公司。

　　主要农用发动机装备如下。

16.6.1　YT704 型洋马拖拉机

YT704 型洋马拖拉机（图 16.14）具有以下特点：①洋马高效节能 4TNV98 直喷水冷 4 冲程柴油发动机；②整机重量轻，有效保护犁底层，是水田保护性作业的理想机型；③底盘离地间隙为 450 mm，可更便捷地通过湿烂田地；④舒适的作业空间，全液压助力方向盘。

图 16.14　YT704 型洋马拖拉机

YT704 型洋马拖拉机的主要技术参数见表 16.4。

表 16.4　YT704 型洋马拖拉机主要技术参数

整机尺寸（长×宽×高）/mm	3890×1865×2600
重量/kg	2200
发动机标定功率/kW	51.5
离合器型式	机械式干式单片
变速箱及换挡方式	机械式，手动换挡
差速器型式	前后桥分体差速

16.6.2　VP6D 型洋马高速插秧机

VP6D 型洋马高速插秧机（图 16.15）具有以下特点：①三缸水冷式柴油发动机；②HMT 变速，变速平稳，比传统 HST 传动效率高出 15%；③栽秧台自动水平控制装置 UFO，栽秧台在水平状态下作业，确保栽幅内插秧深度一致；④插植部（偏置式插植臂），保证插秧深度的稳定均匀及良好的直立性；⑤插秧深度自动补偿，油压感度装置，准确控制插秧深度。

VP6D 型洋马高速插秧机的主要技术参数见表 16.5。

图 16.15　VP6D 型洋马高速插秧机

表 16.5　V96D 型洋马高速插秧机主要技术参数

整机尺寸（长×宽×高）/mm	3293×2096×2330
重量/kg	750
发动机标定功率/kW	12.8
插植行数/行	6
插植行距/cm	30
插植深度/cm	15～60/（7 挡＋自动调节）

16.6.3　单缸系列柴油机

日本洋马单缸系列柴油机（图 16.16）为单缸、卧式、直喷、4 冲程柴油发动机，适用于做拖拉机和农用运输车的动力装置，主要特点：供油、燃烧及调速机构采用日本洋马专利技术，喷油压力高、燃油雾化好、功率强劲、加速性能好、负荷性好，与同类机型相比，可节省燃油 15%～20%，可节省润滑油 50%，尾气排放达欧 I 标准；关键部、零件购自日本或采用日本先进技术制造，故障少，使用寿命相当于国内同类机型的 2 倍；采用 2 杆支撑式调速杠杆，调速灵敏，操作准确。

日本洋马单缸系列柴油机的主要技术参数见表 16.6。

图 16.16　日本洋马单缸系列柴油机

表 16.6 洋马单缸系列柴油机主要技术参数

机型	SSY1115	CY1105	CY1115
气缸直径/mm	115	105	115
活塞行程/mm		115	
排量/L	1.1945	0.9950	1.1945
压缩比	17.3	17.4	17.3
标定转速/(r·min⁻¹)		2200	
标定功率/kW	16.2	13.2	16.2
燃油消耗率/(g·kW⁻¹·h⁻¹)	≤211	≤226	≤211
结构质量/kg	195	165	180

16.6.4 3TNM72 型柴油发动机

3TNM72 型柴油发动机（图 16.17）的缸径和行程为 72 mm×74 mm，功率为 19.7~23.6 hp。用于备用发电机组的机型功率高达 23.5 hp，用于原动机的机型功率为 21.3 hp。在提高性能的同时，这两种发动机的燃油消耗和噪声均有所降低。机械控制发动机采用日本洋马自制的燃油喷射泵和喷油器，据称，这些部件能降低燃油消耗和排放。主轴承盖设计成梯形框架结构，以增加刚度，

图 16.17 3TNM72 型柴油发动机

减少结构产生的噪声与振动。与目前生产的洋马机型相比，噪声平均降低 2.5 dB（A）。

16.7 日本井关农机

日本井关农机于 1926 年成立，1961 年开始生产第一台割晒机，2003 年在中国建立井关农机（常州）有限公司。经过逐步发展，现已形成具有一定规模的井关集团。现设有东京公司事务部，井关松山制造所、井关熊本制造所、井关新泻制造所和井关邦荣制造所 4 家主要生产工厂及 33 家国内外分公司。日本井关农机主要以生产收割机、田间耕作机械（轮式拖拉机、手扶拖拉机、管理机、割草机）、栽培机械（插秧机、蔬菜移植机）、调制机械（碾米机、烘干机、计量筛选机）等农业机械为主。

主要农用发动机装备如下。

（1）HF608 型水稻联合收割机

日本井关农机 HF608 型水稻联合收割机（图 16.18）发动机特点主要为：采用大功率、低油耗的 60 hp、转速为 2400 r/min、立式水冷 4 缸 4 行程的涡流式柴油发动机；发动机采

用铝制的散热器，可有效提高冷却效果；使用宽广的防尘盖板，可以保护发动机室免受灰尘的侵扰，并提高其耐高温的能力。

图 16.18　日本井关农机 HF608 型水稻联合收割机

（2）东风井关 PVHR2 乘坐式蔬菜移植机

东风井关 PVHR2 乘坐式蔬菜移植机（图 16.19）采用低振动、低噪音设计，搭载 2.6 hp、排气量 98 mL 的空冷 4 冲程单缸汽油发动机。通过左手边的调节手柄，简单调节机体倾斜。通过机体升降传感器，适用垄的凹凸机体自动升降，移植深度一致。

图 16.19　PVHR2 乘坐式蔬菜移植机

16.8　中国一拖集团有限公司

中国一拖集团有限公司（以下简称"中国一拖"）是国家"一五"时期 156 个重点建设项目之一，1955 年开工建设，1959 年建成投产，现为中国机械工业集团有限公司子公司。建成投产 50 余年来，基本形成了农业机械、动力机械及零部件等多元结构发展的格局。农业机械业务具有国内最完整的拖拉机产品系列，拥有国际先进、国内领先的具有自主知识产权的产品技术。其中，大功率拖拉机国内市场份额第一，动力机械业务在国内非道路用柴油机行业排名第一。已经获得中国国家 3#标准排放认证，欧盟 E-mark Ⅲ标准排放认证，美国环保署 EPA3 标准排放认证，为产品进入广阔的国际市场提供了可靠的保障。其主要产品如下。

16.8.1　LR-B 中型柴油机

LR-B 中型柴油机（图 16.20），是在英国里卡多工程咨询公司咨询技术基础上，开发的一种湿式缸体上支承型柴油机，发动机技术先进，适配于拖拉机，收割机，工程机械等非道路主机。产品采用设计独特的多弧面高强度缸体，并采用先进的燃烧、换气、润滑、冷却等模拟计算手段，使发动机具备低油耗和低噪声特点的同时，整机动力强劲、寿命长、可靠性高。LR-B 系列增压型柴油机，采用精确匹配的增压器，油耗更低，排

图 16.20　LR-B 中型柴油机

放达到非道路国Ⅱ标准。燃油喷射系统运用国际最新的内燃机燃烧技术进行重新优化设计，喷油泵采用顶隙柱塞喷油泵技术，扭矩储备大，动力十足，油泵采用东方红 PM 泵及南岳衡阳 AD，EP9 等国内知名品牌产品；活塞环采用渗陶工艺活塞环，耐磨性和密封性更优，机油消耗更低；具有前后动力输出功能。

16.8.2　YD 轻中型柴油机

YD 轻中型柴油机（图 16.21）由中国一拖与多家世界知名研发机构联合设计，采用奥地利 AVL、德国 FEV 和日本雅马哈多项现代柴油机科研技术成果，动力、经济指标在国内同类产品中处于领先地位，接近国外先进水平。

图 16.21　YD 轻中型柴油机

主要零部件机体、缸盖等采用全新刚度设计，应用电控单体泵、高压共轨电控系统，配置知名品牌增压器，全面升级的清洁柴油装置。增压器布置有多种位置，能满足不同客户配套需求。适应于各类低速汽车、轻型卡车、轻型客车、皮卡、SUV、水稻收获机械、中小马力拖拉机、小型工程机械、发电机组、水泵机组等。

16.8.3　YM-S 重型柴油机

YM-S 重型柴油机（图 16.22），是一拖（洛阳）柴油机有限公司与美国西南研究院联合开发设计，保持核心技术与国际同步化，消化吸收国外先进技术而发展创新的一款柴油机，现已成为配套农业机械、工程机械、发电机组、泵机、船机等领域的新型动力。结构采用隧道式缸体和整体框架式主轴承结构，保证了柴油机各运动件的高可靠性；两气门、四气门单体缸盖，体积小、工艺性好、互换性强；干式缸套、珩磨网纹；三道新结构活塞环，最佳配缸间隙；新型燃烧室、最佳涡流匹配。确保缸孔几何形状长久使用不变形，避免了漏水、漏气，降低了燃油消耗率和机油消耗率。采用 P 型高压油泵，全程式或电子调速器，低惯量多孔喷油器，通过供油特性校正和高效增压器的合理匹配，动力强劲，节能环保。前端轮系为多楔带传动，轮系传动效率、传动稳定性及可靠性大幅提升，大大提高了皮带使用寿命。各种附件、配件具有良好的配套互换性，可选配多种规格和不同型号的空滤器、消声器、发电机、起动电机、空压机、风扇等。功率范围为 162 ~ 380 kW/1500 ~ 2200 r/min。排放达到非道路国Ⅱ、国Ⅲ。

图 16.22　YM-S 重型柴油机

16.9　玉柴集团

玉柴集团创建于 1951 年，现拥有 26 家全资、控股、参股子公司，员工 17 000 人，总资产 165 亿元，是中国最大的中小型工程机械生产出口基地。集团核心业务包括柴油发动机、工程机械、汽车零部件、汽车化工、物流机电和专用汽车六大板块，具有年产销各型柴油发动机 60 万台，中小型工程机械 1 万台的实力，占据国内高档柴油机半壁江山，主导产品有车用、船用、工程机械、农业机械、发电设备、柴油动力等十二大系列的轻、中、重型多缸柴油机，功率覆盖 55 ~ 440 kW，全系列产品排放达到国Ⅲ标准，国内首家开发成功国Ⅳ、国Ⅴ产品。玉柴产品以大马力、大扭矩、高可靠、低油耗、低排放、低噪声、适配性强的特点和完善便捷的服务，成为国内汽车、工程机械、农业机械等的首选配套动力。主要产品如下。

图 16.23　玉柴 YC6J190-T30 农用柴油机

16.9.1　玉柴 YC6J190-T30 农用柴油机

玉柴 YC6J190-T30 农用柴油机（图 16.23）是玉

柴的传奇动力，经典中机，市场畅销20年。根据拖拉机的使用特点进行二次开发，适合配套115~165 hp拖拉机。按德国FEV公司机械开发程序进行可靠性开发，充分考虑了拖拉机的使用特点和恶劣环境，确保柴油机良好的可靠性和耐久性；采用高强度铸铁油底结构，整机刚性强、变形小，满足拖拉机无车架结构的配套需要。

16.9.2　YC6A柴油机

YC6A柴油机（图16.24）是根据农业机械的使用工况特点而开发的高性能农机动力，适配于喂入量6~10 kg/s的自走式稻麦收割机，4~7行自走式玉米收割机，175~260 hp青贮收割机。该产品按德国FEV公司机械开发程序进行可靠性开发，充分考虑了农业机械的使用特点和恶劣的使用环境，确保柴油机良好的可靠性和耐久性；扭矩储备率可达35%以上，低速扭矩大，提速响应快，克服突变能力强；先进

图16.24　YC6A柴油机

增压中冷技术、先进的燃烧系统匹配技术，燃油耗更低，排放更好，整机噪声更低；不带冷起动装置可在-15℃起动，带冷起动装置可在-35℃起动；结构紧凑，零部件通用化程度高，市场配件充足，维修保养方便。

16.9.3　YCD4D/YCD4F系列柴油机

YCD4D/YCD4F系列柴油机（图16.25）是广西玉柴动力机械有限公司为满足市场轻型货车、轻型客车、工程机械的需求而开发的新产品。

该系列柴油机在传统柴油机优良特点的基础上，结合低速货车、轻型货车、轻型客车技术特点，采取了废气涡轮增压及废气涡轮增压中冷技术，进一步提高动力性、经济性，降低了噪声。是品质优异，动力强劲，经济、可靠的柴油机。

图16.25　YCD4F系列柴油机

4缸机YCD4F（缸径×行程：102 mm×120 mm）国Ⅳ产品，功率为85 kW，燃油系统路线单体泵+EGR+DOC+POC。

16.10　天津雷沃动力股份有限公司

天津雷沃动力股份有限公司（简称"雷沃动力"），是在中英合资珀金斯动力（天津）有限公司的基础上，为适应动力产品国际化趋势要求，引入新的战略合作伙伴，扩大资产规

模，提升生产能力，升级产品技术建立的现代化发动机制造企业。现雷沃动力公司主要产品有雷沃飞驰、雷沃 1000 两大系列，100 余个品种，300 余种产品，产品功率范围为 40~170 kW，转速范围 1500~2600 r/min，可广泛用作汽车、工程机械、发电机组、农机、船机等设备的动力。动力强劲、环保节油、精工制造的高技术动力产品——雷沃动力车用飞驰系列柴油机，已满足欧Ⅲ排放标准并有欧Ⅳ技术储备，天然气发动机已满足欧Ⅳ排放标准并有欧Ⅴ技术储备；非公路用 1000 系列柴油机满足美国 Tier3 排放标准要求，是迄今国内唯一通过欧美国家认证且批量投入国际市场的柴油机。其主要产品如下。

16.10.1　拖拉机用发动机

雷沃动力 1000 系列匹配农业装备专用发动机（图 16.26）主要适用于大中型拖拉机，其扭矩储备大，能完全满足拖拉机深耕、联合整地等重载组合作业要求；低速扭矩输出恒定，确保整机落犁起步平稳；采用高效增压器，独特燃烧室结构，保证了雷沃发动机超低油耗，相比同功率发动机油耗低 5% 左右。采用加强缸体、缸盖，关键零部件源自世界一流供应商体系，经过长期市场验证，确保持续可靠运行。

图 16.26　雷沃动力 1000 系列发动机

16.10.2　玉米机用柴油发动机

玉米机用柴油发动机（图 16.27）采用为玉米机专门优化的动力曲线，实现了发动机动力与收获机械的最佳配合，收割效率比国内同功率产品高 10%；调速率低于 5%，可精确控制收割速度，持久稳定运转，有效降低粮食损失率及破碎率；水泵齿轮传动，比国内传统产品采用皮带传动更可靠；采用增压中冷技术，实现了产品的功率提升，真正做到节能环保，燃油消耗比国内同功率产品节省 5%~10%；专利燃烧系统减小燃烧噪音，发动机振动强度小，达到国家要求的"舒适"水平。

图 16.27　玉米机用柴油发动机

16.10.3　小麦机用发动机

小麦机用发动机（图 16.28）专用于小麦收割机，动力强劲，采用增压、进气补偿等世界领先技术，在降低油耗的前提下提升产品动力性，有效提高整车经济性。产品参数具体见表 16.7。

图 16.28　小麦机用发动机

表 16.7　小麦机用发动机主要技术参数

型号	1004C-P4TC
型式	直列
燃烧室型式	直喷
气缸数	4
缸径×行程/mm	100×127
进气方式	增压
气缸排量/L	3.99

续表

压缩比	17.5
额定功率/转速（kW）/(r·min^{-1})	68/2200
最大扭矩/转速（N·m）/(r·min^{-1})	337/(1700~1900)
最低燃油消耗率/(g·kW^{-1}·h^{-1})	215
起动方式	电起动
排放	国Ⅱ
配套农机产品	GE25

16.11　江苏常发农业装备有限公司

江苏常发农业装备有限公司（以下简称"常发农装"）是常发集团旗下三大子公司之一，是一家集农机研发、生产、销售为一体的大型农业装备制造企业。常发农装下设单缸机、多缸机、轮拖、插秧机、铸造五大事业部，及动力公司、研究院、营销公司、进出口公司、物资公司、泰州常发、常发重工、常发佳联八大子公司，总占地面积2000余亩。公司目前拥有员工4000余人，各类专业技术人员500余人。

作为国内农机行业的领军企业，公司凭借雄厚的技术力量和先进的工艺设计生产出了诸多国内外一流的农机产品：如连年被评为全国消费者满意品牌的CF系列大中轮式拖拉机；在国内市场迅速推广的2ZS-4型手扶插秧机；整体性能均到达国际领先水平的全喂入、半喂入式稻麦联合收割机；90%出口欧美等60多个国家的各类发电机组；在国内同行业产销名列前茅的常发牌柴油机和手扶拖拉机等。近年来，公司同国内外一流科研机构加强合作，研发出一批引领行业潮流的高品质农机产品，如新型沼气发电机组、立式直联单缸柴油机、金冠系列精品柴油机、CF4108系列多缸柴油机、CF220系列单缸直联轮拖、CF150系列轮拖等，都具有良好的动力和经济性能。主要产品如下。

16.11.1　拖用单缸柴油机

拖用单缸柴油机（图16.29）适用于丘陵、山区作业，动力强劲，爬坡能力强，高效省油，安全可靠，是配套盘式拖拉机、手扶式拖拉机等首选机型。该产品特点：采用国内先进的发动机结构，增大排量，扭矩储备更高，动力强劲，相比同类机型马力提升10%左右、爬坡速度提升8%左右，能轻松完成5~8 t货物的载重需求；采用一流的燃油系统，配置高精密喷油器；采用一流的运动、润滑系统，密封系统；采用国内领先的

图16.29　拖用单缸柴油机

高品质天马牌双滚动轴承；采用常发特制的高强度曲轴；采用高品质滨州渤海活塞，选用优质材料，高精度生产；采用仪征双环和南京飞燕活塞环；采用国内领先的南京威孚油泵，高效精准地定时、定量、定压喷油；喷油泵偶件经久耐磨，保证了机器长时间高效使用，使得发动机；采用国内名牌中原缸套，选用优良材质，采用精益生产工艺，高精度加工，缸套精度高，高效耐磨，经久耐用。

16.11.2　立式单缸柴油机

立式单缸柴油机（图 16.30）采用国内一流的轴联传动，可配套变拖、运输车等各种农用车；采用国内领先的双滚、双轴平衡机构，相比传统卧式发动机，振动小、运行更平稳；采用先进的湿式缸套，强制水冷、低速大扭矩等，更适合非道路车辆使用；采用国际领先的立式隧道式机体，高强度曲轴、刚性好、可靠性高、使用寿命长；在产品设计之初，考虑多种配套用途，设计了前置齿轮泵、气泵、发电机、水泵风扇等，结构布置合理，有利于拖拉机的全能配套；通过全面吸收、消化国际高端领先的运动、润滑系统，整机噪声低、寿命长；采用国际一流的、常发特有的燃烧、进气系统。

图 16.30　立式单缸柴油机

16.11.3　金冠系列单缸柴油机

金冠系列单缸柴油机（图 16.31）采用进口喷油系统，油耗低、更省油，提速快，马力更强劲，喷油系统的使用寿命比国内生产的传统柴油机得到有效提高；采用独特的进气系统；采用常发专利设计的燃烧室，与国际领先的供油、进气系统融合；采用国际领先的、超级耐磨的气门副处理技术，在保证进气、排气系统稳定作业的同时，提高了整机的可靠性；采用压铸铝合金水箱，散热效果好，延长整机使用寿命；创新设计全球领先、常发专利的气缸垫，彻底避免了传统柴油机冲缸垫问题；采用常发独有专利设计的新型柴油滤清器；采用独特设计的进口材料活塞环，提高活塞环耐磨性，保证整机运行

图 16.31　金冠系列单缸柴油机

效率，降低燃油及机油消耗率；自主研发设计、采用高效低阻全塑空滤，滤清效率高达 99.5% 以上，彻底避免了国内传统柴油机缸套早磨的问题，使用寿命比传统的柴油机得到有效延长。

第十七章 柴油机供油系统关键技术分析

电控燃油喷射系统是柴油发动机改进燃烧技术、降低排放的技术发展方向。根据专家走访和文献综述，目前，适应排放标准并广泛应用的燃油喷射系统主要有电控泵喷嘴系统、电控单体泵系统及电控共轨燃油喷射系统。本章将分别对这 3 个系统的关键技术进行分析。

17.1 电控泵喷嘴系统关键技术分析

电控泵喷嘴是通过做成一体的电磁阀进行时间控制的单独喷油泵的喷油系统。其工作原理为：泵喷嘴安装在气缸盖上，发动机凸轮轴为每个泵喷嘴设置一个驱动凸轮，各自的凸轮升程通过一个摇臂传递到泵柱塞上，泵柱塞在摇臂和回位弹簧的作用下上下运动，从而改变高压腔的燃油压力和喷油嘴的燃油压力，电磁阀控制喷油起点和喷油量。根据工作原理，其关键技术部件主要有泵体组件、电磁阀及喷油嘴。

17.1.1 泵柱塞

泵柱塞、泵体组件和回位弹簧一起形成系统高压。

17.1.2 电磁阀

电磁阀集成于泵喷嘴系统的加长臂上，主要控制喷油起始时刻和喷油持续时间。它由线圈、电磁阀针阀、衔铁、磁芯和电磁阀弹簧等主要部件组成。

17.1.3 喷油嘴

喷油由电磁阀控制开始时刻和持续时间，同时也受泵柱塞速度影响。喷油嘴作为执行器，与油泵做成一体安装于气缸盖上，它将燃油雾化，精确定量并分布到燃烧室中，并在此过程中形成喷油规律曲线。

17.2 电控单体泵系统关键技术分析

电控单体泵和泵喷嘴一样，是通过做成一体的电磁阀进行时间控制的单独喷油泵的喷油系统。单体泵和泵喷嘴的区别在于，其高压产生和高压电磁阀与喷油嘴之间有一根短短的高压油管。其关键技术部件主要有高压油管、电磁阀和喷油嘴。

17.2.1　高压油管

高压油管非常短，对所有的气缸都必须同样长短。高压油管必须能够长时间经受得住最大泵压力和在喷油间歇期产生的一定程度上的高频的压力波动。

17.2.2　电磁阀

电控单体泵中，电磁阀和油泵组合在仪器内，电磁阀直接控制柱塞腔内燃油压力的建立和泄流，从而实现对喷油量和喷油时刻的控制。

17.2.3　喷油嘴

在泵喷嘴系统和共轨系统中，喷油嘴是与喷油器做成整体的部件。但在单体泵系统中，喷油嘴与喷油嘴座一起装入发动机。喷油嘴利用喷油嘴压紧螺母固定在喷油嘴座体的中央，喷油嘴座的进油孔穿过中间垫片通往喷油嘴体的进油孔，因而将喷油嘴与喷油泵的压力油管连接起来。

17.3　电控共轨燃油喷射系统

17.3.1　共轨管

共轨管应用于电控高压共轨燃油喷射系统和电控中压共轨燃油喷射系统，又叫共轨腔、蓄压器，主要用来存储高压燃油，使得燃油喷射系统的压力产生与实际燃油喷射过程分离。高压共轨管上安装了压力传感器、限流缓冲器和限压器，这些元件向 ECU 传输压力信号，ECU 通过控制电磁压力阀连续调节共轨中燃油的压力。

17.3.2　喷油器

喷油器是电控共轨燃油喷射系统的核心部件之一，它根据 ECU 的控制信号，通过喷油器上的电磁阀的开启和关闭，将共轨中的高压燃油在正确的时刻以合适的喷油量喷入发动机燃烧室。当电磁线圈不通电时，控制腔上部的节流孔被关闭，共轨中的压力油从高压油道经控制腔侧的节流孔进入控制腔，并作用在压力杆上，将喷嘴的针阀关闭。当电磁线圈通电时，控制腔上部的节流孔被打开，由于控制腔侧的节流作用，控制腔的压力迅速下降，作用在压力杆上的油压力也迅速下降，针阀由于高压燃油的作用被顶起，喷嘴开始喷油。控制腔及两个节流孔的设计与针阀的升程、开启和关闭速度密切相关，决定了该电控共轨燃油喷射系统的喷油稳定性。

17.3.3　喷油嘴

喷油嘴偶件作为柴油机燃油喷射系统最核心的精密偶件，其性能参数和结构设计对系统喷射压力、喷油持续角、油粒直径等影响柴油机的燃烧和排放的性能参数影响非常明显，因此喷油嘴的设计技术研究一直是燃油喷射系统研究的重要内容。根据研究发现，针阀升程对喷射特性有较大影响，在保证座面流通特性需要情况下，针阀升程应尽可能小。针阀头型应采用三锥头型设计，在喷孔总面积不变的情况下，喷孔直径越小，油粒直径越小，燃油雾化越好，但实际工程设计中应考虑与燃烧室、进气涡流的匹配。喷孔内孔口圆角的大小直接影响喷油嘴偶件的流量系数，因此应尽可能增加内孔口圆角来提高其流量系数。

17.3.4　电磁阀

电磁阀在柴油机电子控制发展以来，一直是不可缺少的关键技术之一，它承担着燃油压力调整和喷射控制功能。

电磁阀在高压共轨电控喷油系统中，安装于高压泵、共轨及喷油器中，利用在高压油泵中的开启持续时间从而控制共轨油管内的燃油压力，利用在喷油器中开启时刻和持续时间实现精确喷油，电磁阀使系统可以实现灵活的喷油规律控制（如预喷和后喷）。现在，电磁阀有被压电晶体执行器取代的趋势。

17.3.5　电控单元

电控单元的基本功能是结合适时工况和外界条件，始终使发动机控制在最佳燃烧状态。电控单元按照预先设计的程序计算各种传感器送来的信息，经过处理后，并把各个参数限制在允许的电压电平上，再发送给各相关的执行机构，执行各种预定的控制功能。微处理机根据输入数据和存储在 MAP 中的数据，计算喷油时间、喷油量、喷油率和喷油定时，并将这些参数转换为与发动机运行匹配的随时间变化的电量。微机控制系统的两大显著特点是：控制精度高和处理信息的能力强。

第十八章　单体泵、泵喷嘴系统专利分析

本章以德温特专利数据库和国家知识产权局中国专利数据库为数据源，通过关键词、IPC 分类号及德温特手工代码相结合的检索方法进行专利检索和数据采集，共得到相关专利族 1144 项（检索时间范围为 1963 年至 2015 年 6 月），其中，中国专利族为 173 项，中国申请人申请的中国专利族为 122 项。根据 TDA 专利分析，得到以下结论。

18.1　全球专利申请基本概况

18.1.1　专利申请趋势分析①

图 18.1 为全球和中国专利申请走势。根据图形，此类燃油喷射系统的技术发展大致可以分为 3 个阶段：

第一阶段：快速发展阶段（1983 年之前）。此类燃油喷射相关技术专利最早出现在 1966 年，到 1982 年申请量达到 30 件，发展较为迅速。与其他系统不同的是，该系统从出现专利申请开始，申请量就迅速增长，并未存在技术萌芽或孕育阶段，这可能与泵喷嘴系统是技术局部改进而来相关。中国在该阶段尚未有专利申请。

第二阶段：稳步增长阶段（1984—1999 年）。在 1983 年达到一个阶段的顶峰之后，从 1984 年开始，此类系统的专利申请量出现较低幅度的回落，但总体仍然呈向上发展趋势。这意味着技术已经步入稳定期，同时可能与新的更好替代技术出现相关。中国从 1991 年开始出现第一件专利申请，但 1998 年开始连续 3 年的专利申请量又为 0。

第三阶段：调整阶段（2000—2013 年）。从 2000 年开始至 2013 年，专利申请量的调整幅度较大。这意味着技术趋于成熟，但研发力度不稳定，这可能与新替代技术的快速发展相关。中国在此阶段的专利申请出现快速增长。

根据专利发展趋势判断，此类燃油喷射系统的技术从第一件专利申请开始就被学术界和产业界迅速接受，并快速发展。

18.1.2　专利申请区域分析

本小节所讲专利申请区域均为专利优先权区域。

根据图 18.2 可以看出，美国、日本、德国、中国 4 国专利占全部专利的 72% 左右，说明 4 国在此两类燃油喷射系统技术上处于绝对的领先地位。根据图 18.3 专利优先权国年度

---

① 数据截至 2013 年，下同。

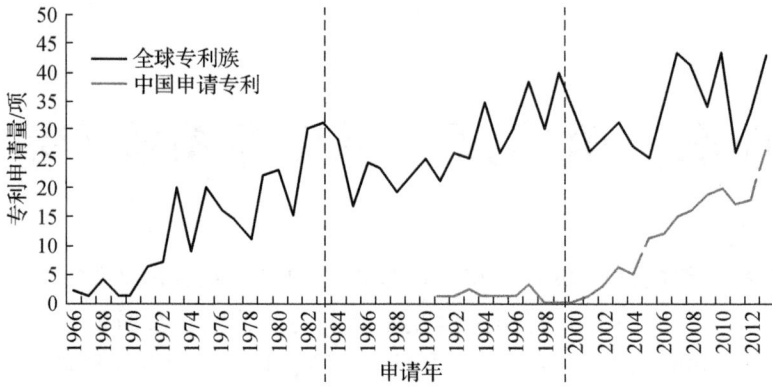

图 18.1 专利申请走势

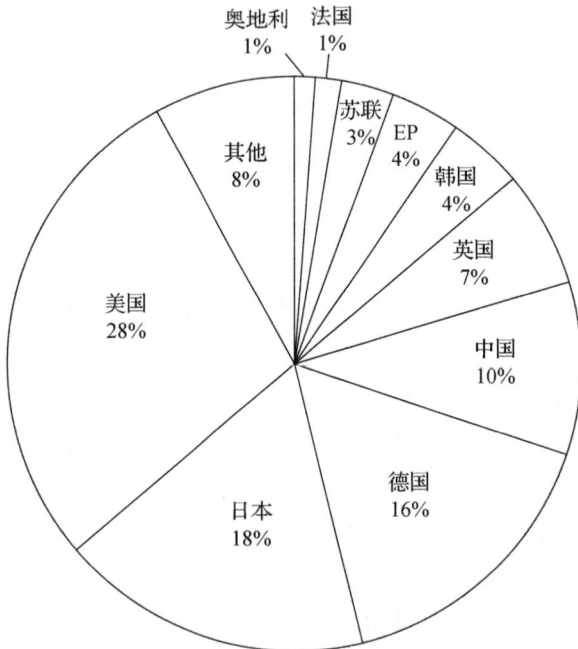

图 18.2 专利优先权国家分布

分布显示，德国从 1966 年就开始申请第一项专利，从 1973 年开始申请量一直保持稳定，其申请数量最多的公司为博世公司，申请量达 107 项；美国从 1971 年开始申请第一项专利，从 1979 年至 2008 年专利申请一直保持稳定，其申请数量最多的公司为卡特彼勒公司，申请量达 75 项；日本起步较晚，虽然从 1979 年开始申请第一项专利，但在 1980—1982 年连续 3 年没有申请专利，其申请量最为顶峰的时期是 1994—1999 年；英国专利申请也比较早，1971 年就出现专利，但它从 2000 年之后专利申请骤然减少。中国同样起步晚，从 1991 年开始才申请第一项专利，但中国增长速度较快，尤其从 2004 年开始一直保持增长速度，中国没有某一家公司申请量特别突出，主要有中国一拖、重庆红江机械有限责任公司等。

18.1.3 关键技术分析

DII 手工代码和国际专利分类号（IPC）包含了专利的技术信息，通过对单体泵、泵喷嘴燃油喷射系统相关专利进行基于 DII 手工代码和 IPC 的统计分析，可以了解、分析该系统主要涉及的技术领域和技术重点等。

根据专利数量，表 18.1 和表 18.2 分别列出了此类燃油喷射系统的 TOP 10 的 IPC 代码和手工代码。

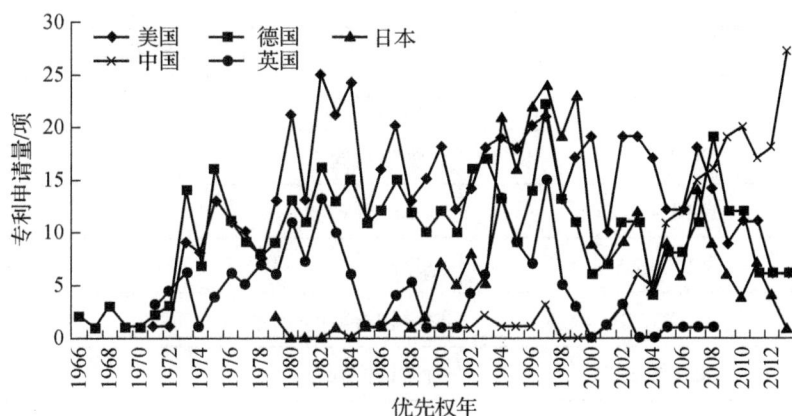

图 18.3　专利优先权国年度分布

表 18.1　TOP 10 IPC 大组分类

排名	申请量/项	IPC	IPC 类目
1	468	F02M59	专门适用于燃料喷射且不包含在组 F02M39 至 F02M57 中的泵
2	306	F02M51	以电力操作为特点的燃料喷射装置
3	254	F02M57	与其他装置组合或结合一起的燃料喷射器
4	250	F02M61	不包含在组 F02M39 至 F02M57 中的燃料喷射器
5	242	F02M47	用受流体压力而动作的燃料喷射阀进行循环动作的燃料喷射装置
6	189	F02M37	液体燃料自储存器至燃料喷射装置的输送设备或系统
7	126	F02M39	发动机上燃料喷射装置的配置，适应于这种配置的泵传动装置
8	125	F02M63	具有不包含在组 F02M39 至 F02M57 中的有关特征的其他燃料喷射装置；不包含在 F02M39 至 F02M61 的装置中的或与之无关的燃料喷射装置的零部件
9	117	F02M41	由一个共同压力源通过分配器依次向两个或更多个喷射器供料的燃料喷射装置
10	108	F02D41	可燃混合气或其组分供给的电气控制

表 18.2　TOP 10 手工代码

申请量/件	手工代码	手工代码类目
275	X22-A02A	燃料喷射装置
139	X22-A20C	柴油机燃料喷射
79	X22-A03A1：	燃料喷射控制

申请量/件	手工代码	手工代码类目
71	X22-A02D	燃料喷射泵
54	X22-A02A1：	燃料喷射阀
41	T01-J07D1	汽车微处理器
25	V02-E02A1：I	电磁阀
15	A12-H	聚合物材料的应用
15	X22-A03A1C：	喷油量控制
14	V06-M06D：	压电晶体部件

从表 18.1、表 18.2 可以发现，专利主要集中于此两类燃油喷射系统的结构特征，电子控制的电子单元及电磁阀、压电晶体等部件，以及部件新材料。根据优先权年统计分析，微处理器的研发从 2002 年开始出现专利，且出现逐年递增的趋势，聚合物材料的应用则是从 1992 年就开始出现专利，但近几年专利很少，压电晶体从 1996 年开始出现专利，但专利数量一直较少。图 18.4、图 18.5 展示了专利比较集中的技术领域中的区域分布和专利权人分布。可以看出，单体泵和泵喷嘴的技术以美国和德国公司为主，不仅技术数量多，而且技术种类多，根据专利权人统计分析，美国专利主要来源于卡特彼勒、康明斯、德尔福、通用汽车等公司，德国专利主要来源于博世公司。

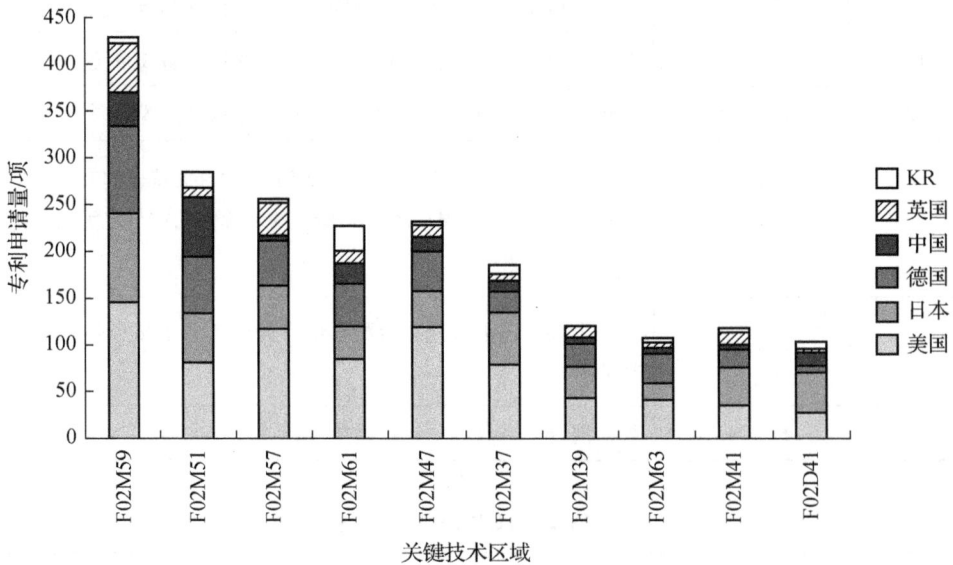

图 18.4　关键技术区域分布

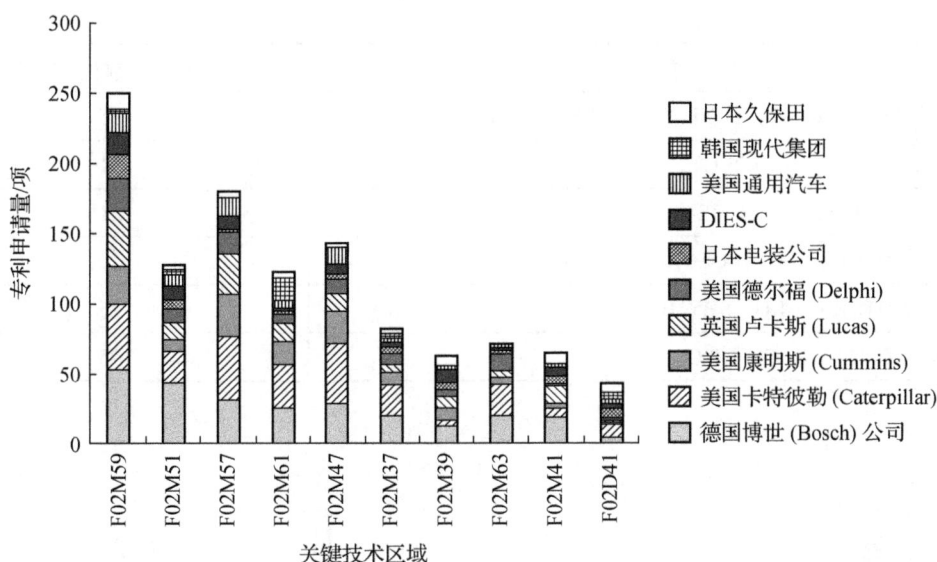

图 18.5　关键技术专利权人分布

18.1.4　专利权人分析

表 18.3 和图 18.6 为专利申请量排名前 10 位的专利申请机构及其专利年度分布。根据 TDA 分析，博世公司申请量最多，申请量为 130 项，且申请时间最早，1966 年开始第一项专利，该公司每年度专利相对均衡，均在 10 项以内，除了 2008 年和 2010 年专利达到 11 项。相对于该公司其他燃油喷射系统的专利数量，两类燃油喷射系统的专利所占比重较低，说明该系统在该公司的战略地位较低。但根据专利布局数据显示，博世公司在此类技术中一直处于绝对领先地位。通过专利布局发现，该公司主要以在德国、日本、美国布局为主，而技术研究方向趋向于喷射时间、喷射量、聚合物材料的应用等。卡特彼勒公司的专利申请量仅次于博世公司，它起步也相对较早，在 1984 年就开始申请专利，但之后中断 8 年，该公司在 1994—1997 年 4 年间，申请数量达 37 项，占全部专利的将近一半。德尔福公司专利申请量排名第五，但它起步较晚，1996 年才开始第一项专利，根据专利区域布局，主要布局在英国、欧洲和美国，最近专利方向主要集中于喷射阀、凸轮轴、摇臂研发上。根据 2011—2013 年专利数据，中国机构奋勇追起，潍柴动力公司、北京理工大学、重庆红江机械有限责任公司、中国重型汽车集团等专利申请量快速增长（表 18.4）。

表 18.3　申请量排名前 10 位专利申请人

申请人	专利数量/项
BOSCH GMBH ROBERT（BOSC-C）	130
CATERPILLAR INC（CATE-C）	84
CUMMINS ENGINE CO INC（CUND-C）	67
LUCAS IND PLC（LUCA-C）	60

续表

申请人	专利数量/项
DELPHI INT OPERATIONS LUXEMBOURG SARL（DELP-C）	35
DIESEL KIKI CO LTD（DIES-C）	31
NIPPONDENSO CO LTD（NPDE-C）	31
GENERAL MOTORS CORP（GENK-C）	29
HYUNDAI MOTOR CO LTD（HYMR-C）	25
TOYOTA JIDOSHA KK（TOYT-C）	25

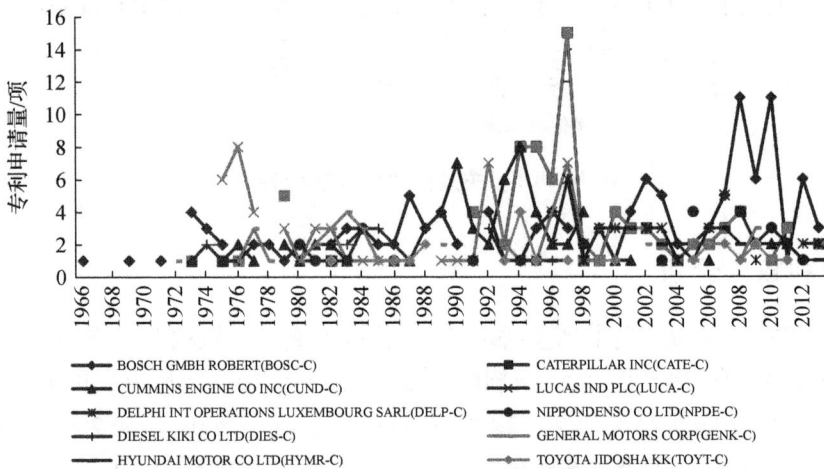

图 18.6　排名前十的专利申请人专利年度分布

表 18.4　2011—2013 年专利申请排名前五的公司

申请人	申请量/项
德国博世公司	9
潍柴动力股份有限公司	5
重庆红江机械有限责任公司	4
万国引擎知识产权有限责任公司	3
中国重型汽车集团	3

18.1.5　技术发展趋势分析

图 18.7 表明每年都有将近 2 倍的新发明人进入此两类燃油喷射系统技术领域，尤其是 2007 年、2010 年、2013 年，新发明人是老发明人数量的 3～4 倍，这说明学术界和产业界对两类系统的研究热情持续高涨。图 18.8 显示，该领域每年均有新的技术热点出现，但

1978 年之后，新的技术热点所占比例越来越低，这也说明这两类系统的技术已趋于稳定期。可以预测，在今后的一段时期内，其应用将越来越广泛化，但技术进步空间不大。

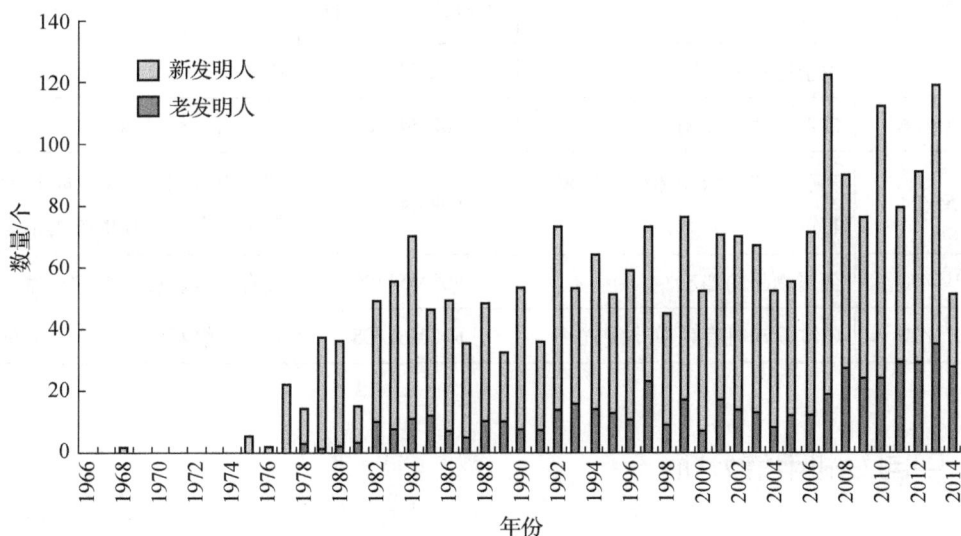

图 18.7　新发明人的时序分布

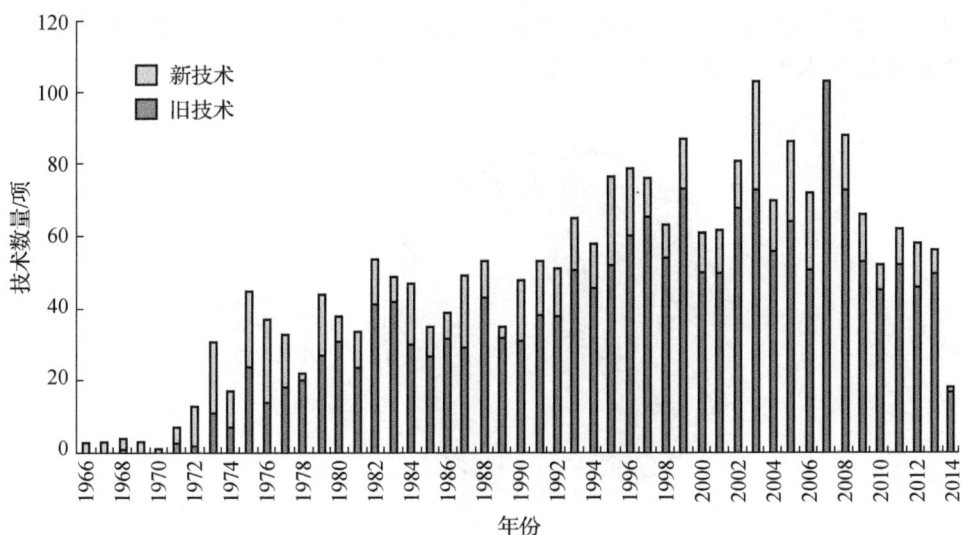

图 18.8　新技术条目的时序分布

　　表 18.5 列出了两类燃油喷射系统技术领域 2012—2014 年首次使用的 IPC 和未再申请专利的 IPC 类目。两者对比分析，可以发现，具体的结构部件研发成为目前的研发方向，这也表明整体的技术已经成熟，部件的结构设计和新材料研发成为完善系统技术的手段。

表 18.5　2012—2014 年首次使用和未再申请专利的 IPC 类目

2012—2014 年首次使用的 IPC	手工代码类目	2012—2014 年未再申请专利的 IPC	手工代码类目
B01D29/90	用于进料的压滤器	F02M41/14	旋转分配器支撑泵活塞
F16K15/16	带舌形薄层片的单向阀	F02M41/04	分配器做往复运动
F16L55/04	管子流体中脉动和震动的阻尼装置	F02M45/08	按一定的时间/压力或时间/喷油量关系循环工作的喷射器
B23P15/00	金属物品的加工	F02M59/30	具有冲程长度可变的活塞
F02B75/20	单缸发动机直列单排气缸	F02M61/08	阀是沿燃料流动方向开启的

18.2　中国专利申请分析

18.2.1　专利类别分析

中国专利中有关单体泵和泵喷嘴燃油喷射系统相关专利达 193 件。根据专利类别分析（图 18.9），两类燃油喷射系统的发明专利和实用新型各占半壁江山。这说明在国内，两类燃油喷射系统的技术创造和技术改进同步进行。

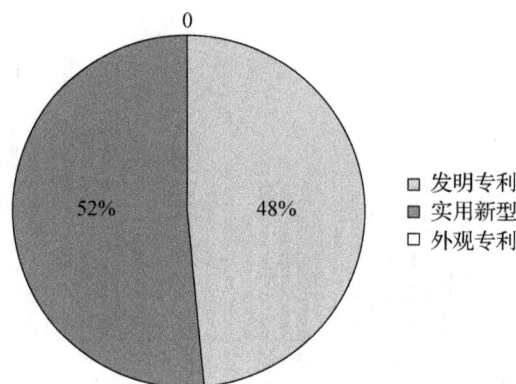

图 18.9　专利类别分析

18.2.2　专利申请区域分析

根据国别和国内地区统计分析（图 18.10、图 18.11），除国内企业申请专利 122 项外，国外申请人中，美国公司在中国申请布局的专利最多，其次是德国、日本、欧洲等。而国内申请企业所属地区中，北京、江苏、山东 3 地区企业申请排名前三。

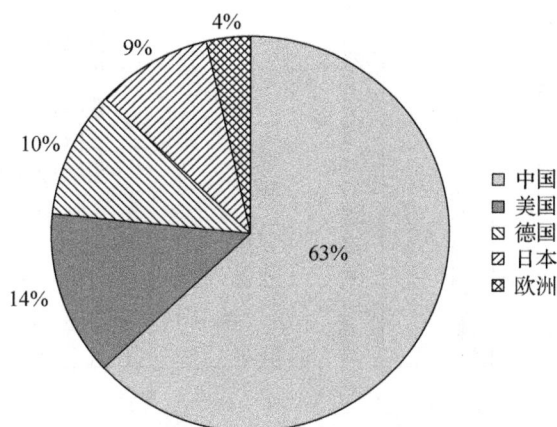

图 18.10　专利申请国际区域分布

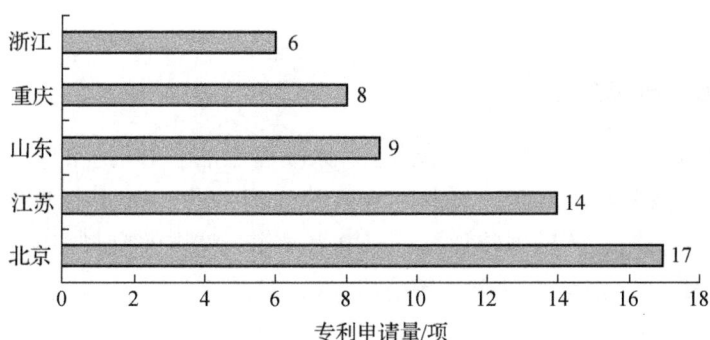

图 18.11　专利申请国内区域分布

18.2.3　专利申请人分析

根据专利申请人排名前五统计分析（表 18.6），国内企业对单体泵和泵喷嘴两类燃油喷射系统的技术改进比较多，专利申请积极性也较高。根据对各申请人的专利技术领域进行分析（图 18.12），可以看出博世公司、卡特彼勒公司的技术覆盖比较广。

表 18.6　排名前五的专利申请人

申请人	专利数量/项
博世公司	16
卡特彼勒公司	10
ITMA-C	7
中国一拖公司	6
重庆红江机械有限责任公司	6

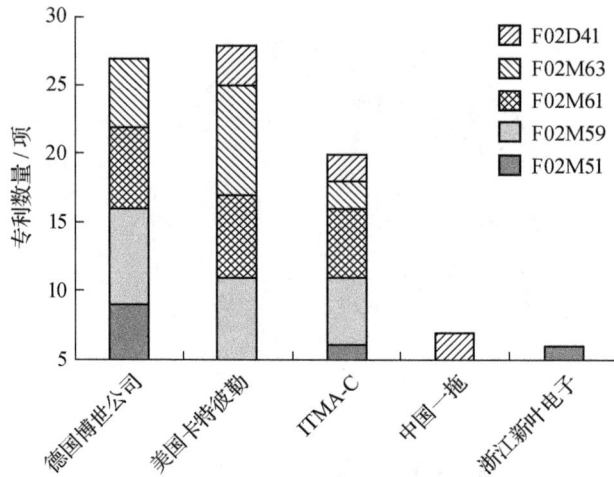

图 18.12　专利申请人技术分布

18.2.4　关键技术领域分析

根据 IPC 统计分析，可以发现国内单体泵、泵喷嘴燃油喷射系统的专利申请主要集中于以电力操作为特点的燃料喷射装置、燃料喷射泵等（图 18.13）。燃料喷射泵相关技术中主要申请人有德国博世公司、美国卡特彼勒，以电力操作为特点的燃料喷射装置主要申请人有德国博世公司、ITMA-C、浙江新叶电子等公司。

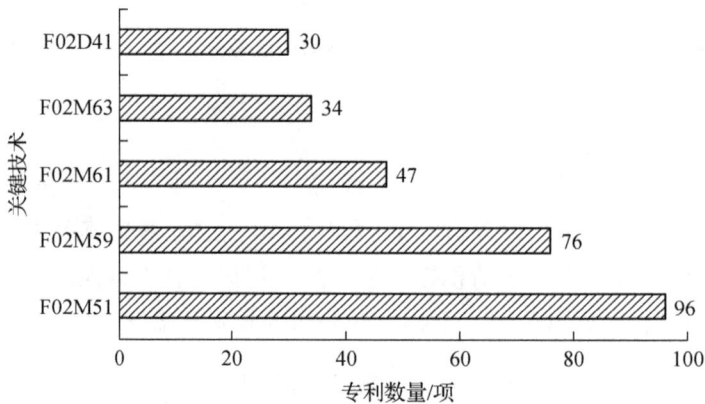

图 18.13　关键技术专利申请分析

18.3　在农用发动机中的应用分析

根据检索得到，单体泵、泵喷嘴燃油喷射系统在农用发动机中的应用相关专利共 26 项，主要有洋马、博世公司、约翰迪尔、久保田等公司申请相关专利，其中洋马申请 7 项，博世公司、约翰迪尔各申请 4 项专利。根据优先权年走势分析（图 18.14），1982 年就开始进入研究，但该领域的研发不稳定，每年的专利申请数量少，甚至为 0。根据国际专利分类号统计分析，单体泵、泵喷嘴燃油喷射系统在农用发动机中的技术应用也主要集中在电力操作、燃油泵及燃料喷射器等相关领域。

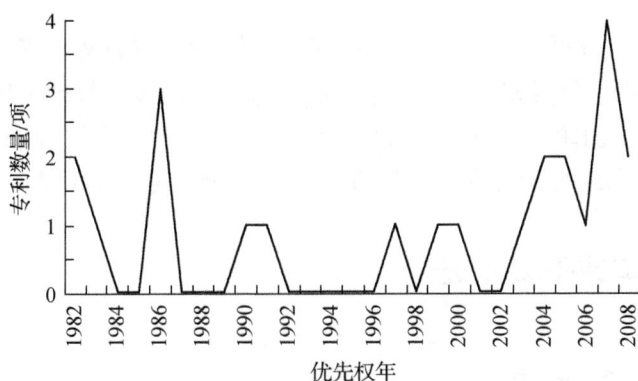

图 18.14　农业机械用单体泵、泵喷嘴的专利数量

18.4　小结

　　单体泵和泵喷嘴均是以凸轮轴驱动，泵柱塞往复运动进而引发燃油压力变化，两者基本原理相同，最大的区别是单体泵的泵与嘴之间多了一条高压油管，而泵喷嘴则是泵和喷嘴集成设计，所以本章将单体泵、泵喷嘴系统合在一块儿进行专利分析。

　　从专利族数量看，两个系统的专利数量并不多，虽然起步较早，从 1966 年就开始有专利申请，但增长缓慢，呈阶梯式发展，在每次发展到达一定的高度之后，总会出现调整回落，这存在两种可能：其一是两类系统并不是燃油喷射系统的主流，未能让产业界或学术界进行大力研发推广；其二可能是系统本身结构简单，技术已经完全成熟，不需要非常大的研发投入。但根据专利发展趋势图，对这两个系统进行研究的新发明人越来越多，新技术条目却增加很少，结合从 1966 年发展至今的长久技术生命力，可以推测，两个系统从 1966 年就获得关注，并迅速被推广应用，至今仍有不断的新人去研究应用，但系统整体技术已经趋于稳定，目前的技术发明主要布局在系统零部件或新材料研发等外围专利。从获得的文献资料也可知，电控单体泵具有技术成熟、燃油质量敏感度低、使用维护条件要求不高、使用寿命长、制造工艺相对简单、成本低、产品价格也低等优点，这与专利现状和趋势分析一致。

　　在农用发动机应用中，此类系统的专利数量不多，目前主要有洋马、博世公司、约翰迪尔、久保田等公司申请了相关专利。这可能因为农业机械的负载不均匀，而单体泵的喷射压力直接由高压泵控制，随负载变动不灵活，所以在农机应用中的研究不多。

第十九章 共轨燃油喷射系统专利分析

本章以德温特专利数据库和国家知识产权局中国专利数据库为数据源，通过关键词、IPC 分类号及德温特手工代码相结合的检索方法进行专利检索和数据采集，共得到相关专利族 4817 项（检索时间范围为 1963 年至 2015 年 6 月），其中，中国专利族为 1092 项，中国申请人申请的中国专利族为 451 项。根据 TDA 专利分析，得到以下结论。

19.1 全球专利申请基本概况

19.1.1 专利申请趋势分析

图 19.1 为全球和中国专利申请走势。根据图形，全球共轨燃油喷射系统的技术发展大致可以分为 3 个阶段：

第一阶段：技术萌芽阶段（1992 年之前）。共轨燃油喷射相关技术专利最早出现在 1975 年，但直到 1993 年之前，全球共申请相关专利 25 项，年均专利量 2.2 项。这意味着共轨燃油喷射系统从 1975 年已开始进入研究，但仍处于萌芽阶段。中国在该阶段尚未有专利申请。

第二阶段：快速发展阶段（1993—2008 年）。从 1992 年开始，共轨燃油喷射系统相关技术专利申请量逐年增加，虽然从 1998 年之后部分年度有回落现象，但仍呈加速增长趋势，于 2008 年达到最高峰，专利族达到 387 项。这意味着共轨燃油喷射系统的技术发展已进入大规模研究和广泛应用阶段。中国在该阶段开始出现专利申请，意味着中国也开始加入到共轨燃油喷射系统的自主研究中。

第三阶段：稳定成熟阶段（2009—2013 年）。从 2009 年开始，专利申请量稍有回落，但总体处于稳定阶段。这意味着共轨燃油喷射系统的技术趋于成熟，技术研发已处于稳定阶段，技术产业化阶段开始。但中国在此阶段的专利申请出现快速增长。

根据专利发展趋势判断，共轨燃油喷射系统的技术主要是在 1993 年开始成为学术界和产业界的研究热点。

19.1.2 专利申请区域分析

本小节所讲专利申请均为专利优先权。

根据图 19.2 可以看出，德国、日本两国专利占全部专利的 70% 左右，说明两国在共轨燃油喷射系统技术上处于绝对的领先地位。中国的专利申请量紧随其后，排名第三，占全部专利的 9% 左右。根据图 19.3 专利申请国年度趋势显示，美国从 1975 年就开始申请第一项

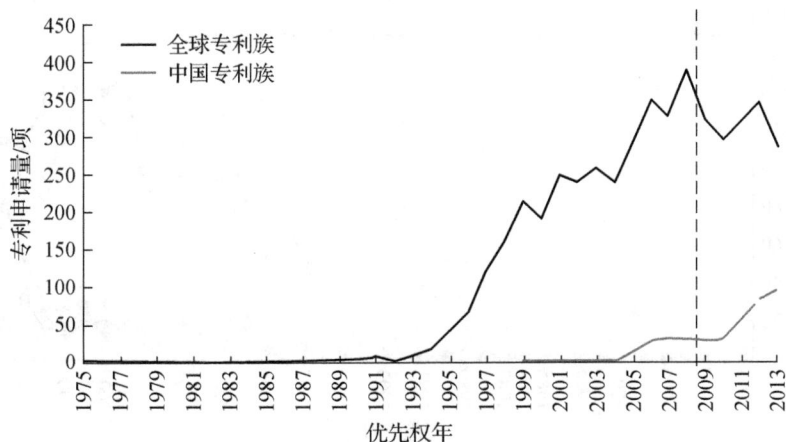

图 19.1　专利申请走势

注：考虑到专利申报公开滞后的原因（发明专利公开有 18 个月的滞后期），这里主要列出 2013 年及以前的专利数据，下同。

专利，但增长速度缓慢，其中，申请数量最多的公司为卡特彼勒；德国从 1991 年开始申请第一项专利，至 1998 年呈加速度增长趋势，1999 年开始至 2008 年出现波动，但仍稳步增长，2008 年之后申请量稍有回落，增长趋势总体与全球专利增长趋势相同，其中，申请数量最多的公司为博世公司；日本从 1986 年开始申请第一项专利，从 1994 年开始至 2009 年呈加速度增长趋势，2009 年之后申请量稍有回落。中国和韩国起步较晚，均从 1999 年开始申请第一项专利，但中国增长速度较快，2011—2013 年的申请量占全部申请的一半以上，其中，申请量较多的公司有潍柴动力股份有限公司、福建省莆田中涵机动力有限公司及哈尔滨工程大学。

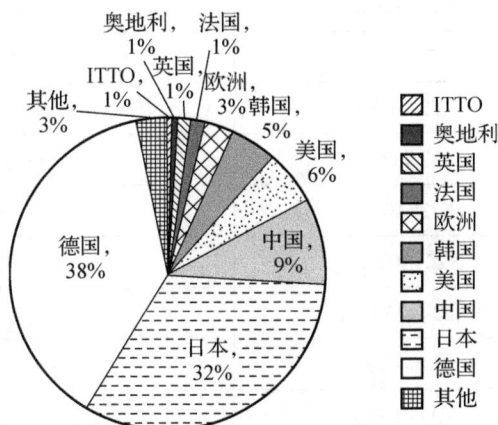

图 19.2　优先权国家分布

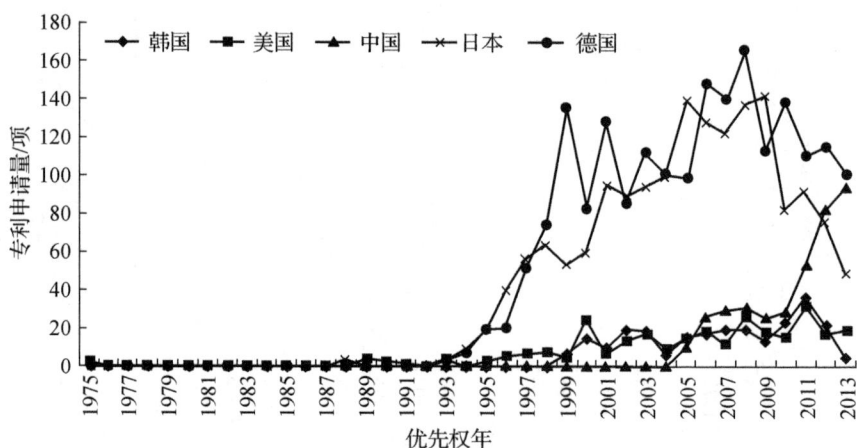

图 19.3　优先权国家专利申请年度趋势

19.1.3　关键技术分析

DII 手工代码和国际专利分类号（IPC）包含了专利的技术信息，通过对共轨燃油喷射系统相关专利进行基于 DII 手工代码和 IPC 大组的统计分析，可以了解、分析该系统主要涉及的技术领域和技术重点等。

表 19.1 和表 19.2 分别列出了共轨燃油喷射系统的 TOP 20 的手工代码和 IPC 代码。

表 19.1　共轨燃油喷射系统申请的 TOP 20 手工代码

申请量/件	手工代码	手工代码类目
1354	X22-A02A3	共轨装置电子
1323	X22-A20C	电动柴油机
594	X22-A03A1	燃料喷射控制
568	X22-A02A	燃料喷射装置电子
441	T01-J07D1	汽车微处理系统
424	X22-A03A	燃料控制
378	X22-A02A1	燃料喷射阀
235	X22-A03A1C	喷射量控制
154	V06-U03	汽车用机电换能器
153	V06-M06D	压电晶体
135	X22-A02D	燃料泵
133	X22-A05	发动机相关测量和传感器
108	X22-A02	燃料系统

申请量/件	手工代码	手工代码类目
108	X22-A05A4	压力探测器
101	X22-A03A3	燃料泵控制
98	X22-A03J	污染控制
96	X22-A03	发动机控制
90	T01-S03	主张权利的软件产品
86	S02-F04	测试液压的仪器
73	X22-A03A1A	喷射正时控制

表 19.2　共轨燃油喷射系统申请的 TOP 10 IPC 大组类目

申请量/项	IPC	IPC 号类目
1659	F02D41	可燃混合气或其组分供给的电气控制
1319	F02M55	以其自身的燃料输送管或通风装置为特征的燃料喷射装置
1255	F02M47	用受流体压力而动作的燃料喷射阀进行循环动作的燃料喷射装置
1156	F02M59	专门适用于燃料喷射且不包含在 F02M39 至 F02M57 中的泵
1127	F02M63	具有不包含在组 F02M39 至 F02M57 中的有关特征的其他燃料喷射装置及零件、部件或附件
969	F02M51	以电力操作为特点的燃料喷射装置
786	F02M45	燃料喷射装置，其特点是按一定的时间/压力或时间/喷油量关系循环工作的
721	F02M37	液体燃料自储存容器至化油器或燃料喷射装置的输送设备或系统；专用于或配置于内燃机的液体燃料净化装置
504	F02M61	不包含在 F02M39 至 F02M57 中的燃料喷射器
237	F02M65	燃料喷射装置的测试，如喷射定时的测试

从表 19.1、表 19.2 可以看出，共轨燃油喷射系统的专利主要集中于电子控制部件、共轨部件、燃油喷射高压形成及燃油喷射控制。图 19.4 和图 19.5 展示了各国和各公司在 TOP 10 关键技术中的专利布局。从图 19.4 可以看出，在 TOP 10 的关键技术布局中，日本专利占比最大，德国其次，但两国专利布局不同，日本主要集中于电子控制部件和共轨部件，而德国则主要倾向于受流体压力而动作的燃料喷射阀进行循环动作的燃料喷射装置和不包含在组 F02M39 至 F02M57 中的有关特征的其他燃料喷射装置及其零部件。中国在 TOP 10 关键技术中所申请的专利占比非常少。从图 19.5 可以看出，在 TOP 10 的关键技术布局中，德国博世公司和日本电装公司所申请的专利最多，且博世公司除了在燃料喷射装置的测试方面相关专利较少，其他方面的专利布局相对均匀。电子控制部件相关专利中，电装公司所占比例最大。

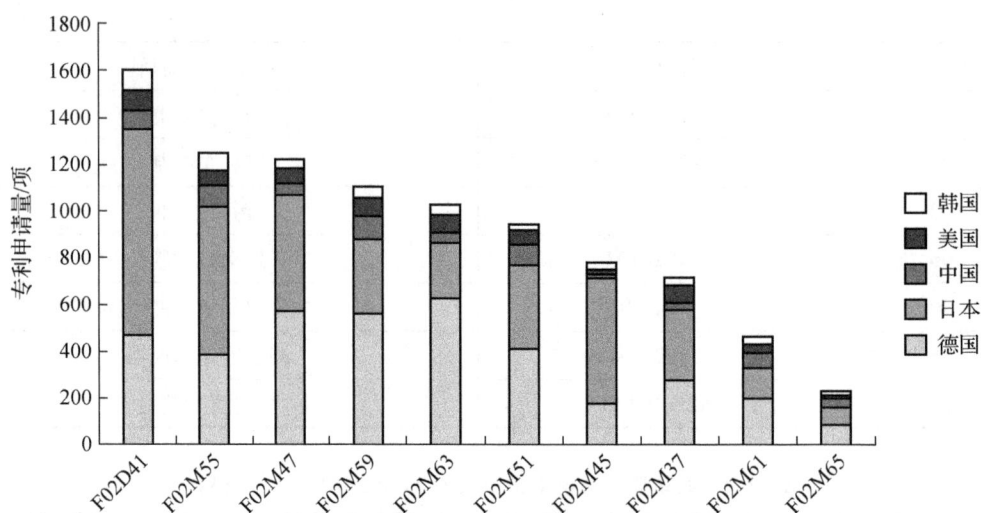

图 19.4　关键技术优先权国分布

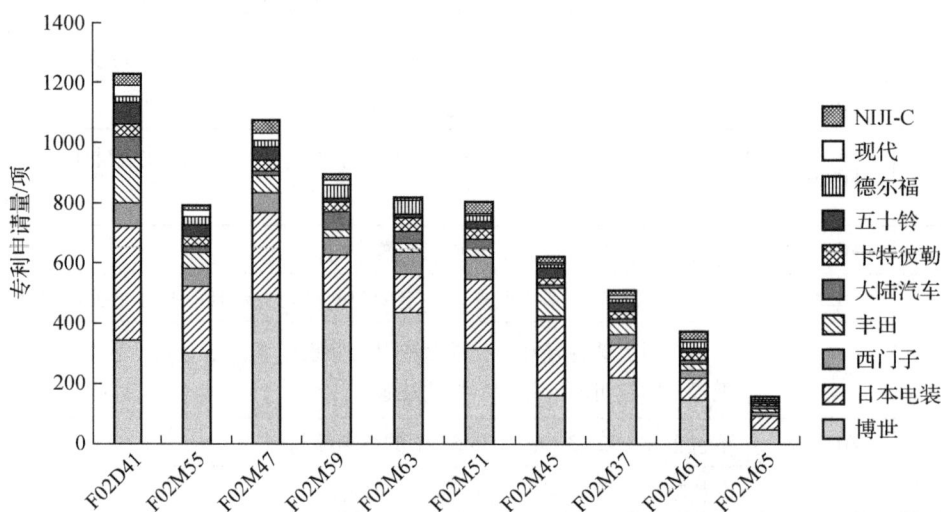

图 19.5　关键技术公司分布

19.1.4　专利权人分析

表 19.3 和图 19.6 为专利申请量排名前 10 位的专利申请机构及其专利年度分布。根据 TDA 分析，申请最早的公司为 AMBAC IND INC 公司，申请时间为 1975 年。申请量最多的公司为博世公司，共申请专利 1421 项，该公司在 2001 年之前呈快速增长趋势，但之后出现回落调整，而 2005 年之后又快速增长，根据数据显示，博世公司在共轨燃油喷射系统技术中一直处于绝对领先地位。通过专利布局发现，该公司主要以德国、日本、韩国为主，其技术研究方向趋向于共轨装置电子（X22-A02A3）、燃油喷射阀（X22-A02A1）、汽车微处理系统（TO1-J07D1）、燃料泵（X22-A02D）、聚合物材料在相关部件上的应用（A12-H）、压力

检测（X22-A05A4）、V02-E02（变压器上的电磁件）、T01-J07D1A（信号传输）等。日本电装公司的专利申请量仅次于博世公司，但在 2005 年达到顶峰之后快速下降。德国西门子公司在专利申请总量中排名第三，但年度增长缓慢，且在 2011—2013 年没有申请相关专利。根据专利数据显示（表 19.4），中国机构奋勇追起，哈尔滨工程大学、福建省莆田市中涵机动力有限公司、无锡油泵油嘴研究所、北京亚新科天纬油泵油嘴股份有限公司、潍柴动力股份有限公司等专利申请量快速增长。

表 19.3　申请量排名前 10 位专利申请人

申请人	专利数量/项
德国博世公司	1421
日本电装公司	694
德国西门子公司	288
日本丰田公司	227
德国大陆汽车公司	160
美国卡特彼勒公司	145
日本五菱公司	121
美国德尔福公司	104
韩国现代公司	97
日本 JIDOSHA BUHIN 公司	82
日本三菱公司	81

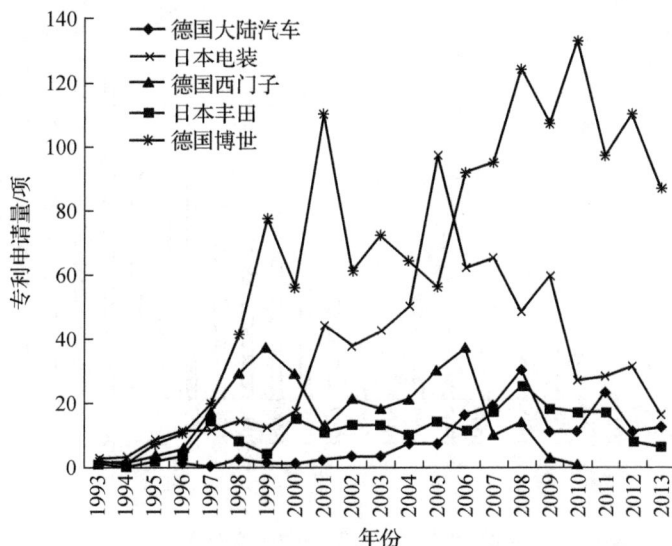

图 19.6　专利申请人专利年度分布

表 19.4　2011—2013 年专利申请排名前十的公司

申请人	申请量/项
德国博世公司	197
日本电装公司	47
美国卡特彼勒公司	27
德国大陆汽车公司	23
哈尔滨工程大学	21
福建省莆田市中涵机动力有限公司	16
无锡油泵油嘴研究所	14
北京亚新科天纬油泵油嘴股份有限公司	14
日本丰田公司	13
潍柴动力股份有限公司	13

19.1.5　技术发展趋势分析

从图 19.7 和图 19.8 可以看出，每年都有将近一倍的新发明人进入共轨燃油喷射系统技术领域，同时，该领域每年都有新的技术条目涌现，但新技术条目增长趋缓。这可以看出，共轨燃油喷射系统已处于技术稳定期，相关技术研发投入进入稳步增长阶段。可以预测，在今后的一段时期内，将是技术产业化阶段，相关新产品将不断涌现。

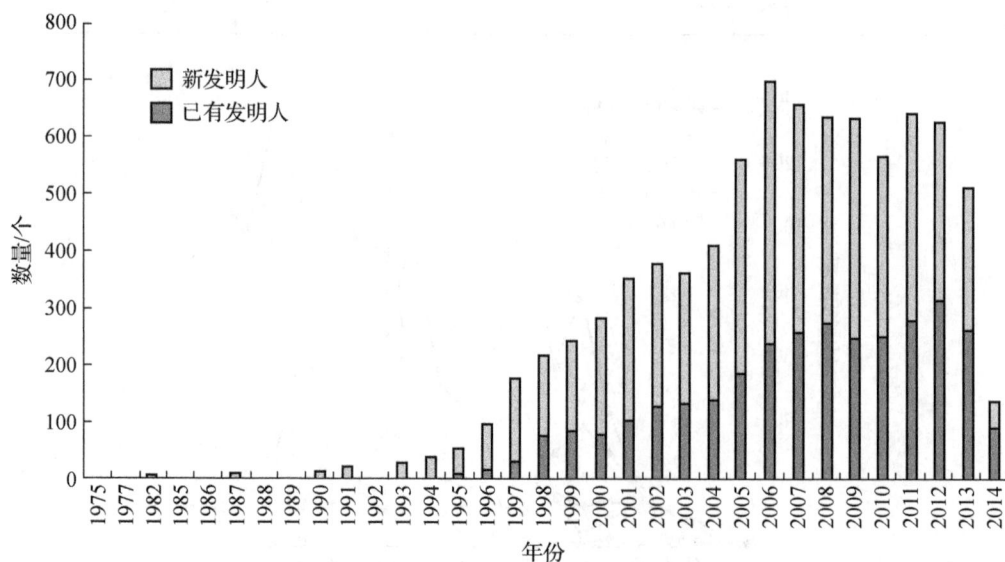

图 19.7　新发明人的时序分布

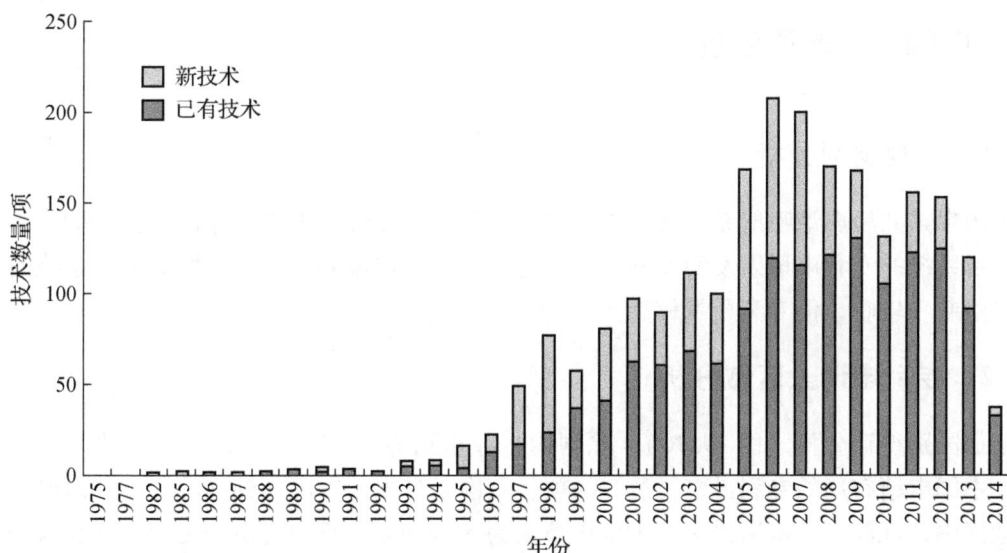

图 19.8　新技术条目的时序分布

　　表 19.5 列出了共轨燃油喷射系统技术领域 2012—2014 年首次使用的手工代码和没有相关专利的手工代码。两者对比分析，可以发现，电控软件将成为今后共轨燃油喷射系统的研发方向，而传统的电机、检测技术已经非常成熟，或将被新的技术取代。

表 19.5　2012—2014 年首次使用和不再使用的手工代码类目

2012—2014 年首次使用的手工代码	手工代码类目	2012—2014 年未再申请专利的手工代码	手工代码类目
V06-V01E	谐振器	X22-A03A3	燃油泵控制
U13-C04	带重复结构的数字电路	X22-A05A	爆震检测
A12-H03	聚合物材料在轴承等部件上的应用	S02-F04D3	压力快速变化检测
T01-F05B2	启动、关闭程序设置	V06-M06B	小型电机中的直线电机
T01-M02	多处理器	T01-J07C	汽车微处理系统
X22-E	仪表盘	A12-T04C	聚合物在发动机部件上的应用
V04-P05	指向壳体的连接终端	E31-H01	氮氧化物的去除
V04-Q02A4	印刷电路板中的非电子部件	X22-A20E	单种非传统燃料发动机
V04-Q02A9	印刷电路板中的其他电气元件	S02-F04D3A	爆震检测
V04-Q30Q	应用在仪器上的印刷电路板	X22-E01A	发动机操作指标

19.2 中国专利申请分析

19.2.1 专利类别分析

中国申请共轨燃油喷射系统相关专利达 1092 项。根据专利类别分析（图 19.9），共轨燃油喷射系统的专利申请以发明专利为主，达 728 项，这说明国内共轨燃油喷射系统的专利申请虽然起步较晚，但专利质量较高。

19.2.2 专利申请人区域分析

根据国别统计分析（图 19.10），除国内企业申请专利 451 项外，外国申请人中，德国公司在中国申请布局的专利最多，达 283 项，其次是日本、美国、韩国等。而国内申请企业所属地区中，江苏企业申请最多，主要申请人为无锡油泵油嘴研究所和无锡威孚高科技集团股份有限公司；其次是北京、山东、福建等地区（图 19.11）。

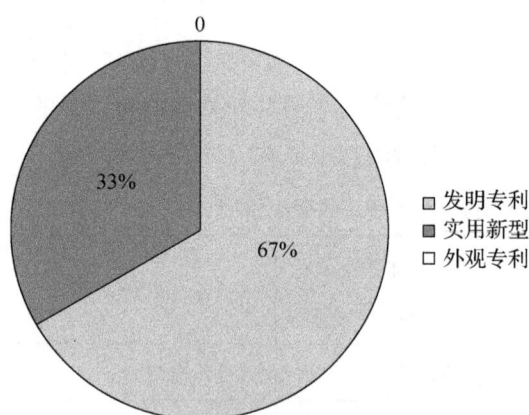

图 19.9　中国专利类别分析

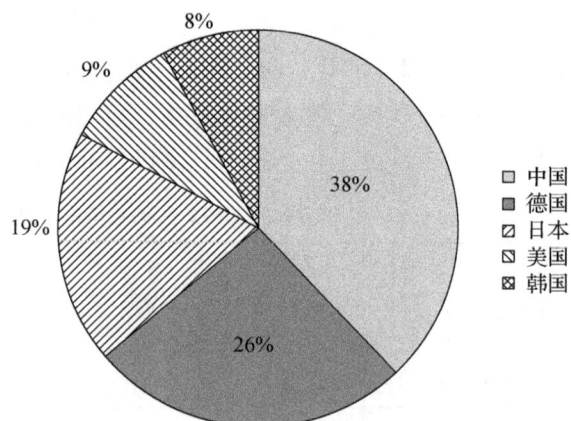

图 19.10　中国专利申请国别分析

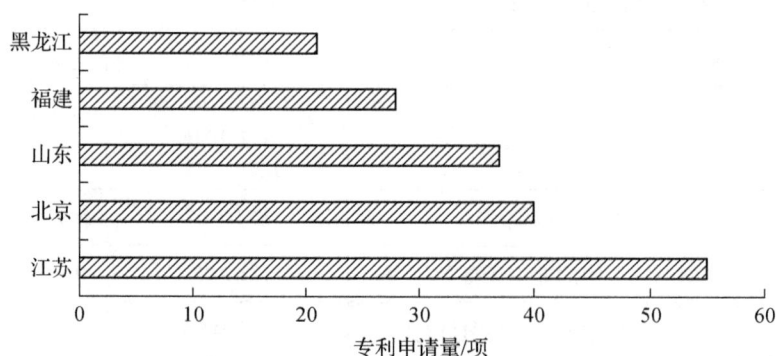

图 19.11　中国专利申请区域分析

19.2.3 专利申请人分析

根据专利申请人排名前十统计分析（表 19.6），国外企业罗伯特博世公司和日本电装公司的共轨燃油喷射系统专利申请量占据绝对领先地位。根据对各申请人的专利技术领域进行分析（图 19.12），可以看出博世公司、卡特彼勒公司及日本电装公司 3 个公司所关注的技术领域比较全面，且博世公司在贮蓄喷射器型燃料喷射装置的专利申请比较多，中国仅有潍柴动力股份有限公司、福建省莆田市中涵机动力有限公司及哈尔滨工程大学的专利申请列入排名前十，而潍柴动力所覆盖的技术领域比较窄，主要集中于电力控制和共轨部件等领域。

表 19.6 中国专利专利权人分析

申请人	专利数量/项
德国博世公司	179
日本电装公司	113
美国卡特彼勒	30
MAUG-C	44
德国大陆汽车公司	43
德国西门子公司	37
潍柴动力股份有限公司	25
福建省莆田市中涵机动力有限公司	22
ITMA-C	22
哈尔滨工程大学	21

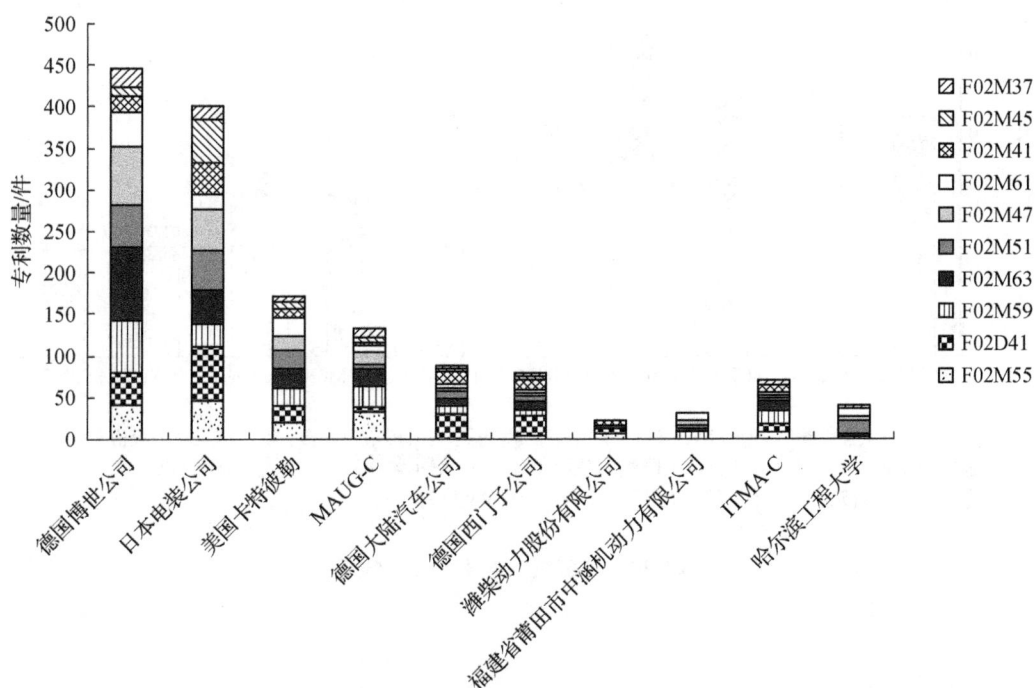

图 19.12 专利权人技术分布分析

19.2.4 关键技术领域分析

根据 IPC 大组统计分析（图 19.13、图 19.14），可以发现国内共轨燃油喷射系统的专利申请主要集中于燃料喷射泵、燃料输送管为特征的燃料喷射装置、电力操作为特点的燃料喷射装置以及相关零部件。从关键技术的申请人分布可以发现，电力控制、相关零部件的专利申请人比较集中，排名前十的专利申请人申请的专利所占比例较高，而共轨部件以及燃料喷射泵的专利申请人相对较为分散。

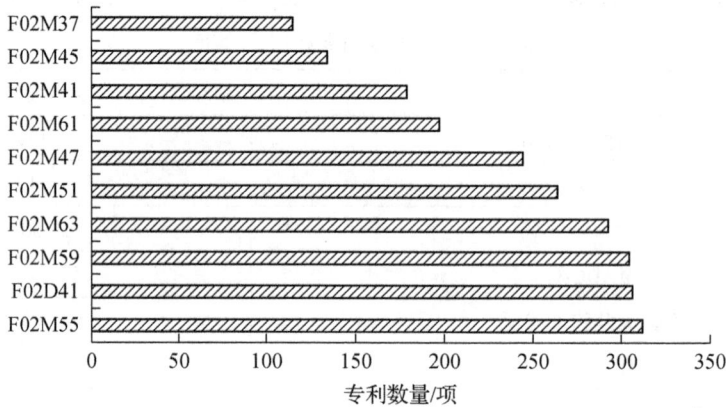

图 19.13 关键技术分析

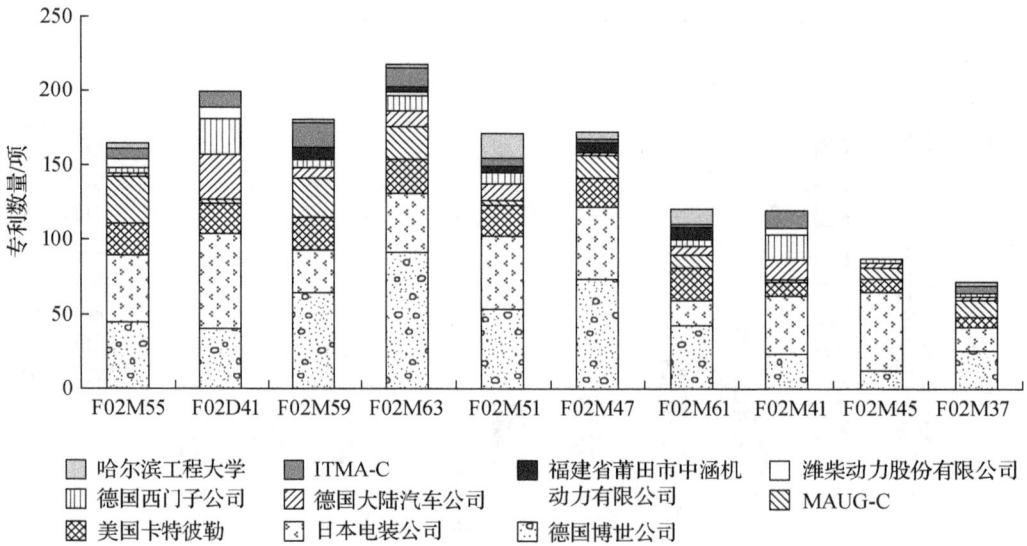

图 19.14 关键技术申请人分布分析

19.3　在农用发动机中的应用分析

　　根据检索得到，共轨燃油喷射系统在农用发动机中的应用相关专利共 43 项，不到共轨燃油喷射系统总专利数量的 1%。图 19.15 为专利申请年度分析，可以发现，从 2002 年开始才出现农用发动机中的应用相关专利（由美国底特律柴油机公司申请），与 1975 年相比整整落后了将近 30 年。图 19.16 为专利权人分布，日本井关农机、日本洋马、德国博世公司的专利数量排名前三。表 19.7 和表 19.8 列出了排名前十的手工代码和国际专利分类号，从表中可以看出，目前，农用发动机共轨燃油喷射系统的主要技术研究方向是共轨装置和电控单元，这与整个技术的研究方向一致，同时，污染排放控制也作为它的主要研究方向。

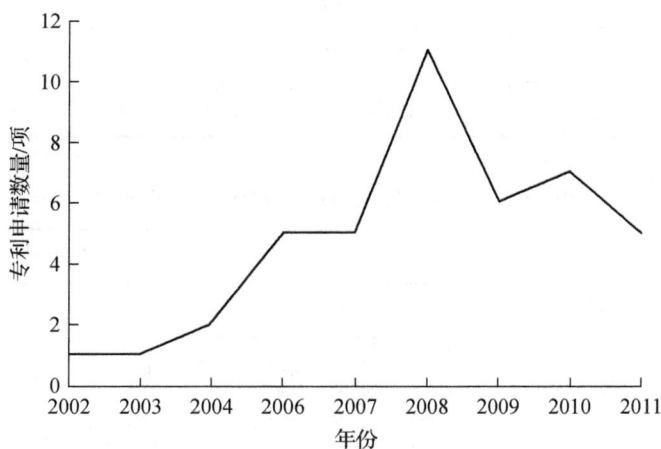

图 19.15　专利申请年度分析

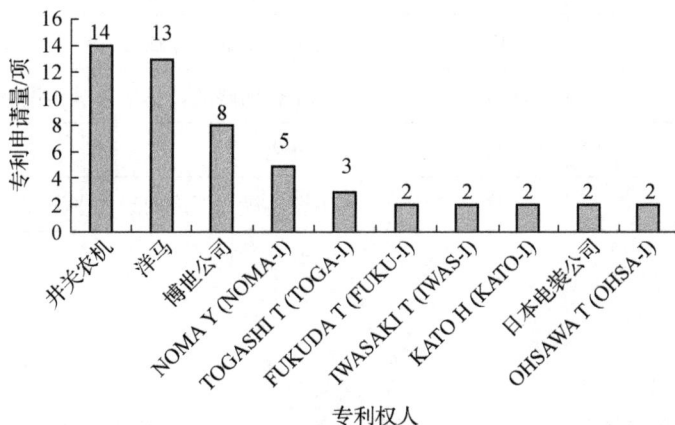

图 19.16　专利权人分布

表 19.7 农业机械应用专利 TOP 10 手工代码类目

排名	申请量/件	手工代码	手工代码类目
1	25	X22-A20C	电动柴油机
2	19	X22-P09	农机电气
3	18	X22-A02A3	共轨装置
4	9	T01-J07D1	汽车微处理系统控制
5	9	X22-A03A	燃料控制
6	9	X22-A03J	污染控制
7	8	X22-P07	结构电气
8	5	H06-C04A	通过过滤控制污染
9	5	J01-G03B	废气分离
10	4	T01-J07D3	控制方向的数据处理系统

表 19.8 农业机械应用专利 TOP 10 IPC 类目

排名	申请量/项	IPC	IPC 类目
1	19	F02D 45/00	其他电气控制
2	17	F02D 41/04	校正信号的电路设置
3	9	F02M 55/02	喷射泵和喷射器之间的管路
4	8	F02D 29/00	发动机的程序控制
5	8	F02D 41/38	高压燃料喷射控制
6	7	F01N 3/023	利用过滤器的排气处理
7	7	F01N 3/02	除去排气中的固体成分
8	6	F02D 41/14	引入闭合回路的校正信号电路设置
9	5	B01D 53/94	催化分离
10	5	F01N 3/025	利用燃料燃烧器或向废气中添加燃料的排气处理装置

19.4 小结

共轨燃油喷射系统的技术已经趋于成熟，德国和日本在相关技术领域处于绝对领先地位，德国以博世公司为代表，日本以电装公司为代表，两公司的研发热点主要集中在共轨部件和电子控制部件。通过对 2012—2014 年首次出现的 IPC 类目进行分析，电控软件和相关部件将成为共轨燃油喷射系统的技术发展趋势。该系统在农机上的应用总量仍然较少，分布主要以德国和日本公司为主，这可能与技术提升成本在整个农机成本中的所占比重太大有关。

我国对高压共轨燃油喷射系统的研究与开发尚处于起步阶段，发动机燃油喷射系统由机械式喷射系统向电控式喷射系统过渡主要依靠国外技术。中国机构奋勇追起，哈尔滨工程大学、福建省莆田市中涵机动力有限公司、无锡油泵油嘴研究所、北京亚新科天纬油泵油嘴股份有限公司、潍柴动力股份有限公司等专利申请量快速增长。为尽快提高我国的自主开发和核心竞争力，应不遗余力地在电控喷油器、液力控制阀、喷油嘴偶件、高速执行器及 ECU 电控软件等关键技术开展研究。

第二十章　国外主要农机企业
燃油喷射系统专利分析

本章以德温特专利数据库为数据源，通过关键词、IPC 分类号及德温特手工代码相结合的检索方法进行专利检索和数据采集，得到全球申请的柴油机燃油喷射系统相关专利族大于 100 000 项（检索时间范围为 1963 年至 2015 年 6 月，不包括外观专利），根据专利权人专利申请量排序，但无农机企业列入前 20 位。根据相关文献检索，全球农机零部件龙头企业主要有日本洋马、日本久保田、德国安德烈斯蒂尔、美国约翰迪尔、日本井关农机、美国凯斯纽荷兰等。本章将分析这些企业的专利现状和发展趋势。

20.1　日本洋马

20.1.1　专利申请趋势分析

经检索，日本洋马申请有燃油喷射系统相关专利 791 项。

从图 20.1 可以看出，日本洋马燃油喷射系统的首份专利申请出现于 1972 年，但集中研发期是 1995—2014 年，高峰期是在 2009 年，专利申请数达 65 项，后续 4 年专利申请量出现下滑。

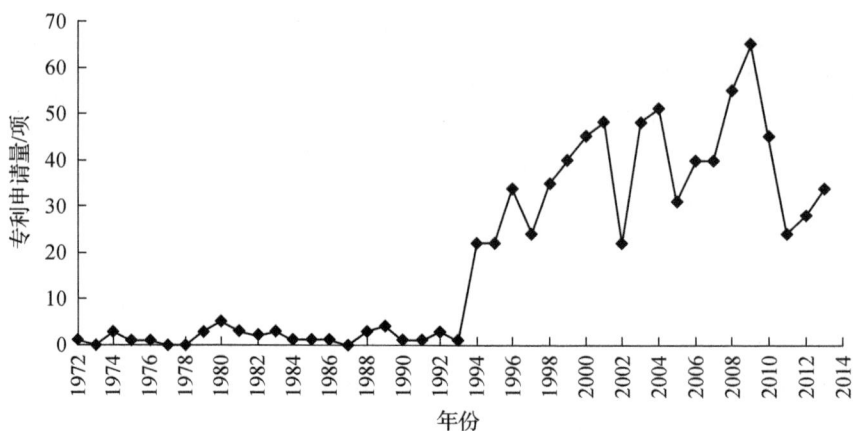

图 20.1　日本洋马燃油喷射系统的年度专利走势

20.1.2　关键技术分析

表 20.1 列出了日本洋马燃油喷射系统专利申请的 TOP 20 IPC 代码，从中可以看出日本洋马在燃油喷射系统技术领域的研发重点。

表 20.1　日本洋马燃油喷射系统专利申请的 TOP 20 IPC 代码

排名	申请量/项	IPC	IPC 类目	所占比例
1	206	F02D-045/00	不包含在组 F02D 41/00 至 F02D 43/00 中的燃烧发动机电气控制	26.0%
2	170	F02D-041/04	引入用于特殊操作条件的校正的燃烧发动机的电气控制用产生控制信号的电路设置	21.5%
3	102	F02M-059/44	不包含在组 F02M 59/02 至 F02M 59/42 的装置中或与之无关的燃料喷射泵零件、部件或附件	12.9%
4	83	F02D-041/02	燃烧发动机的电气控制用产生控制信号的电路设置	10.5%
5	78	F02M-059/00	专门适用于燃料喷射且不包含在组 F02M 39/00 至 F02M 57/00 中的泵	9.9%
6	73	F02M-059/20	按量或定时改变燃料输送的燃料喷射泵	9.2%
7	72	F02D-019/02	以使用气态燃料为特点的发动机的控制	9.1%
8	67	F02M-021/02	供给发动机以气态燃料的装置	8.5%
9	62	F02D-029/00	发动机控制，尤其适用于发动机所驱动的装置	7.8%
10	56	F02M-037/00	液体燃料自储存容器至化油器或燃料喷射装置的输送设备或系统	7.1%
11	51	F02M-059/26	由活塞相对于与对应的汽缸之移动而引起的按量或定时改变燃料输送	6.4%
12	50	F02D-041/06	引入用于发动机的起动或预热的校正的燃烧发动机的电气控制用产生控制信号的电路设置	6.3%
13	49	F02D-041/14	引入闭合回路的校正的燃烧发动机的电气控制用产生控制信号的电路设置	6.2%
14	49	F02M-059/46	不包含在组 F02M 59/02 至 F02M 59/42 的装置中或与之无关的燃料喷射泵的阀	6.2%
15	45	F02D-001/02	不限于喷射定时的调节的燃料喷射泵的控制	5.7%
16	45	F02M-055/02	喷射泵和喷射器之间的管路	5.7%
17	44	F02D-041/22	燃烧发动机的电气控制－非正常状态用安全或指示的装置	5.6%
18	42	F02D-001/08	燃料喷射泵的控制用将控制脉冲传至泵的控制装置	5.3%

续表

排名	申请量/项	IPC	IPC 类目	所占比例
19	42	F02D-041/38	高压型的燃料喷射的控制	5.3%
20	41	F02D-043/00	两种或多种功能的电气联合控制，如点火、燃料—空气混合等	5.2%

20.1.3 主要发明人和团队分析

表 20.2 列出了日本洋马燃油喷射系统专利申请的主要发明人和团队。

表 20.2 日本洋马燃油喷射系统专利申请的主要发明人和团队

专利量/项	发明人	前三合作者	时间范围	技术领域
34	IMANAKA H	KAWARABAYASHI M[24]*； KOBAYASHI M [16]； KUSAKA H [11]	1999—	F02M-059/00 [15]； F02M-059/20 [12]； F02M-047/00 [10]； F02M-047/02 [10]； F02M-051/00 [10]
33	KAWARABAYASHI M	IMANAKA H [24]； KOBAYASHI M [18]； KUSAKA H [11]	2004—	F02M-059/00 [16]； F02M-059/20 [12]； F02M-059/44 [9]
33	SHIOMI HIDEO	ADACHI HITOSHI [13]； OTANI T [11]； KOTO F [9]	2002—	F02D-045/00 [24]； F02D-041/04 [13]； F02D-029/00 [5]； F02D-041/06 [5]； F02D-041/22 [5]； F02D-041/38 [5]； F02M-051/00 [5]
24	NOMA YASUO	SHIOMI HIDEO [7]； TOGASHI TAICHI [6]； NAGAKURA K [5]	2001—	F02D-045/00 [16]； F02D-041/04 [14]； F02D-029/00 [11]
23	NAKASONO T	OTSUBO H [13]； SHIROMIZU T [4]； MURAI N [3]； ISHIDA H [3]	1996—	F02D-041/02 [15]； F02D-045/00 [11]； F02D-041/04 [8]

专利量/项	发明人	前三合作者	时间范围	技术领域
23	TANAKA M	HATTORI S [11]； OGAWA T [5]； SAMO J [5]； IMANAKA H [5]	1981—	F02M-059/00 [13]； F02M-059/20 [12]； F02M-059/26 [11]
22	OTSUBO H	NAKASONO T [13]； NAKAZONO T [8]； SHIROMIZU T [5]	2004—	F02D-045/00 [12]； F02D-041/02 [11]； F02D-019/02 [9]
22	KOBAYASHI M	KAWARABAYASHI M [18]； IMANAKA H [16]； KUSAKA H [7]	2004—	F02M-059/00 [9]； F02M-047/02 [6]； F02M-059/20 [6]； F02M-059/44 [6]
21	ADACHI HITOSHI	OTANI T [13]； SHIOMI HIDEO [13]； KOTO F [9]	2002—	F02D-045/00 [20]； F02D-041/04 [8]； F02D-041/22 [5]； F02D-041/30 [5]
20	NAKAZONO T	OTSUBO H [8]； OHTSUBO H [4]； HAGIWARA RYOICHI [4]	1988—	F02D-045/00 [11]； F02D-019/02 [10]； F02D-041/04 [10]

* [] 里的数据是该作者与该发明人合作的专利数量，下同。

20.1.4 专利国际布局

图 20.2 展示了日本洋马燃油喷射系统专利申请的国际布局。主要农机企业除了在本国

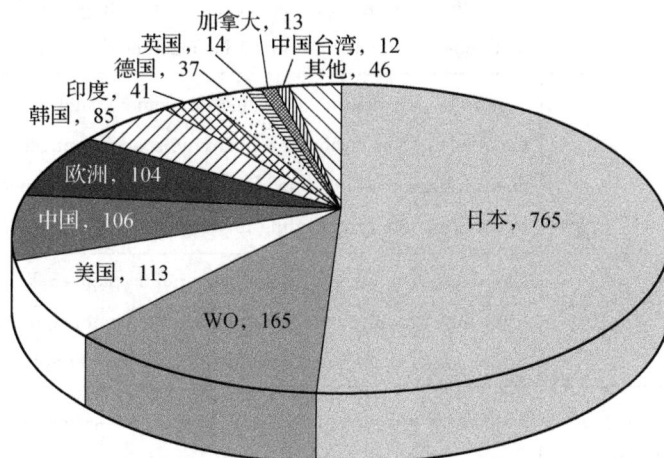

图 20.2 日本洋马燃油喷射系统专利申请的国际布局

进行专利保护外，为了在国外生产、销售相关农业机械，其必须在国外地区申请相关专利以求获得知识产权保护，同时该企业同族专利的申请也可以反映出其市场战略。

日本洋马除在本国申请外，同时重点在美国、中国、欧洲、韩国、印度、德国等国家和地区进行布局，表明日本洋马更为重视这些国家和地区的市场，此外，日本洋马拥有大量美国专利和 PCT 专利，也能一定程度上说明日本洋马在燃油喷射系统领域具有较强的技术实力。

20.1.5 专利质量分析

专利的被引频次标志着该专利的质量高低，专利被引频次越多，说明该专利的质量越高，并可能是某一技术的核心专利。

表 20.3 列出了日本洋马在燃油喷射系统领域的 TOP 10 高引专利。

表 20.3　日本洋马燃油喷射系统 TOP 10 的高引专利

基本专利号	优先权年	专利名称	被引次数
JP2004340026A	2003	Control of diesel engine involves discriminating fuel cetane number which corresponds to detected excited force based on correlation data of exciting force and cetane number produced in stable predetermined service condition	40
JP2000234576A	1999	Fuel injection timing control mechanism for fuel injection pump in diesel engine, has valve with temperature actuated plunger, closing drain line of injection pump at higher temperature	36
JP10159599A	1996	Electronic governor controller mechanism for diesel engine work vehicle such as tractor, rice planting machine, lawn mower performs electronic governor control based on output characteristics data that is retrieved according to identification code received from industrial machine	34
JP10089111A	1996	Controller for engine of industrial vehicle such as tractor mounted with back hoe has electronic spark advancer mechanism in engine which provides separate output characteristic in each mode corresponding to work load	33
JP2003120350A	2001	Gas engine in electric power generation plants, has judgment unit which judges presence or absence of accidental fire in cylinder for computing accidental fire frequency	21
JP2003080955A	2001	Electric power generation and propulsion system of ship, performs navigation either by drive of internal combustion engine or by of motor of power transmission or both	21

续表

基本专利号	优先权年	专利名称	被引次数
JP10252476A	1997	Direct injection type diesel engine combustion method involves carrying out self ignition and main injection of fuel near top dead center of combustion chamber	20
DE3309854A1	1982	Diesel IC engine fuel injector has high-pressure fuel feed line directly connected to side via lateral chamber in cylinder head	19
JP2005207281A	2004	Exhaust gas purifier for internal combustion engine, has adsorbate desorption unit arranged at exhaust gas upstream side to increase temperature of exhaust gas or to produce reduction atmosphere to desorb adsorbed nitrogen oxide	17
JP8296528A	1995	Pressure regulation mechanism of fuel injection system in diesel engine installs pressure regulation valve provided with set injection valve opening pressure and two outflow spaces in fuel exit while check valve is provided at fuel entrance of fuel injection system	16

20.2　日本久保田

日本久保田集团创立于 1890 年，迄今已有 120 多年历史。久保田是日本最大的农业机械制造商。日本久保田在亚洲、美洲、欧洲、日本等全球各地全方位地开展业务，截至 2013 年，共有 158 家子公司及 18 家关联公司，在农业机械、小型建筑机械、小型柴油发动机、铸铣管等领域处于世界前列。

20.2.1　专利申请趋势分析

经检索，日本久保田申请有燃油喷射系统相关专利 684 项。

从图 20.3 可以看出，日本久保田燃油喷射系统较早开展，但集中研发期是在 1994—2013 年，高峰期是在 1995 年，专利申请数达 75 项，1995 年之后相关专利申请总体上呈下滑趋势，2013 年专利申请量仅为 8 项，这说明燃油喷射系统已经实现产业化或者研发热情的下降。

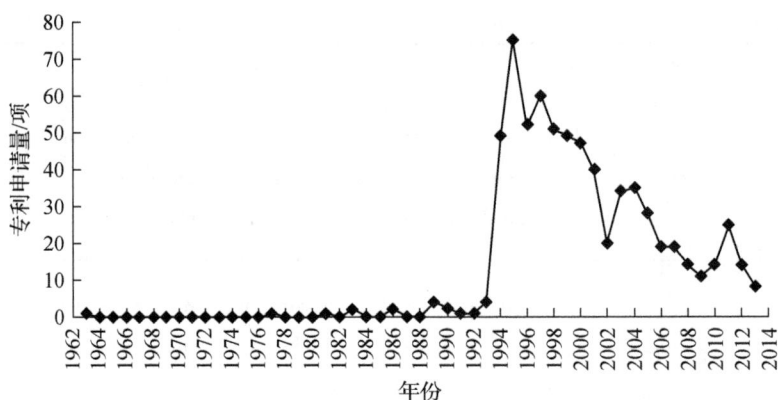

图 20.3　日本久保田燃油喷射系统的年度专利走势

20.2.2　关键技术分析

表20.4列出了日本久保田燃油喷射系统专利申请的 TOP 20 IPC 代码，从中可以看出日本久保田在燃油喷射系统技术领域的研发重点。

表 20.4　日本久保田燃油喷射系统专利申请的 TOP 20 IPC 代码

排名	申请量/项	IPC	IPC 类目	所占比例
1	153	F02D-031/00	不包含在其他类目中的非电气调速器在控制内燃机方面的应用	22.4%
2	127	F02D-001/04	采用取决于发动机速度的机械装置进行燃料喷射泵的控制	18.6%
3	110	F02D-001/02	不限于喷射定时的调节进行燃料喷射泵的控制	16.1%
4	79	F02M-037/00	液体燃料自储存容器至化油器或燃料喷射装置的输送设备或系统	11.5%
5	67	F02D-045/00	不包含在组 F02D 41/00 至 F02D 43/00 中的燃烧发动机电气控制	9.8%
6	61	F02D-041/04	引入用于特殊操作条件的校正的燃烧发动机的电气控制用产生控制信号的电路设置	8.9%
7	54	F02D-029/00	发动机控制，尤其适用于发动机所驱动的装置	7.9%
8	51	F02D-009/02	通过对空气或燃料—空气混合气进气管进行节流的发动机控制	7.5%
9	41	F02D-001/08	燃料喷射泵的控制用将控制脉冲传至泵的控制装置	6.0%
10	40	F02M-059/28	由活塞相对于与对应的汽缸之移动而引起的按量或定时改变燃料输送的相关机构	5.8%
11	39	F02M-021/02	供给发动机以气态燃料的装置	5.7%
12	37	F02D-011/04	以机械控制连接为特点的用于或适用于非自动的发动机控制的起动装置	5.4%

续表

排名	申请量/项	IPC	IPC 类目	所占比例
13	37	F02M-061/14	喷射器相对于发动机的配置；喷射器的安装	5.4%
14	36	F02M-059/44	不包含在组 F02M 59/02 至 F02M 59/42 的装置中或与之无关的燃料喷射泵零件、部件或附件	5.3%
15	35	F02D-011/02	以手、脚或类似的操作方式控制的起动装置	5.1%
16	29	F02D-035/00	不包含在其他类目中的依靠发动机外部或内部条件而对其进行的非电气控制	4.2%
17	29	F02D-041/14	引入闭合回路的校正的燃烧发动机的电气控制用产生控制信号的电路设置	4.2%
18	29	F02D-041/38	高压型的燃料喷射的控制	4.2%
19	26	F02D-011/10	用于或适用于非自动的发动机控制的起动装置	3.8%
20	25	F02D-017/00	通过使个别汽缸休缸的发动机控制；使发动机不工作或怠速	3.7%

20.2.3　专利发明人和团队分析

表 20.5 列出了日本洋马燃油喷射系统专利申请的主要发明人和团队。

表 20.5　日本洋马燃油喷射系统专利申请的主要发明人和团队

专利量/项	发明人	前三合作者	时间范围	技术领域
27	INOUE H	TERUMI H [19]；FUJIMURA K [14]；KAWASAKI T [12]	2004—	F02D-009/10 [11]；F02M-069/00 [10]；F02M-069/04 [9]；F02D-009/08 [9]
23	FUJII Y	YAMA H [20]；FUJIWARA M [19]；TSUJINO K [8]	1999—	F02D-045/00 [13]；F02D-001/08 [12]；F02D-041/14 [11]
22	TERUMI H	INOUE H [19]；FUJIMURA K [13]；KAWASAKI T [11]	2004—	F02D-009/10 [10]；F02M-069/00 [9]；F02M-069/04 [8]；F02D-009/08 [8]
22	YAMA H	FUJII Y [20]；FUJIWARA M [19]；TSUJINO K [8]	1993—	F02D-001/08 [12]；F02D-041/14 [11]；F02D-045/00 [10]

专利量/项	发明人	前三合作者	时间范围	技术领域
22	MIYAZAKI M	HATAURA K [12]； MIKUMO H [6]； KAMIYAMA M [6]	1994—	F02D-001/04 [9]； F02D-031/00 [8]； F02M-059/44 [6]
19	FUJIWARA M	FUJII Y [19]； YAMA H [19]； TSUJINO K [8]	2001—	F02D-001/08 [11]； F02D-041/14 [11]； F02D-045/00 [9]
19	HATAURA K	MIYAZAKI M [12]； MIKUMO H [9]； KAMIYAMA M [8]	1994—	F02D-001/04 [7]； F02D-031/00 [6]； F02M-059/44 [4]； F02D-001/02 [4]； F02D-035/00 [4]
18	FUJIMURA K	INOUE H [14]； TERUMI H [13]； KAWASAKI T [10]； KARASAWA T [10]	1997—	F02D-009/10 [11]； F02D-009/08 [9]； F02M-069/00 [7]
14	KAWASAKI T	INOUE H [12]； TERUMI H [11]； FUJIMURA K [10]； KARASAWA T [10]	2004—	F02D-009/08 [8]； F02D-009/10 [8]； F02M-069/04 [7]
12	YOSHIDA K	MANBA S [7]； NAGAHAMA M [6]； UMEDA Y [5]	1994—	F02D-001/02 [7]； F02D-031/00 [5]； F02D-001/04 [4]

20.2.4 专利国际布局

图 20.4 展示了日本久保田燃油喷射系统专利申请的国际布局。主要农机企业除了在本国进行专利保护外，为了在国外生产、销售相关农业机械，其必须在国外地区申请相关专利以求获得知识产权保护，同时该企业同族专利的申请也可以反映出其市场战略。

日本久保田除在本国申请外，同时重点在美国、韩国、中国、欧洲、德国等国家和地区进行布局，表明日本久保田更为重视这些国家和地区的市场，而对比日本洋马来说，日本久保田在国外的专利布局量明显偏少，说明日本久保田的市场开拓还有待加强。

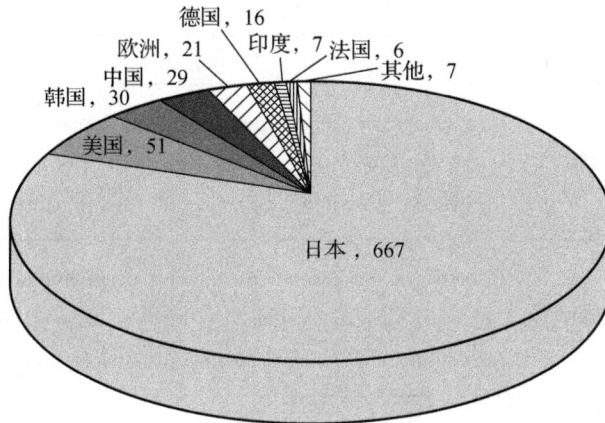

图 20.4　日本久保田燃油喷射系统专利申请的国际布局

20.2.5　专利质量分析

专利的被引频次标志着该专利的质量高低，专利被引频次越多，说明该专利的质量越高，并可能是某一技术的核心专利。

表 20.6 列出了日本久保田在燃油喷射系统领域的 TOP 10 高引专利。

表 20.6　日本久保田燃油喷射系统 TOP 10 的高引专利

基本专利号	优先权年	专利名称	被引次数
JP2004340026A	2003	Control of diesel engine involves discriminating fuel cetane number which corresponds to detected excited force based on correlation data of exciting force and cetane number produced in stable predetermined service condition	40
JP2000234576A	1999	Fuel injection timing control mechanism for fuel injection pump in diesel engine, has valve with temperature actuated plunger, closing drain line of injection pump at higher temperature	36
JP10159599A	1996	Electronic governor controller mechanism for diesel engine work vehicle such as tractor, rice planting machine, lawn mower performs electronic governor control based on output characteristics data that is retrieved according to identification code received from industrial machine	34
JP10089111A	1996	Controller for engine of industrial vehicle such as tractor mounted with back hoe has electronic spark advancer mechanism in engine which provides separate output characteristic in each mode corresponding to work load	33

基本专利号	优先权年	专利名称	被引次数
JP2003120350A	2001	Gas engine in electric power generation plants, has judgment unit which judges presence or absence of accidental fire in cylinder for computing accidental fire frequency	21
JP2003080955A	2001	Electric power generation and propulsion system of ship, performs navigation either by drive of internal combustion engine or by of motor of power transmission or both	21
JP10252476A	1997	Direct injection type diesel engine combustion method involves carrying out self ignition and main injection of fuel near top dead center of combustion chamber	20
DE3309854A1	1982	Diesel IC engine fuel injector has high-pressure fuel feed line directly connected to side via lateral chamber in cylinder head	19
JP2005207281A	2004	Exhaust gas purifier for internal combustion engine, has adsorbate desorption unit arranged at exhaust gas upstream side to increase temperature of exhaust gas or to produce reduction atmosphere to desorb adsorbed nitrogen oxide	17
JP8296528A	1995	Pressure regulation mechanism of fuel injection system in diesel engine installs pressure regulation valve provided with set injection valve opening pressure and two outflow spaces in fuel exit while check valve is provided at fuel entrance of fuel injection system	16

20.3 德国安德烈斯蒂尔股份两合公司

20.3.1 专利申请趋势分析

经检索，德国安德烈斯蒂尔申请有燃油喷射系统相关专利258项。

从图20.5可以看出，德国安德烈斯蒂尔燃油喷射系统的首份专利申请出现于1975年，此后几乎每年都保持一定的专利申请，最高峰是2009年，专利申请量达19项，而在2010—2013年，仍保持6~12项的专利申请，这说明该公司一贯保持对燃油喷射系统的研发投入。

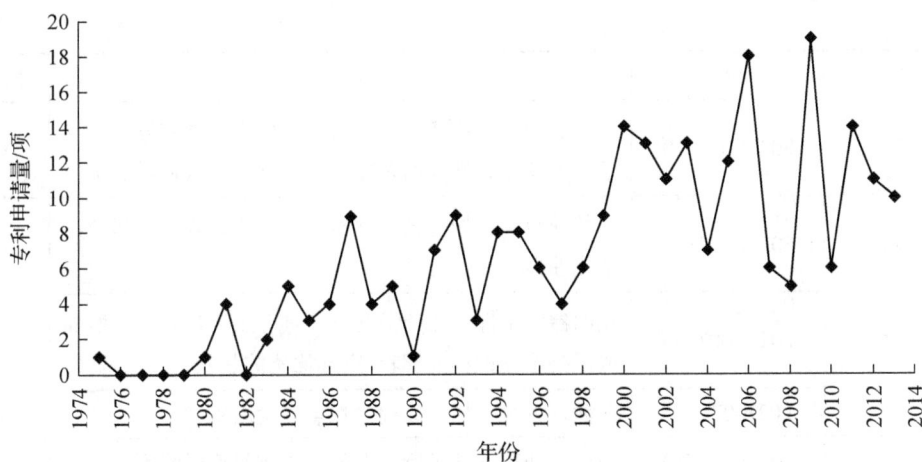

图 20.5　德国安德烈斯蒂尔燃油喷射系统的年度专利走势

20.3.2　关键技术分析

表 20.7 列出了德国安德烈斯蒂尔燃油喷射系统专利申请的 TOP 20 IPC 代码，从中可以看出德国安德烈斯蒂尔在燃油喷射系统技术领域的研发重点是化油器。

表 20.7　德国安德烈斯蒂尔燃油喷射系统专利申请的 TOP 20 IPC 代码

排名	申请量/项	IPC	IPC 类目	所占比例
1	106	F02B-063/02	改装为用手提工具或发电机的发动机	41.1%
2	58	F02M-017/04	具有用隔膜控制的燃料进给阀的无浮子化油器	22.5%
3	41	F02B-063/00	改装为用于驱动泵、手提工具或发电机的发动机	15.9%
4	40	F02M-019/00	不包含在组 F02M 1/00 至 F02M 17/00 中的或与上述各组的装置无关的化油器的零件、部件或附件	15.5%
5	35	F02B-033/04	带有简单的曲轴箱泵的发动机	13.6%
6	31	F02D-011/02	以手、脚或类似的操作方式控制的起动装置	12.0%
7	31	F02M-001/00	化油器具有在低于工作温度时易使发动机起动或怠速用的装置	12.0%
8	31	F02M-001/02	化油器具有燃料—空气混合气变浓的阻气门	12.0%
9	29	F02M-037/00	液体燃料自储存容器至化油器或燃料喷射装置的输送设备或系统	11.2%
10	27	F02B-025/00	以使用新鲜进气净化汽缸为特征的发动机	10.5%
11	25	B25F-005/00	与执行操作无特殊关联的和其他类目不包括的轻便机动工具的零件或部件	9.7%
12	24	F02D-009/02	通过对空气或燃料—空气混合气进气管进行节流的发动机控制	9.3%
13	24	F02M-017/00	具有不包含在大组 F02M 1/00 至 F02M 15/00 中或与大组 F02M 1/00 至 F02M 15/00 中设备无关的特点的化油器	9.3%

续表

排名	申请量/项	IPC	IPC 类目	所占比例
14	24	F02M-035/10	专门适用于，或装于内燃机上的燃烧空气滤清器、空气进气装置、进气消音器的空气进气口或输送系统	9.3%
15	22	F02M-017/34	与其他装置，如空气过滤器，组合或结合在一起的其他化油器	8.5%
16	21	F02M-007/00	化油器在条件变化的情况下，具有用于控制，如增加或保持不变进料的燃料/空气比例的装置	8.1%
17	19	F02B-075/02	以循环方式，如六冲程为特点的发动机	7.4%
18	18	F02M-069/10	扫气二冲程发动机所特有的低压燃料喷射装置	7.0%
19	17	F02B-025/22	以进气和燃烧残余物之间形成气垫的减少进气和燃烧残余物的混合或防止新鲜进气从排气口漏出的方法	6.6%
20	17	F02D-009/10	具有枢轴支承安装的阀瓣的专用的节流阀	6.6%

20.3.3　主要发明人和团队分析

表 20.8 列出了德国安德烈斯蒂尔燃油喷射系统专利申请的主要发明人和团队。

表 20.8　德国安德烈斯蒂尔燃油喷射系统专利申请的主要发明人和团队

专利量/项	发明人	前三合作者	时间范围	技术领域
35	NICKEL H	WISSMANN M [12]； GEYER W [8]； SCHIERLING R [7]	1984—	F02B-063/02 [12]； F02M-037/00 [7]； F02M-069/10 [7]； F02B-033/04 [7]
35	GERHARDY R	REINHARD G [3]； GEYER K [2]； OSBURG G [2]； SCHLOSSARCZYK J [2]； VONDERAU W [2]； WISSMANN M [2]	1980—	F02M-017/04 [24]； F02M-003/08 [10]； F02M-019/00 [8]； F02B-063/02 [8]
28	GEYER W	NICKEL H [8]； SCHIERLING R [8]； WISSMANN M [7]	1985—	F02B-063/02 [18]； F02M-069/10 [11]； F02B-033/04 [8]
16	WISSMANN M	NICKEL H [12]； GEYER W [7]； SCHIERLING R [6]	1983—	F02B-063/02 [9]； F02B-033/04 [6]； F02M-069/10 [5]

续表

专利量/项	发明人	前三合作者	时间范围	技术领域
14	NAEGELE C	NICKEL H [6]； NIKER H [3]； NEGELE K [2]； NICKEL B [2]； NICKEL L R B [2]； REICHLE M [2]； REICHLER M [2]	2003—	F02M-001/00 [5]； F02M-007/00 [5]； F02M-037/00 [4]； F02M-001/02 [4]； F02M-007/12 [4]
14	SCHLIEMANN H	NICKEL H [4]； MUELLER M [2]； MULLER M [2]； BARTH T [2]； SCHLOSSARCZYK J [2]； WISSMANN M [2]； KREBS R [2]	1983—	F02M-037/00 [4]； F02B-063/02 [4]； F02M-017/04 [4]
11	ROSSKAMP H	BERGMANN L [3]； RAFFENBERG M [3]； GEYER K [2]； LINSBAUER P [2]； MAIER G [2]； ROBKAMP H [2]； ROSKAMP H [2]	2000—	F02B-033/04 [8]； F02B-063/02 [8]； F02B-075/02 [4]； F02B-025/00 [4]
11	SCHLOSSARCZYK J	GEYER W [4]； BARTH T [3]； SCHLIEMANN H [2]； FLEIG C [2]； KNODLER B [2]； KNOEDLER B [2]； GERHARDY R [2]	1994—	F02M-017/04 [8]； F02B-063/02 [5]； F02B-075/02 [3]； F02B-063/00 [3]
10	GEYER K	ROSSKAMP H [2]； SCHIEBER E [2]； GELL K [2]； GERHARDY R [2]	2000—	F02B-063/02 [5]； F02D-041/06 [3]； F02P-009/00 [3]； F02D-045/00 [3]； F02B-033/04 [3]

专利量/项	发明人	前三合作者	时间范围	技术领域
10	UHL K	UHL K M [3]; FRIEDRICH S [3]; SEBASTIAN F [2]; UR K [2]; KLAUS-MARTIN U [2]; ZIMMERMANN H [2]	1991—	F02B-063/00 [6]; F02B-063/02 [6]; B25F-005/00 [4]

20.3.4 专利国际布局

图 20.6 展示了德国安德烈斯蒂尔燃油喷射系统专利申请的国际布局。主要农机企业除了在本国进行专利保护外，为了在国外生产、销售相关农业机械，其必须在国外地区申请相关专利以求获得知识产权保护，同时该企业同族专利的申请也可以反映出其市场战略。

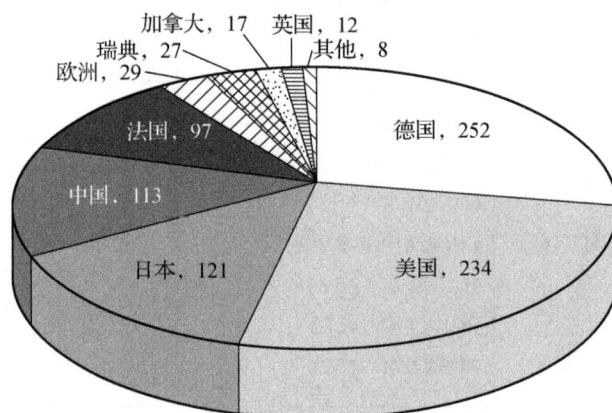

图 20.6　德国安德烈斯蒂尔燃油喷射系统专利申请的国际布局

德国安德烈斯蒂尔除在本国申请外，同时重点在美国、日本、中国、法国等国家和地区进行布局，表明德国安德烈斯蒂尔更为重视这些国家和地区的市场，而且德国安德烈斯蒂尔拥有大量的美国专利，这能在一定程度上说明德国安德烈斯蒂尔在燃油喷射系统具有较强的技术实力。

20.3.5 专利质量分析

专利的被引频次标志着该专利的质量高低，专利被引频次越多，说明该专利的质量越高，并可能是某一技术的核心专利。

表 20.9 列出了德国安德烈斯蒂尔在燃油喷射系统领域的 TOP 10 高引专利。

表 20.9 德国安德烈斯蒂尔燃油喷射系统 TOP 10 的高引专利

基本专利号	优先权年	专利名称	被引次数
US20040051186A1	2002	Intake device for internal combustion engine, has dividing wall which divides intake channel into air duct and mixture duct such that air duct has greater flow cross-section than mixture duct where fuel jet is opened	24
US20030106508A1	2001	Two-cycle engine for manually-guided tools, includes diving wall with connecting aperture closing at full throttle by opening carburetors butterfly valve and opening at idling or partial load	21
DE3735711A1	1987	Two = stroke engine injection pump mounted in vibration damped and heat insulated part of casing	19
US5259352A	1992	Membrane fuel pump for membrane carburettor has pressure connection connecting pump chamber to pressure controller of membrane carburettor and includes check valves	18
DE4120876A1	1991	Hand-held portable chain saw has actuator for starter, in front end section of grip, with projecting operating lever	16
DE2509443A1	1975	Chain saw drive throttle safety controls has single selector member for warm and cold start operative and stop settings	15
US20030052422A1	2001	Carburetor arrangement for internal combustion engine, includes choke lever and throttle lever mutually engaged in preset and assigned angular range of choke and throttle shafts respectively	15
DE3127516A1	1981	Carburettor for portable engine has fuel valve opened by diaphragm actuated by atmospheric or crank case pressure via selector valve	11
DE3521772A1	1985	Two = stroke engine fuel-injection system uses crankcase pressure adjusted dependent on speed and load	10
US20030213464A1	2002	Diaphragm carburetor for internal combustion engine, has butterfly valve held by shaft in intake channel movable in closing direction with air valves rotatably held by air valve shaft	10

20.4 美国约翰迪尔

美国约翰迪尔创建于 1837 年，由最初只有一个人的铁匠铺发展成为今天业务遍及全球 160 个国家和地区、拥有约 6 万名员工的跨国农机企业集团。2010 年，约翰迪尔的销售额为 260 亿美元，经营规模稳居世界农业机械企业第一位。目前，产品主要是农业机械（拖拉机、联合收割机、农机具）、商用与市政机械、建筑与林业机械、动力系统（柴油机与传动系部件等）。1995 年，公司在北京成立办事处。1997 年，约翰·迪尔（佳木斯）农业机械有限公司在黑龙江省佳木斯市成立。这是约翰迪尔在中国的第一家工厂。2000 年，约翰迪尔（中国）投资有限公司成立。2005 年，约翰迪尔（天津）产品研究开发有限公司和约翰迪尔（天津）有限公司在天津市经济技术开发区成立。

20.4.1 专利申请趋势分析

经检索，美国约翰迪尔申请有燃油喷射系统相关专利 128 项。

从图 20.7 中可以看出，美国约翰迪尔燃油喷射系统的首份专利申请出现于 1969 年，此后几乎每年都保持 1～10 项的专利申请，最高峰是 2013 年，专利申请量达 10 项，这说明该公司一贯保持对燃油喷射系统的研发投入。

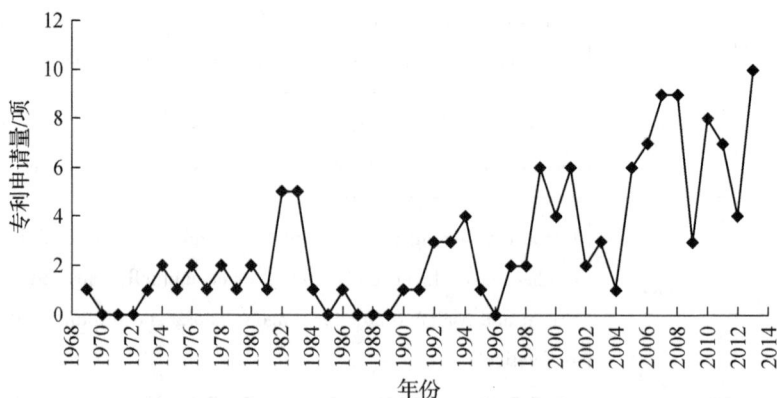

图 20.7 美国约翰迪尔燃油喷射系统的年度专利走势

20.4.2 关键技术分析

表 20.10 列出了美国约翰迪尔燃油喷射系统专利申请的 TOP 20 IPC 代码，从中可以看出美国约翰迪尔在燃油喷射系统技术领域的研发重点。

表 20.10 美国约翰迪尔燃油喷射系统专利申请的 TOP 20 IPC 代码

排名	申请量/项	IPC	IPC 类目	所占比例
1	25	F02D-041/00	可燃混合气或其组分供给的电气控制	19.5%
2	22	F02D-041/02	燃烧发动机的电气控制用产生控制信号的电路设置	17.2%

排名	申请量/项	IPC	IPC 类目	所占比例
3	17	F02D-031/00	不包含在其他类目中的非电气调速器在控制内燃机方面的应用	13.3%
4	13	F02D-041/14	引入闭合回路的校正的燃烧发动机的电气控制用产生控制信号的电路设置	10.2%
5	11	F02D-041/04	引入用于特殊操作条件的校正的燃烧发动机的电气控制用产生控制信号的电路设置	8.6%
6	11	G06F-019/00	专门适用于特定应用的数字计算或数据处理的设备或方法	8.6%
7	10	F02D-029/02	尤其适用于驱动运载工具的发动机控制	7.8%
8	10	F02M-037/00	液体燃料自储存容器至化油器或燃料喷射装置的输送设备或系统	7.8%
9	9	B60W-030/18	车辆的牵引控制	7.0%
10	9	F02D-045/00	不包含在组 F02D 41/00 至 F02D 43/00 中的燃烧发动机的电气控制	7.0%
11	8	B60W-010/06	包括内燃机的控制的联合控制	6.3%
12	8	F02D-043/00	两种或多种功能的电气联合控制，如点火、燃料—空气混合等	6.3%
13	7	B60W-010/10	包括变速传动装置的控制的联合控制	5.5%
14	7	F02D-011/02	以手、脚或类似的操作方式控制的起动装置	5.5%
15	7	F02M-055/00	以其自身的燃料输送管或通风装置为特征的燃料喷射装置	5.5%
16	6	F02D-029/00	发动机控制，尤其适用于发动机所驱动的装置	4.7%
17	6	F02D-041/26	以使用计算机为特点的可燃混合气或其组分供给的电气控制	4.7%
18	6	F02D-041/30	燃料喷射的控制	4.7%
19	6	F02D-041/38	高压型的燃料喷射的控制	4.7%
20	6	F02M-025/07	向燃烧空气、主要燃料或燃料—空气混合气中加入排出气体用的发动机有关装置	4.7%

20.4.3 主要发明人和团队分析

表 20.11 列出了美国约翰迪尔燃油喷射系统专利申请的主要发明人和团队。

表 20.11　美国约翰迪尔燃油喷射系统专利申请的主要发明人和团队

专利量/项	发明人	前三合作者	时间范围	技术领域
7	WINSOR R E	无	2000—	F01N-003/00 [4]； F02D-041/00 [4]； F02D-041/02 [4]
6	D. SHEIDLER A	A. SCHINDLER R [2]	2001—	F02D-041/00 [3]； A01D-041/127 [2]； F02D-029/00 [2]； F02D-031/00 [2]； A01D-069/00 [2]
5	PIPER E L	无	2008—	F02D-041/00 [5]； F02M-025/07 [2]； F02B-029/04 [2]； F02B-037/24 [2]； F02B-047/08 [2]； F02D-041/14 [2]
4	PIPHO M J	无	1999—	F02D-041/00 [3]； B60K-041/04 [2]
4	WEISS H	无	1992—	F16H-059/06 [2]； F02D-041/00 [2]； B60K-041/12 [2]
3	JANASEK C G	JANECEK C G [2]	2002—	F16H-061/00 [3]； B60W-010/06 [2]； B60W-010/10 [2]； B60W-010/101 [2]； B60W-030/18 [2]； F16H-061/02 [2]； F16H-061/40 [2]； F16H-061/46 [2]； F16H-061/66 [2]； F16H-063/00 [2]； E02F-009/20 [2]； F02D-041/00 [2]； F02D-043/00 [2]

续表

专利量/项	发明人	前三合作者	时间范围	技术领域
3	EASTMAN B T	无	2006—	B60K-017/00 [2]； B60K-017/06 [2]； B60W-010/06 [2]； B60W-010/10 [2]； B60W-010/101 [2]； B60W-030/18 [2]； F16H-061/00 [2]； F16H-061/02 [2]； F16H-061/40 [2]； F16H-061/46 [2]； F16H-061/66 [2]； F02D-029/02 [2]

20.4.4　专利国际布局

图 20.8 展示了美国约翰迪尔燃油喷射系统专利申请的国际布局。主要农机企业除了在本国进行专利保护外，为了在国外生产、销售相关农业机械，其必须在国外地区申请相关专利以求获得知识产权保护，同时该企业同族专利的申请也可以反映出其市场战略。

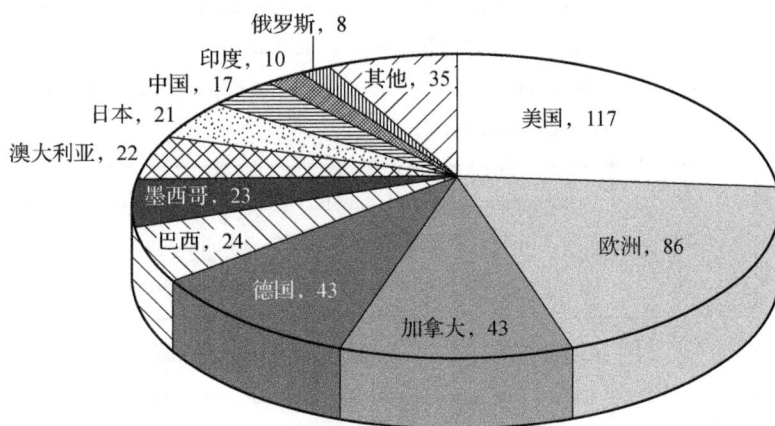

图 20.8　美国约翰迪尔燃油喷射系统专利申请的国际布局

美国约翰迪尔除在本国申请外，同时重点在欧洲、加拿大、德国、巴西、墨西哥、澳大利亚等国家和地区进行布局，表明美国约翰迪尔更为重视这些国家和地区的市场。

20.4.5 专利质量分析

专利的被引频次标志着该专利的质量高低，专利被引频次越多，说明该专利的质量越高，并可能是某一技术的核心专利。

表 20.12 列出了美国约翰迪尔在燃油喷射系统领域的 TOP 10 高引专利。

表 20.12　美国约翰迪尔燃油喷射系统 TOP 10 的高引专利

基本专利号	优先权年	专利名称	被引次数/次
US5224457A	1992	Dual fuel system for diesel engine with electronic control has liq. and gaseous fuel supplies and controller supplying engine with liq. or liq. and gaseous fuel respectively according to detected engine speed	74
US4528959A	1984	Seal for IC engine comprises tapered ring having intermediate bulge to allow seal ends to perform relative axial movement	51
US4278064A	1979	Fuel control system for dual fuelled power unit conditions producer gas by cyclone and filter and having automatic control to monitor diesel pump and adjust throttle valve	43
US4066213A	1976	Fuel injection nozzle assembly has nozzle holder, with annular groove contg. snap ring, encircled by hollow screw	38
US5379733A	1993	Pull-in coil relay for fuel shut = off solenoid on engine is connected through oil pressure light switch which opens after short period of time due to change in oil pressure as engine is being cranked	20
US6216668B1	1999	Performance measuring method for internal combustion engine, involves controlling fuel flow through fuel injector for specific speed control to evaluate engine performance	18
US4463733A	1983	Closed loop fuel injection timing control method for diesel engine regulating indirectly start of combustion timing by controlling fuel injection timing as function of error signal	17
US7206689B1	2006	Optimization method for fuel consumption in machine powered by internal combustion engine, involves defining output value for each operating point of engine based on fuel economy and acceptable reserve	17

续表

基本专利号	优先权年	专利名称	被引次数/次
US20090223220A1	2008	Prime mover system has exhaust valve that is opened by valve actuation system, to discharge combustion air to power turbine and turbocharger before and after combustion chamber volume reaches maximum value, respectively	17
US4399793A	1982	Piston type fuel injector for IC engine has cylindrical sleeve valve set by pressure in annular cavity to control timing and quantity of injected fuel	15

20.5　日本井关农机

20.5.1　专利申请趋势分析

经检索，日本井关农机申请有燃油喷射系统相关专利123项。

从图20.9可以看出，日本井关农机燃油喷射系统的研发工作开展较晚，首份专利申请出现于1988年，1994年之后每年都保持1~19项的专利申请，最高峰是1999年，专利申请量达19项。

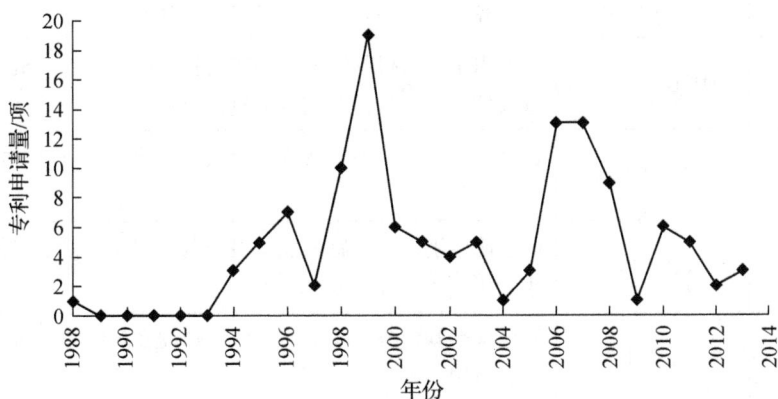

图20.9　日本井关农机燃油喷射系统的年度专利走势

20.5.2　关键技术分析

表20.13列出了日本井关农机燃油喷射系统专利申请的TOP 20 IPC代码，从中可以看出日本井关农机在燃油喷射系统技术领域的研发重点。

表 20.13　日本井关农机燃油喷射系统专利申请的 TOP 20 IPC 代码

排名	申请量/项	IPC	IPC 类目	所占比例
1	46	F02D-029/00	发动机控制，尤其适用于发动机所驱动的装置	37.4%
2	33	F02D-041/04	引入用于特殊操作条件的校正的燃烧发动机的电气控制用产生控制信号的电路设置	26.8%
3	24	F02D-045/00	不包含在组 F02D 41/00 至 F02D 43/00 中的燃烧发动机的电气控制	19.5%
4	18	A01D-069/00	收割机或割草机的驱动机构或其部件	14.6%
5	15	F02D-029/02	尤其适用于驱动运载工具的发动机的控制	12.2%
6	14	A01D-041/12	联合收割机的零件	11.4%
7	13	F02D-011/02	以手、脚或类似的操作方式控制的起动装置	10.6%
8	11	F02D-001/02	不限于喷射定时的调节的燃料喷射泵的控制	8.9%
9	11	F02D-011/04	以机械控制连接为特点的用于或适用于非自动的发动机控制的起动装置	8.9%
10	11	F02D-011/10	用于或适用于非自动的发动机控制的电动式起动装置	8.9%
11	11	F02M-037/00	液体燃料自储存容器至化油器或燃料喷射装置的输送设备或系统	8.9%
12	10	F02D-041/38	高压型的燃料喷射的控制	8.1%
13	8	A01C-011/02	用于种苗的移栽机械	6.5%
14	8	F02D-011/00	用于或适用于非自动的发动机控制的起动装置	6.5%
15	8	F02D-041/06	引入用于发动机的起动或预热的校正的燃烧发动机的电气控制用产生控制信号的电路设置	6.5%
16	7	F02D-009/02	通过对空气或燃料—空气混合气进气管进行节流的发动机控制	5.7%
17	7	F02D-017/00	通过使个别汽缸休缸的发动机控制；使发动机不工作或怠速	5.7%
18	7	F02D-031/00	不包含在其他类目中的非电气调速器在控制内燃机方面的应用	5.7%
19	7	F02M-055/02	喷射泵和喷射器之间的管路	5.7%
20	5	F02D-001/04	采用取决于发动机速度的机械装置进行燃料喷射泵的控制	4.1%

20.5.3　主要发明人和团队分析

表 20.14 列出了日本井关农机燃油喷射系统专利申请的主要发明人和团队。

表 20.14　日本井关农机燃油喷射系统专利申请的主要发明人和团队

专利量/项	发明人	前三合作者	时间范围	技术领域
33	ADACHI K	OKUBO S [32]； KAN K [30]； OKUBO Y [25]	2005—	F02D-041/04 [15]； F02D-045/00 [13]； F02D-029/00 [11]
32	OKUBO S	ADACHI K [32]； KAN K [30]； OKUBO Y [24]	2005—	F02D-041/04 [14]； F02D-045/00 [13]； F02D-029/00 [10]
31	KAN K	ADACHI K [30]； OKUBO S [30]； OKUBO Y [22]	2005—	F02D-041/04 [13]； F02D-045/00 [13]； F02D-029/00 [10]
26	OKUBO Y	ADACHI K [25]； OKUBO S [24]； KAN K [22]	2005—	F02D-041/04 [13]； F02D-029/00 [10]； F02D-045/00 [10]
19	EGUCHI H	ADACHI K [19]； KAN K [19]； OKUBO S [19]	2006—	F02D-041/04 [7]； F02D-045/00 [7]； F02M-055/02 [6]
18	UEDA S	ADACHI K [17]； SHINOMIYA T [17]； OKUBO S [16]	2005—	F02D-041/04 [9]； F02D-045/00 [8]； F01N-003/023 [6]
17	SHINOMIYA T	ADACHI K [17]； UEDA S [17]； OKUBO S [16]	2007—	F02D-041/04 [9]； F02D-045/00 [8]； F01N-003/023 [6]
16	TAMURA A	ADACHI K [15]； KAN K [15]； OKUBO S [15]	2005—	F02D-045/00 [5]； F02M-055/02 [4]； F02D-041/04 [4]； F02D-041/38 [4]
12	NAKADA J	ADACHI K [10]； KAN K [10]； OKUBO S [10]； OKUBO Y [10]	2005—	F02M-055/02 [3]； F02D-041/04 [3]； F02D-041/06 [3]； F02D-041/38 [3]； F02D-043/00 [3]； F02D-045/00 [3]
11	KANENO A	ADACHI K [11]； KAN K [11]； OKUBO S [11]	2005—	F02D-045/00 [8]； F02D-041/04 [5]； F02D-041/38 [4]

20.5.4 专利国际布局

图 20.10 展示了日本井关农机燃油喷射系统专利申请的国际布局。主要农机企业除了在本国进行专利保护外，为了在国外生产、销售相关农业机械，其必须在国外地区申请相关专利以求获得知识产权保护，同时该企业同族专利的申请也可以反映出其市场战略。

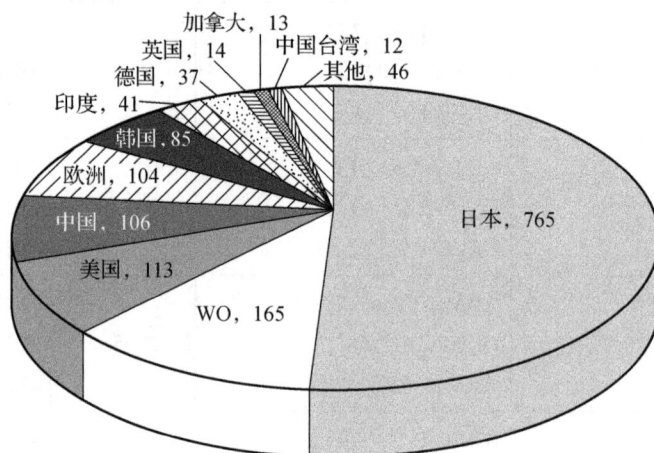

图 20.10 日本井关农机燃油喷射系统专利申请的国际布局

日本井关农机除在本国申请外，同时重点在美国、中国、欧洲、韩国、印度和德国等国家和地区进行布局，表明日本井关农机更为重视这些国家和地区的市场，此外，日本井关农机拥有大量美国专利和 PCT 专利，这能在一定程度上说明日本井关农机在燃油喷射系统领域具有较强的技术实力。

20.5.5 专利质量分析

专利的被引频次标志着该专利的质量高低，专利被引频次越多，说明该专利的质量越高，并可能是某一技术的核心专利。

表 20.15 列出了日本井关农机在燃油喷射系统领域的 TOP 10 高引专利。

表 20.15 日本井关农机燃油喷射系统 TOP 10 的高引专利

基本专利号	优先权年	专利名称	被引次数/次
JP10311232A	1997	Speed governing device for vehicle body of industrial machine has speed governor that makes output shaft of engine rotate at low or high speed, depending on whether main clutch is switched to cut = off state or accommodating state	15
JP2005119466A	2003	Speed changer of industrial vehicle e. g. tractor has engine power adjustment mechanism which operates in advance or backward motion to operate automatic return mechanism and adjust engine power	14

基本专利号	优先权年	专利名称	被引次数/次
JP2000161090A	1998	Accelerator control system of mowing industrial vehicle, operates accelerator lever and raises engine speed based on displaced operation position of gear shift lever, when displaced to speed up direction	13
JP2008157140A	2006	Industrial vehicle e. g. tractor has engine control apparatus that changes setting of upper limit of engine maximum idling speed when engine speed is increased continuously above predetermined time, by accelerator pedal	10
JP11022441A	1997	Storage for engine lubricant has left and right chambers, one of which stores oil strainer, formed in oil pan by projecting its central part upwards	9
JP2000092949A	1998	Engine rotation controller of agricultural vehicle e. g. combine harvester, reduces engine speed automatically to idle running level temporarily, during operation of both thresh clutch and moving clutch	8
JP2000161089A	1998	Accelerator control system of mowing industrial vehicle, operates accelerator lever automatically to bring engine speed detection value to value set based on operation position of gear shift lever	8
JP2007092626A	2005	Engine for industrial machine, has control apparatus which self adjusts fuel injection quantity from accumulator to each cylinder, based on drive map that is set between engine rotation speed and output	8
JP2008255941A	2007	Workload control apparatus for industrial vehicle, has mode setting unit performing engine control based on load prediction mode, selecting and setting specific load prediction mode among set of engine load prediction modes	8
JP2008185009A	2007	Engine rotation control apparatus of industrial vehicle e. g. tractor has transmission speed changer provided to regulate the speed change operation of vehicle main body with respect to output of engine speed setting unit	7

20.6 美国凯斯纽荷兰

20.6.1 专利申请趋势分析

经检索，美国凯斯纽荷兰申请有燃油喷射系统相关专利 18 项。

从图 20.11 可以看出，美国凯斯纽荷兰燃油喷射系统的研发工作开展较晚而且投入不多，首份专利申请出现于 1995 年，并且之后每年的专利申请量不超过 4 项。

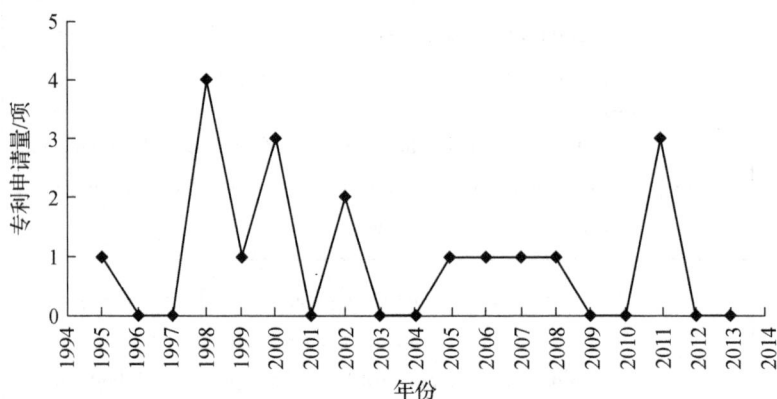

图 20.11 美国凯斯纽荷兰燃油喷射系统的年度专利走势

20.6.2 关键技术分析

表 20.16 列出了美国凯斯纽荷兰燃油喷射系统专利申请的 TOP 20 IPC 代码，从中可以看出美国凯斯纽荷兰在燃油喷射系统技术领域的研发重点。

表 20.16 美国凯斯纽荷兰燃油喷射系统专利申请的 TOP 20 IPC 代码

排名	申请量/项	IPC	IPC 类目	所占比例
1	5	F02D-031/00	不包含在其他类目中的非电气调速器在控制内燃机方面的应用	27.8%
2	4	G06F-019/00	专门适用于特定应用的数字计算或数据处理的设备或方法	22.2%
3	3	B60R-016/02	专门适用于车辆并且其他类目不包含的电气管路	16.7%
4	3	F02D-011/00	用于或适用于非自动的发动机控制的起动装置	16.7%
5	3	F02D-041/00	可燃混合气或其组分供给的电气控制	16.7%
6	3	F02D-041/02	可燃混合气或其组分供给的电气控制用产生控制信号的电路设置	16.7%
7	3	F02D-041/14	引入闭合回路的校正的燃烧发动机的电气控制用产生控制信号的电路设置	16.7%

续表

排名	申请量/项	IPC	IPC 类目	所占比例
8	3	F02D-045/00	不包含在组 F02D 41/00 至 F02D 43/00 中的燃烧发动机的电气控制	16.7%
9	2	B60K-006/00	用于共用或通用动力装置的多个不同原动机的布置或安装	11.1%
10	2	F02B-067/04	发动机辅助设备的机械驱动	11.1%
11	2	F02B-077/00	不包含在其他类目中的发动机部件、零件或附件	11.1%
12	2	F02D-011/02	以手、脚或类似的操作方式控制的起动装置	11.1%
13	2	F02D-011/10	以电动式连接为特点的用于或适用于非自动的发动机控制的起动装置	11.1%
14	2	F02D-041/38	高压型的燃料喷射的控制	11.1%
15	2	F02F-007/00	箱，如曲轴箱	11.1%
16	2	F02M-037/04	用从动泵输送的体燃料自储存容器至化油器或燃料喷射装置的输送设备或系统	11.1%
17	2	F02M-059/44	不包含在组 F02M 59/02 至 F02M 59/42 的装置中或与之无关的燃料喷射泵的零件、部件或附件	11.1%
18	1	A01B-063/00	农机或农具的提升或调整装置或机构	5.6%
19	1	F02D-013/04	用发动机作为制动器的对发动机输出功率的控制	5.6%
20	1	F02D-035/00	不包含在其他类目中的依靠发动机外部或内部条件而对其进行的非电气控制	5.6%

20.6.3　主要发明人和团队分析

表 20.17 列出了美国凯斯纽荷兰燃油喷射系统专利申请的主要发明人和团队。

表 20.17　美国凯斯纽荷兰燃油喷射系统专利申请的主要发明人和团队

专利量/项	发明人	前三合作者	时间范围	技术领域
3	PURCELL J J	无	1998—	B60R-016/02 [2]； H05K-007/20 [2]
2	ANDREWS E B	无	1999—	F02D-045/00 [2]
2	BORDINI G	无	2000—	B60K-006/00 [2]； B60K-006/04 [2]

20.6.4　专利国际布局

图 20.12 展示了美国凯斯纽荷兰燃油喷射系统专利申请的国际布局。主要农机企业除了

在本国进行专利保护外，为了在国外生产、销售相关农业机械，其必须在国外地区申请相关专利以求获得知识产权保护，同时该企业同族专利的申请也可以反映出其市场战略。

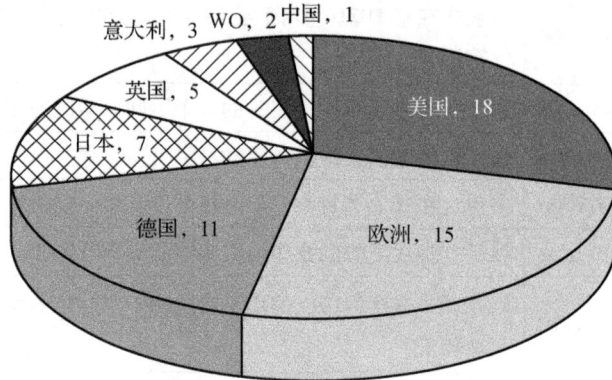

图 20.12　美国凯斯纽荷兰燃油喷射系统专利申请的国际布局

美国凯斯纽荷兰除在本国申请外，同时重点在欧洲、德国、日本、英国等国家和地区进行布局，表明美国凯斯纽荷兰更为重视这些国家和地区的市场。

20.6.5　专利质量分析

专利的被引频次标志着该专利的质量高低，专利被引频次越多，说明该专利的质量越高，并可能是某一技术的核心专利。

表 20.18 列出了美国凯斯纽荷兰在燃油喷射系统领域的 TOP 10 高引专利。

表 20.18　美国凯斯纽荷兰燃油喷射系统 TOP 10 的高引专利

基本专利号	优先权年	专利名称	被引次数/次
EP968885A2	1998	Chill plate for cooling electronic control unit of vehicle engine, particularly diesel engines	16
EP1205338A2	2000	Operating conditions controlling device for self-propelled vehicle, has mechanical devices which are separated from each other for controlling traveling and power take off output speed of vehicle and internal combustion engine respectively	14
EP974740A2	1998	Compression engine braking system for compression or diesel engines	11
EP1111491A2	1999	Electronic engine control unit in internal combustion engine, has temperature management system with CPU and sensors to monitor temperature of ECU and correspondingly limiting overheating of ECU	10

续表

基本专利号	优先权年	专利名称	被引次数/次
EP1371524A2	2002	Land-based vehicle control method e. g. for car, involves sending and/or storing correct value of parameter to electronic modules, based on majority decision in accordance with voting algorithm using collected values	9
EP1223066A2	2000	Internal combustion engine regulation and control for self-propelled vehicle, involves determining idling speed and injector opening from relationship between power and torque graphs as function of rotation speed	8
US7472684B1	2007	High low cruise control system for controlling the engine speed e. g. tractors has an engine controller that determines engine speed command based on engine speed relative to position of an input in absence of two modes	7
EP1186775A2	2000	Leakage detection method in fuel supply line to injectors of engine, involves monitoring of pressure surge during change of engine load from high to low value	6
EP770773A2	1995	Controller for IC engine especially for agriculture tractor. includes first timer enabling increased fuelling for power boost for limited duration and second timer preventing premature repeat.	4
GB2342391A	1998	Mounting ancillary units, on the lateral flange of a structural engine block	4

20.7　小结

　　通过对全球农用发动机龙头企业进行专利分析，发现农机企业的专利申请量在全球发动机燃油喷射系统的专利申请量所占比重非常低，但相比中国农机企业专利申请，国外农机企业在发动机燃油喷射系统的技术研发力量相对较强。根据农机企业在燃油共轨、单体泵中的专利布局分析，在汽车应用中比较热门的单体泵系统和燃油共轨喷射系统，在农机应用中仍为非常普遍，同样，也可以发现，日本洋马、久保田、井关农机等企业对共轨燃油喷射系统的技术研发相对重视，美国约翰迪尔对单体泵技术相对重视，而美国凯斯纽荷兰则在这两项技术领域中的专利都非常之少。对比这些企业，日本洋马拥有大量美国专利和PCT专利，也能一定程度上说明日本洋马在燃油喷射系统领域具有较强的技术实力。

第二十一章　中国主要农机企业燃油喷射系统专利分析

本章以德温特专利数据库和国家知识产权局中国专利数据库为数据源，通过关键词、IPC分类号及德温特手工代码相结合的检索方法进行专利检索和数据采集，得到在中国申请的柴油机燃油喷射系统相关专利族23 681项（检索时间范围为1963年至2015年6月，不包括外观专利），根据专利权人专利申请量排序，无国内外农机企业列入前20位，且中国企业仅有潍柴动力股份有限公司列入前20位。根据相关文献检索，中国农机零部件龙头企业主要有中国一拖、广西玉柴机器股份有限公司、天津雷沃动力股份有限公司、常柴股份有限公司、江苏常发实业集团有限公司及潍柴动力股份有限公司。本章将分析这些企业的专利现状和发展趋势。

21.1　中国一拖

21.1.1　专利申请趋势分析

中国一拖至2013年共申请燃油喷射相关专利28项，从2002年开始申请，但年申请量一直小于10项（图21.1），且以实用新型为主，发明专利仅为4项。

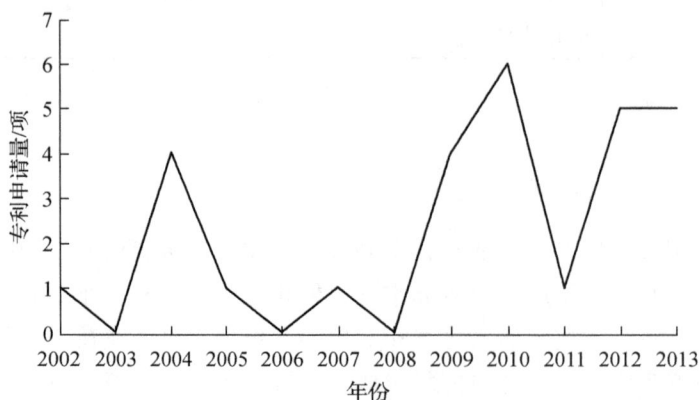

图21.1　专利申请趋势

21.1.2　关键技术分析

国际专利分类号（IPC）包含了专利的技术信息，通过对这些专利进行基于IPC大组的统计分析，可以了解、分析中国在该领域的研发重点等。通过分析，发现中国一拖的专利主要集中于电气控制、单缸发动机等技术部件（表 21.1）。图 21.2 展示了中国一拖在常用的燃油喷射系统中的专利布局，其在共轨和单体泵燃油喷射系统的相关专利共 13 项，但更侧重于单体泵燃油喷射系统，占全部专利的 1/3。

表 21.1 中国一拖燃油喷射系统的 TOP 5 IPC 代码

排名	申请量/项	IPC	IPC 类目	所占比例
1	10	F02D41	可燃混合气或其组分供给的电气控制	35.71%
2	6	F02B75	其他发动机，比如单缸发动机	21.43%
3	6	F02M51	以电力操作为特点的燃料喷射装置	21.43%
4	4	F02D15	改变压缩比	14.29%
5	4	F02F1	汽缸盖	14.29%

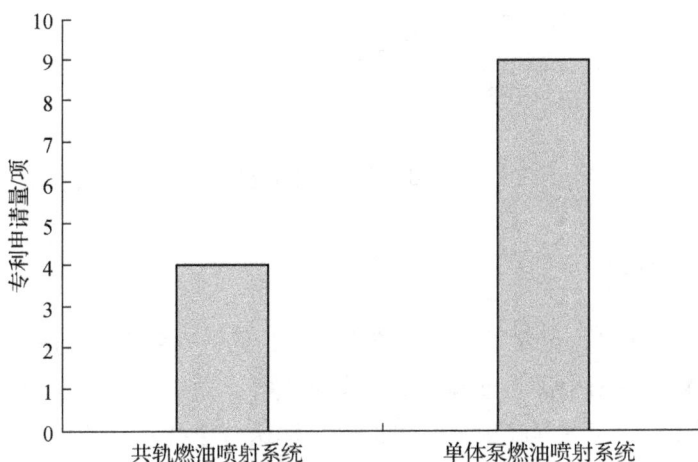

图 21.2 专利布局

21.1.3 发明人和团队分析

从表 21.2 可以看出，杨卫平、胡友耀、王建华、董伟、雷军 5 人不仅是中国一拖的主要研发人员，且合作密切，胡友耀、王建华、雷军主要研究方向为电气控制和电气装置，杨卫平研究方向比较全面，除研究电气控制外，对操作启动、泵传动装置等都有研究，董伟主要研究电气装置和单缸发动机。

表 21.2 燃油喷射系统专利申请的主要发明人和团队

专利申请量/项	发明人	主要合作者	主要研究领域
16	杨卫平	胡友耀、王建华、雷军	F02D41、F02M51、F02D11
13	胡友耀	王建华、雷军、杨伟平	F02D41、F02M51
12	王建华	胡友耀、雷军、杨卫平	F02D41、F02M51
12	董伟	杨卫平、胡友耀	F02M51、F02B75
12	雷军	王建华、胡友耀	F02D41、F02M51

21.2 广西玉柴机器股份有限公司

21.2.1 专利申请趋势分析

广西玉柴机器股份有限公司至 2013 年共申请专利 26 项。公司专利申请量稳步增长，从 2007 年开始申请相关专利，2011 年大幅增长（图 21.3）。但公司专利以实用新型为主。

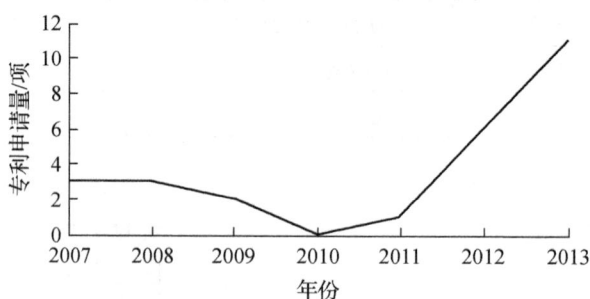

图 21.3 专利申请趋势

21.2.2 关键技术分析

国际专利分类号（IPC）包含了专利的技术信息，通过对这些专利进行基于 IPC 大组的统计分析，可以了解、分析中国在该领域的研发重点等。通过分析，发现广西玉柴机器股份有限公司的专利主要集中于燃料喷射器、喷射泵、输送管道技术部件（表 21.3），相比中国一拖，其研究方向相对分散，且电气控制技术较弱。图 21.4 展示了广西玉柴机器股份有限公司在常用的燃油喷射系统中的专利布局，其在共轨和单体泵燃油喷射系统的相关专利共 15 项，在整个燃油喷射系统的专利中所占比重较低，但共轨燃油喷射系统从 2013 年开始出现大幅增长。

表 21.3 广西玉柴机器股份有限公司燃油油喷射系统的 TOP 5 IPC 代码

排名	申请量/项	IPC	IPC 类目	所占比例
1	24	F02M61	不包含在 F02M39 至 F02M57 中的燃料喷射器	27.5%
2	10	F02D1	燃料喷射泵的控制，例如高压喷射型	12.5%
3	8	F02M37	液体燃料自储存容器至化油器或燃料喷射装置的输送设备或系统	12.5%
4	7	F02M55	以其自身的燃料输送管或通风装置为特征的燃料喷射装置	11.8%
5	5	F02M59	专门适用于燃料喷射且不包含在组 F02M39 至 F02M57 中的泵	11.25%

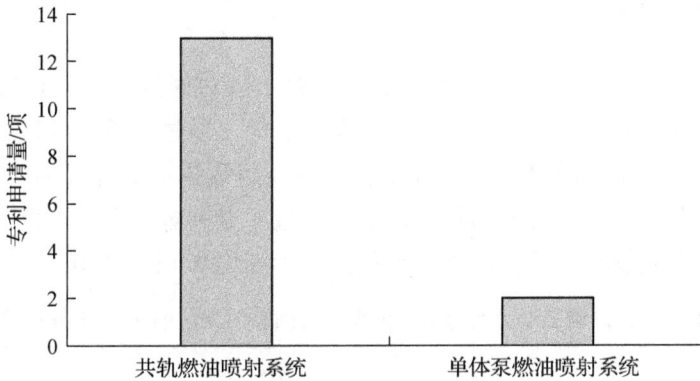

图 21.4　专利布局

21.2.3　主要发明人和团队分析

根据发明人数据分析，莫宗华、蒙小聪、杨树宝不仅是广西玉柴机器股份有限公司的主要技术研发人员，且 3 人合作关系密切。蒙小聪、杨树宝主要集中于研究燃料喷射器，而莫宗华研究领域较为全面，其研究方向主要有燃料喷射器、燃料喷射泵及燃料喷射泵的控制。

21.3　天津雷沃动力股份有限公司

21.3.1　专利申请趋势分析

天津雷沃动力股份有限公司至 2013 年共申请专利 34 项，公司从 2007 年开始申请相关专利，2010 年达到最高峰，之后，申请量急剧下降（图 21.5）。公司专利以实用新型为主，发明专利仅为 3 项。

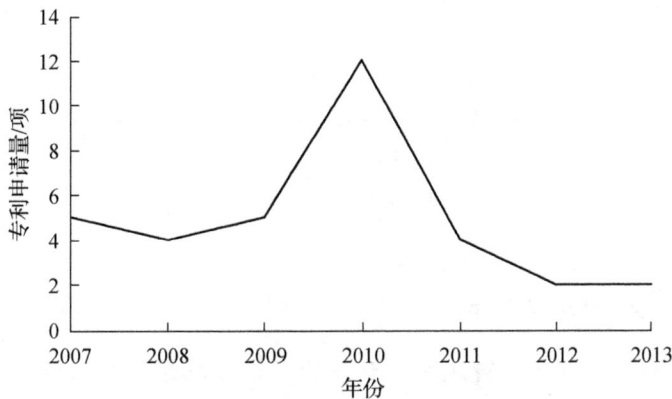

图 21.5　专利申请趋势

21.3.2 关键技术分析

国际专利分类号（IPC）包含了专利的技术信息，通过对这些专利进行基于 IPC 大组的统计分析，可以了解、分析中国在该领域的研发重点等。通过分析，发现天津雷沃动力股份有限公司的专利主要集中于燃料输送设备、非自动控制等技术部件（表 21.4），相比其他，其研究方向也相对分散，且电气控制技术较弱。通过对专利布局进行分析，发现有关共轨燃油喷射系统的相关专利仅有一件，而单体泵相关专利则为 0（图 21.6）。

表 21.4　天津雷沃动力股份有限公司燃油油喷射系统的 TOP 5 IPC 代码

排名	申请量/项	IPC	IPC 类目	所占比例
1	12	F02D11	用于或适用于非自动的发动机控制的启动装置	33.3%
2	6	F02M37	液体燃料自储存容器至化油器或燃料喷射装置的输送设备或系统	16.67%
3	6	F02M55	以其自身的燃料输送管或通风装置为特征的燃料喷射装置	16.67%
4	5	F02M59	专门适用于燃料喷射且不包含在组 F02M39 至 F02M57 中的泵	13.89%
5	4	F02M61	不包含在 F02M39 至 F02M57 中的燃料喷射器	11.11%

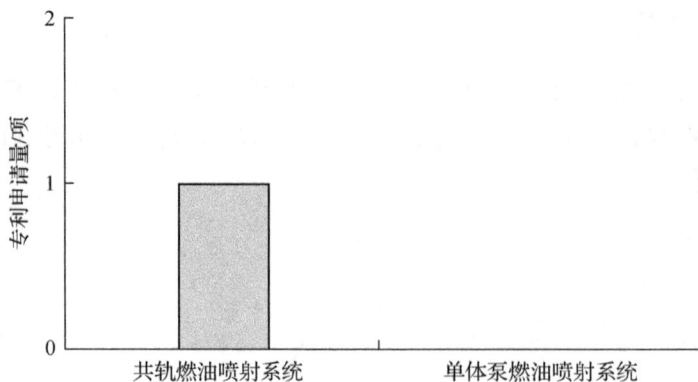

图 21.6　专利布局

21.3.3 主要发明人和团队分析

从表 21.5 可以看出，刘璇、曹庆军、李方成、梅立峰是天津雷沃动力股份有限公司的主要技术研发人员，但互相之间的合作关系不是非常密切。刘璇主要集中于研究燃料喷射器和非自动控制操作，曹庆军主要集中于研究燃料喷射电气装置，梅立峰主要集中于研究非自动控制操作。

表 21.5　燃油喷射系统专利申请的主要发明人和团队

专利申请量/项	发明人	主要合作者	主要研究领域
5	刘璇	曹庆军、梅立峰	F02M61、F02D11
5	曹庆军	刘璇、李方成、梅立峰	F02M51、F02D1
5	李方成	曹庆军	F02M55、F02M47
5	梅立峰	刘璇、曹军庆	F02D11、F02D1
4	田一楠	莫宗华、陶喜军	F02M37、F02D11

21.4　常柴股份有限公司

21.4.1　专利申请趋势分析

截至 2013 年，常柴股份有限公司共申请相关专利 14 项，公司从 2004 年开始申请相关专利，年度专利申请量一直小于 5 （图 21.7）。公司专利以实用新型为主，发明专利仅为 3 项。

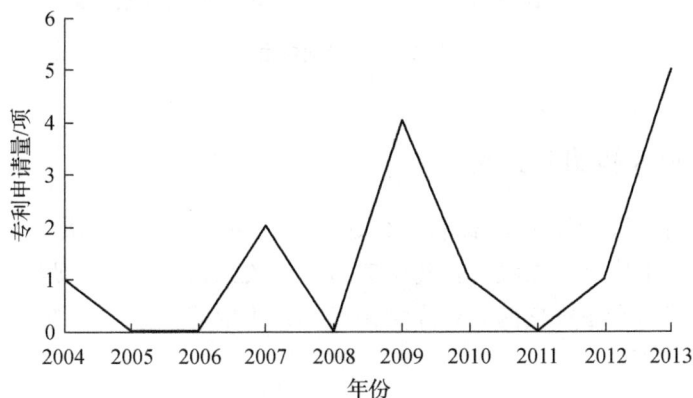

图 21.7　专利申请趋势

21.4.2　关键技术分析

国际专利分类号（IPC）包含了专利的技术信息，通过对这些专利进行基于 IPC 大组的统计分析，可以了解、分析中国在该领域的研发重点等。通过分析，发现常柴股份有限公司的专利主要集中于燃料喷射器、非自动控制、单缸发动机等技术部件（表 21.6），相比其他，其研究方向也相对分散，且电气控制技术较弱。通过对专利布局进行分析，发现有关共轨燃油喷射系统的相关专利仅有一项，而单体泵相关专利则为 0（图 21.8）。

表 21.6　常柴股份有限公司燃油喷射系统的 TOP 5 IPC 代码

排名	申请量/项	IPC	IPC 类目	所占比例
1	12	F02M61	不包含在 F02M39 至 F02M57 中的燃料喷射器	26.32%
2	6	F02D1	燃料喷射泵的控制，例如高压喷射型	21.05%
3	6	F01L1	阀机构或阀装置	15.79%
4	5	F02D11	用于或适用于非自动的发动机控制的启动装置	15.79%
5	4	F02B75	其他发动机，如单缸发动机	10.53%

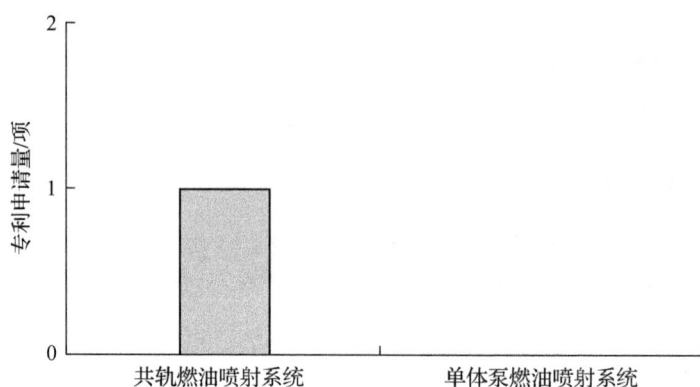

图 21.8　专利布局

21.4.3　主要发明人和团队分析

从表 21.7 可以看出，王伟峰、徐毅、孙建中、杨荣华、庄华良是常柴股份有限公司的主要技术研发人员，王伟峰、徐毅、孙建中 3 人合作关系密切，主要研究方向为燃料喷射器和非自动控制。杨荣华和庄华良两人合作关系密切，主要研究方向为燃料喷射泵的控制和阀机构。

表 21.7　燃油喷射系统专利申请的主要发明人和团队

专利申请量/项	发明人	主要合作者	主要研究领域
9	王伟峰	徐毅、孙建中	F02M61、F02D11
8	徐毅	王伟峰、孙建中	F02M61、F02D11
7	孙建中	王伟峰、徐毅	F02M61、F02D11
6	杨荣华	庄华良	F02D1、F01L1
4	庄华良	杨荣华	F02D1、F01L1

21.5　江苏常发实业集团有限公司

21.5.1　专利申请趋势分析

江苏常发实业集团有限公司至 2013 年共申请专利 24 项，公司从 2002 年开始申请相关专利，2006 年申请量为 7 项，为年度最高申请量。公司专利以实用新型为主，发明专利为 5 项（图 21.9）。

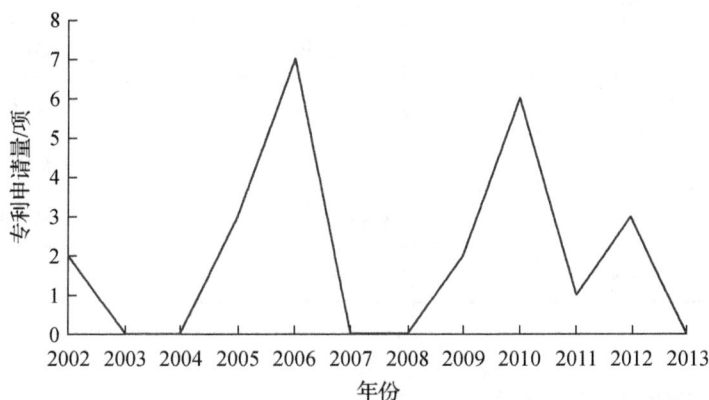

图 21.9　专利申请趋势

21.5.2　关键技术分析

国际专利分类号（IPC）包含了专利的技术信息，通过对这些专利进行基于 IPC 大组的统计分析，可以了解、分析中国在该领域的研发重点等。通过分析，发现江苏常发实业集团有限公司的技术研究方向为燃气发动机，但有关燃料喷射器、燃料喷射泵及电气控制等技术部件的专利非常少（表 21.8）。

表 21.8　江苏常发实业集团有限公司燃油喷射系统的 TOP 5 IPC 代码

排名	申请量/项	IPC	IPC 类目	所占比例
1	10	F02M37	液体燃料自储存容器至化油器或燃料喷射装置的输送设备或系统	38.46%
2	6	F02D1	燃料喷射泵的控制，例如高压喷射型	23.08%
3	3	F02B63	用于驱动手提工具、发电机或泵的发动机；发动机与其所驱动装置的便携式组合件	11.54%
4	3	F02D19	以使用非液体燃料、多种燃料，或可燃混合气中添加非燃物质为特点的发动机控制	11.54%
5	3	F02M21	供给发动机以非液体燃料的装置，如以液态形式所贮存的气态燃料	11.54%

21.5.3 主要发明人和团队分析

从表 21.9 可以看出，江苏常发实业集团在燃油喷射系统的技术人员集中，技术研发主要由程铁仕和张俊焕两个团队完成，合作分散，程铁仕团队的专利申请量达 10 项，主要研究方向为燃料喷射泵的控制和燃料输送设备，张俊焕团队主要研究方向为燃料输送设备和燃料箱的结构或安装。

表 21.9　燃油喷射系统专利申请的主要发明人和团队

专利申请量/项	发明人	主要合作者	主要研究领域
10	程铁仕	徐富城、潘洪玉	F02D1、F02M37
6	张俊焕	倪旭初、郦高卫	F02M37、B60K15
6	徐富城	程铁仕、潘洪玉	F02D1、F02M55
4	仲伟胜	程铁仕	F02M59、F02D1
4	倪旭初	张俊换、郦高卫	F02M37

21.6　潍柴动力股份有限公司

21.6.1　专利申请趋势分析

潍柴动力股份有限公司至 2013 年共申请专利 214 项，其中，WIPO 专利 5 项。公司专利申请量稳步增长，从 2003 年开始申请相关专利，期间申请量不稳定，2010 年之后大幅增长，到 2013 年专利申请量为 50，达到最高峰（图 21.10）。公司专利质量较高，发明专利申请达到 97 项，占总量的 45%。

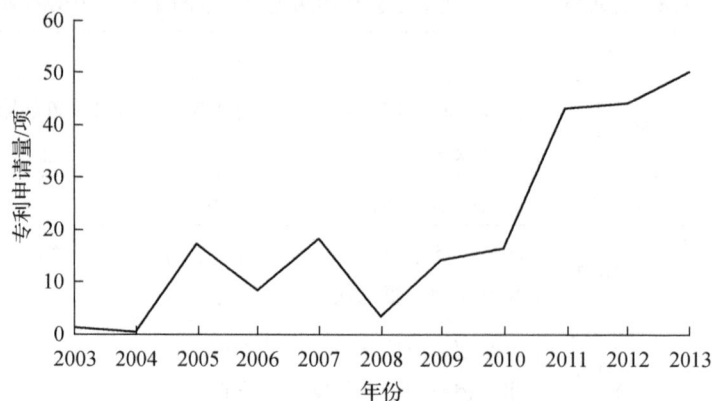

图 21.10　专利申请趋势

21.6.2 关键技术分析

国际专利分类号（IPC）包含了专利的技术信息，通过对这些专利进行基于 IPC 大组的统计分析，可以了解、分析中国在该领域的研发重点等。通过分析，发现潍柴动力股份有限公司的专利主要集中于电气控制和电气装置部件，其电气控制技术占总专利量的 42%，燃料输送设备和燃料喷射器部件也是该公司的主要研究领域（表 21.10）。图 21.11 展示了潍柴动力股份有限公司在常用的燃油喷射系统中的专利布局，其在共轨和单体泵燃油喷射系统的相关专利共 34 项，在整个燃油喷射系统的专利中占比 17%，其中，2 项有关共轨压力控制的专利申请了 WIPO 专利。

表 21.10　潍柴动力股份有限公司燃油喷射系统的 TOP 5 IPC 代码

排名	申请量/项	IPC	IPC 类目	所占比例
1	101	F02D41	可燃混合气或其组分供给的电气控制	42.11%
2	35	F02M37	液体燃料自储存容器至化油器或燃料喷射装置的输送设备或系统	14.17%
3	30	F02M61	不包含在组 F02M39 至 F02M57 中的燃料喷射器	12.15%
4	16	F02M51	以电力操作为特点的燃料喷射装置	6.88%
5	18	F02M55	以其自身的燃料输送管或通风装置为特征的燃料喷射装置	6.48%

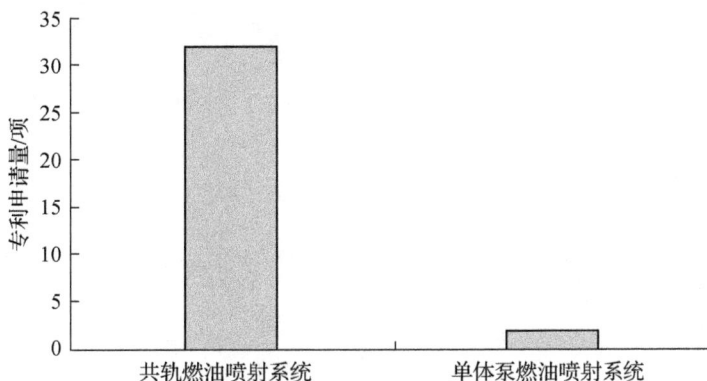

图 21.11　专利布局

21.6.3 主要发明人和团队分析

从表 21.11 可以看出，潍柴动力股份有限公司的技术研发力量不是非常集中，佟德辉、孙少军、刘兴义、李大明、桑海浪等作为主要技术研发人员，其专利所占比重不高，但 5 位人员的主要研究方向均为电气控制技术和电气部件，说明潍柴动力股份有限公司的电控技术力量还是比较强的。

表 21.11　燃油喷射系统专利申请的主要发明人和团队

专利申请量/项	发明人	主要合作者	主要研究领域
48	佟德辉	孙少军、桑海浪	F02D41
37	孙少军	佟德辉、桑海浪	F02D41
32	刘兴义	李大明、孙海浪	F02D41、F02M51
31	李大明	刘兴义、桑海浪	F02D41
26	桑海浪	佟德辉、孙少军	F02D41、F02M51

21.7　小结

通过对国内农用发动机龙头企业进行专利分析，发现有关农用发动机燃油喷射系统的专利申请量所占比重非常低，而农机企业在农用发动机的专利总量中占比又非常低。根据上述企业的专利分析，专利申请量较高的企业主要是潍柴动力股份有限公司和广西玉柴机器股份有限公司，根据对这两个公司的产品分析，其发动机的应用领域较为广泛，而农用发动机是其应用领域之一。作为国内龙头农机企业的中国一拖、常发集团、常柴股份、天津雷沃4家公司的相关专利均在30项左右，且专利质量较低，技术研究方向相对落后，基本主要集中在传统技术部件的改造，而有关电控技术和电控装置的相关专利较少。

第二十二章　我国农业装备动力装置供油系统发展建议

22.1　我国农业装备动力装置供油系统存在问题

22.1.1　国产燃油喷射技术研发落后

我国的燃油供给系统技术比较差，不管是汽车用发动机还是非道路移动机械用发动机，核心技术均掌握在国外企业手中。从文献调研获悉，目前，大部分农用柴油机仍在采用柱塞式喷油泵供油系统，喷油压力为 $10 \sim 40$ MPa，油滴雾化程度低，大负荷时烟度大，为 $2 \sim 6$ FSU。从专利统计分析，我国企业在发动机燃油喷射系统的技术研发都非常薄弱，而在农业应用中的发动机技术研发则更为薄弱，专利申请量基本以非发明专利为主，专利质量不高，专利申请主要以国内申请为主，国外布局很弱，这也导致目前中国的农机只能走低端路线，出口市场以东南亚、非洲落后国家为主。近年来，虽然国家引导企业大力投入研发，通过引进国外先进技术提升自主创新能力，获得了一定程度的突破，但因为核心技术掌握在国外企业手中，想要根本上自主创新燃油喷射系统，路途仍很遥远。

22.1.2　国内制造业水平低

我国的制造业水平，尤其是装备制造业水平与国际先进水平存在差距，产品粗糙，质量不稳定，这主要因为我国的制造装备低端，欧美发达国家早在 70 年代末、80 年代初已开始大规模使用数控机床，在产品开发中推行 CAD、虚拟制造及在生产管理中推行 MIS（管理信息系统）、CIMS 等。此外，我国的技工的文化素质相对偏低，操作不规范。

22.1.3　农民购买力不足

我国农民的经济收入较低，根据国家统计局数据显示，2013 年我国农村居民人均纯收入 8896 元，因此农民没有足够的资金来购买新型高端的农业机械化设备。而国家的财政补贴不足，虽然中央财政自 2004 年发布农机购置补贴政策，财政投入年平均增长率为 35.6%，但相对全国的农机购置量，绝大部分投入仍靠农民个人的筹措。随着农用柴油机排放标准从国 II 升级到国 III，农民的购买成本仍将增加，购买力可能将继续降低。

22.1.4　农业从业人员素质和技能水平普遍偏低

和发达国家相比，我国农业从业人员的文化素质偏低，农民对尾气治理的认知度有限，节能观念意识淡薄。由于农机操作人员对新型农机技术的了解有限，在实际的使用中，操作不规范，技巧不娴熟，影响机械的有效运转，造成不必要的磨损和能源浪费，缩短了农业机械的使用寿命，进而提高了机械化作业的成本。此外，在我国当前的农机技术培训中存在的突出问题有教学基础设施薄弱、师资队伍技能素质偏低、培训内容相对滞后、培训方法不够灵活和服务功能弱等。

22.2 推动我国农业装备动力装置供油系统发展建议

22.2.1 企业成为推动农业装备发展的创新主体

1. 立足实际，加快传统技术改造

根据专利分析，我国的有关农机柴油发动机燃油喷射系统的专利仍集中在传统的技术部件改造，电控技术应用所占比重仍然较低，这与我国是世界上单缸柴油机产量最大的国家，单缸柴油机又占据我国农用发动机总量的90%以上这一国情相符。而根据成本统计，单缸柴油机的技术改造几乎为整机成本。如何对单缸柴油机进行技术升级改造，是农机产品实现转型升级的主要技术路线之一。

目前，产业界和学术界已经针对单缸柴油机改造提出了多种路线。刘胜吉提出采用启动提前的喷油泵，提高喷油泵的泵端压力和喷油器开启压力，采用大凸轮升程小柱塞直径等技术优化单缸柴油机喷油系统。邓飞中提出对柱塞式柴油泵进行改造完成两次喷油实现p-HCCI清洁燃烧技术，降低农用柴油机排放，具体改造方案包括现有柱塞喷油泵技术基础上，原技术要求、标准、关键零部件不变，仅对凸轮、柱塞、柱塞套进行改造，实现燃油的两次喷射，且通过一套油量控制系统，实现对两次喷油量的同步控制。徐富城等研发设计出的新型立式直联单缸柴油机排放达到非道路欧Ⅱ排放，该系统从油耗和排放的角度综合考虑，供油系统采用高油压＋小孔径＋合理的喷油提前角的方案，设计大升程、大柱塞直径的油泵，并选用低惯量的"S"形喷油嘴和AD型加强型单体喷油泵部件。

2. 自主研发，加快新型系统开发

从获得的文献资料也可知，电控单体泵具有技术成熟、燃油质量敏感度低、使用维护条件要求不高、使用寿命长、制造工艺相对简单、成本低、产品价格低等优点，成为国内比较成熟的电控燃油喷射系统。但在农用发动机应用中，此类系统的专利占比非常低，主要有约翰迪尔、日本久保田、中国一拖等公司申请了相关专利。这可能因为农业机械的负载不均匀，而单体泵的喷射压力直接由高压泵控制，随负载变动不灵活，所以目前在农机应用中的研究不多。但相关学者认为该系统可根据农机动力性和排放要求进行比较低成本的优化匹配设计，例如，吕殿祥等认为通过将电控单体泵优化设计，可替代机械泵应用在单缸柴油机中，并通过对原单缸柴油机的凸轮轴、齿轮盖板、喷油器进行改造实现农机电控燃油喷射。根据专利统计分析，单体泵的研发技术从1966年就开始申请，核心技术至今已非常成熟，且已存在很多无效专利。根据关键技术分析，也可以发现最近几年的相关专利主要布局在系统零部件或新材料研发等外围专利。所以，企业可充分利用无效专利，加强自主研发，结合农机特点，积极开拓外围技术，开发电控单体泵、泵喷嘴等农机应用新型产品。

文献资料显示，共轨燃油喷射系统的技术在汽车领域已被广泛应用，并在降排减排上功不可没。共轨技术在2000年之后开始快速发展，众多公司的研发热点主要集中在共轨部件和电子控制部件。由于经济成本原因，共轨燃油喷射系统在农机中的应用相对较少。日本久保田通过开发新型输油泵，并根据柴油机转速和负荷条件，对喷油定时、喷油压力和喷油规律进行参数优化而开发的共轨直喷式柴油机，能广泛应用在非道路领域。但总体上说，电控软件和电控相关部件仍将成为共轨燃油喷射系统今后一段时间的研发热点。这与当今制造业互联网＋的趋势也不谋而合。目前，中国对高压共轨燃油喷射系统的研究与开发尚处于起步阶段，研究单位主要以高校、科研院所为主，如哈尔滨工程大学、无锡油泵油嘴研究所等，企业应加强与这些科研机构的合作，结合农用发动机特色，从电控喷油器、液力控制阀、喷油嘴偶件、高速执行器及ECU电控软件等关键技术开展研究。

3. 情报跟踪，加强专利战略实施

国内企业应对全球农用发动机龙头企业实施跟踪战略，包括企业新产品发布信息、专利申请信息及市场布局信息，对企业专利信息进行实时的跟踪分析，包括法律状态、专利申请动态、专利技术分布、专利引用和被引动态等，通过分析，结合自身产品特点，实行专利外围战略，即采用具有相同原理并环绕他人基本专利的许多不同专利，加强自己与基本专利权人进行对抗的战略，并借此实行交叉专利许可战略。

从专利权人分析可知，电控单体泵燃油喷射系统占据技术领先地位的公司主要有德国博世公司、美国卡特彼勒、康明斯、LUCAS、德尔福、日本电装公司等，而农机行业中占据技术领先地位的主要有约翰迪尔、德尔菲、日本久保田、中国一拖等公司；共轨燃油喷射系统占据技术领先地位的公司主要有德国博世公司、日本电装公司、德国西门子公司、德国大陆汽车公司、美国卡特彼勒等，而农机行业中占据技术领先地位的主要有日本井关农机、日本洋马、德国博世公司及日本电装公司等公司。所以建议国内企业对这些技术领先企业实行专利跟踪战略，进而实施企业自身的技术布局。

22.2.2　政府政策支持鼓励，完善配套措施

1. 政策引导，强化产学研合作

根据文献综述和专利分析，目前我国在农业装备动力装置供油系统技术改进中，高校和企业人员的技术力量势均力敌。而当前高校和科研院所相对偏重教学和科研，对实际生产中的需求关注不够，而企业人员的技术改进路线又相对只关注应用中出现的实际问题，所以应加大双方合作，以生产实际需求指导科研方向。目前，高校科研成果主要以课题为导向，部分科研成果脱离实际，导致许多科研成果束之高阁，所以可以通过鼓励专家在企业任职，引导科技创新以市场为导向，提高科技成果转化率。同样，农业的天然弱性导致农机行业同样存在风险大、投资高的特点，这就需要高校、科研机构等公共研究机构的研究投入，而企业的追求利润的本性，应主要面向投资回报率相对较高、应用性强、社会效果好的项目，两者相互配合才能真正促进农业装备的科技创新。

2. 培育龙头农业装备科技创新企业

企业是科技创新的主体，国外农业装备的迅速发展，都离不开龙头企业的技术发展。中国的农业装备发展需要有大型企业的参与，但与国外企业相比，中国的农业企业发展时间较短、市场经验不足，企业在技术研发中的经验不足。因此，政府一方面可以通过鼓励有实力的农业企业通过并购国外先进企业扩大规模、增强实力；另一方面，可以鼓励大型相关装备创新企业涉足农业领域，带动农业科技创新的发展。

3. 完善配套财税、金融政策

借鉴国外政府扶持农业发展的政策，通过农机购置补贴、农户购买税收减免等优惠政策，降低农机购买成本，调动农民使用先进农机的积极性，为农机企业提升研发成本、提高农机价格做好过渡准备。同时，针对农业的特殊性，加快完善配套农业装备金融支持政策，为企业融资提供便利、为研发项目提供风险保障。2013 年，国家出台《农业保险条例》，明确将农机保险列为涉农保险，且成为农业保险的重要内容。但农机保险工作仍未全面开花，需要政府更好地引导推动。

参 考 文 献

[1] 李树君. 中国战略性新兴产业研究与发展：农业机械 [M]. 北京：机械工业出版社，2013.

[2] 王兴伟，罗水成，等. 欧美市场非道路欧Ⅳ发动机技术路线及配套注意事项 [J]. 拖拉机与农用运输车，2015（6）：1-4，8.

[3] 宋玉平，杨卫平，雷军. 非道路国Ⅲ柴油机电控系统的工作原理及其特点 [J]. 拖拉机与农用运输车，2014（12）：33-39.

[4] 彭天权. 从 bauma China 2014 看非道路发动机Ⅲ阶段技术路线及发展趋势 [J]. 建设机械技术与管理，2014（12）：57.

[5] 中国非道路柴油机技术现状和展望 [J]. 重发科技，2015（1）：27-34.

[6] 胡乃涛，李治国，张学敏. 国内外非道路车辆排放研究进展 [J]. 中国农机化学报，2015（3）：243-246.

[7] 李玉刚，向梁山，罗马吉，等. 非道路用柴油机排放控制现状与发展趋势研究 [J]. 中国水运，2010（4）：90-91.

[8] 彭天权. 非道路用发动机国Ⅲ排放技术分析和应对策略 [J]. 建设机械技术与管理，2013（5）：29-31.

[9] 郑颖，刘清. 柴油机电控燃油喷射系统的发展及研究现状 [J]. 交通节能与环保，2007（1）：21-24.

[10] 段俊国，杜天宇，等. 柴油机燃油喷射系统的发展历程 [J]. 汽车运用，2014（5）：56.

[11] 依田稔之. 柴油机燃油喷射装置的发展动向 [J]. 国外内燃机，2014（6）：19-22.

[12] 包俊江，邢居真，高俊华. 柴油机电控技术发展与国Ⅲ排放技术路线 [J]. 天津汽车，2009（2）：31-34.

[13] 智刚毅，王桂香. 柴油机电控燃油喷射系统现状与发展趋势 [J]. 农机化研究，2008（6）：206-207.

[14] 刘军萍，续彦芳，杨帆，等. 柴油发动机高压共轨燃油喷射技术研究 [J]. 内燃机与配件，2012（2）：9-12.

[15] 黄和祥，彭玲玲. 柴油发动机高压共轨喷射系统介绍 [J]. 机械工程与自动化，2012（5）：211-

213.

[16] 胡祝昌，苏铁熊．柴油发动机高压共轨技术研究［J］.机械管理开发，2011（4）：23－24，26.

[17] 司康．国Ⅳ之后柴油机三种燃油喷射系统对比及其技术发展趋势［J］.轻型汽车技术，2012（5/6）：13－16.

[18] 张晓东，黄安华．柴油机的电控燃油喷射技术及其应用［J］.重型汽车，2011（2）：17－18.

[19] 边金英，戴远征．柴油发动机电控燃油喷射系统对排放的影响［J］.农机化研究，2006（7）：211－212.

[20] 刘阳君．电控高压共轨燃油喷射系统［J］.汽车工程学报，2010（1）：78－79.

[21] 唐维平．电控高压共轨燃油喷射系统的制造技术与关键装备［J］.汽车与配件，2012（2）：18－21.

[22] 罗马吉，熊峰，等．降低非道路用增压柴油机 NO_x 和 PM 排放的试验研究［J］.内燃机工程，2009（5）：27－30.

[23] 王兴伟，贾方，杨婉丽．车用柴油机配套拖拉机的改进［J］.拖拉机与农用运输车，2010（4）：101.

[24] 白海，李仕存，孟利清，等．电控柴油机应用于农业机械存在的问题及对策［J］.江苏农业科学，2015（4）：375－378.

[25] 李进，吴西艳，王少明．满足未来排放法规的非道路用柴油机技术研究［J］.现代商贸工业，2014（12）：193－194.

[26] 曲泽臣．农业拖拉机技术发展研究进展［J］.现代农业科技，2012（9）：266.

[27] 刘胜吉，尹必峰．满足单缸国Ⅱ排放的技术难题与对策［J］.小型内燃机与摩托车，2009（4）：85－88.

[28] 邓飞中．实现农用柴油机 p-HCCI 清洁燃烧的柱塞式两次喷油泵的原理与结构［J］.中国农机化学报，2014（4）：143－147.

[29] 徐富城，程铁仕，单震，等．新型立式直联单缸柴油机的研制［J］.内燃机，2013（6）：22－26.

[30] HASEGAWA T，KUNO T，KITA K，等．小型非道路用共轨直喷式柴油机的技术理念［J］.国内外内燃机，2014（1）：44－47.

[31] 刘向黔．欧美非道路排放法规中的灵活政策：TPEM 法规介绍［J］.科技，2011（4）：21－24.

[32] 赵惠娟，刘妮雅，杨伟坤．农业科技创新体系中企业主体地位的美国经验与启示［J］.世界农业，2015（7）：52－55.

[33] 刘海英．新型农业机械化发展概述［J］.黑龙江科技信息，2014（16）：260.

[34] 戴锡联．江苏农机政策性保险工作取得新进展［J］.中国农机监理，2013（11）：15.

[35] 吕殿祥，张秉鉴，王英超，等．电控单体泵在单缸柴油机上的优化匹配与应用［J］.现代车用动力，2013（3）：48－50.

第五部分　穆栽机械
发展动态研究

第二十三章　移栽机械发展概述

23.1　移栽机械国外发展现状

国外移栽机械发展起步较早，20世纪20年代，欧洲一些发达国家已经研制出用于蔬菜生产作业的手工喂苗移栽机具。30年代末至40年代初，移栽机构已经取代了手工喂苗移栽机具的人工动作，使得喂苗过程实现了机械化。50年代至60年代，已经研制出多种型号的半自动移栽机。到80年代，半自动移栽机已经在农业生产中广泛使用，同时制钵、育苗、移栽已形成完整的系统。

目前，德国、荷兰、法国、意大利等欧洲国家在制钵机械和自动移栽机械等技术上已经达到较高水准，并应用于实际生产中。美国在蔬菜移栽机械上的研究和应用更为普遍，蔬菜育苗机械化程度已达到70%以上。欧美等发达国家注重实施与改进蔬菜育苗、整地、移栽各环节的技术配套，已基本实现了蔬菜机械化移栽，蔬菜移栽机械正在向高速化、自动化方向发展。欧美典型的自动移栽机有：①美国生产的Sonoyo系列高速全自动移栽，适于西红柿、西兰花、卷心菜、花椰菜、烟苗等穴盘苗的栽植，其最高移栽效率可达8000株/（行·h）；②意大利法拉利公司生产的FPC型全自动膜上移栽机，该机的栽植机构机械化、自动化程度较高，一次性可以移栽4行穴盘苗，移栽质量可靠、工作效率高，其最高移栽效率可达5000株/（行·h），适用于辣椒、棉花、洋葱、西瓜、哈密瓜、生菜等各种蔬菜穴盘苗的种植；③澳大利亚威廉姆斯有限公司生产的移栽机，包括3，4和6行移栽机，移栽效率可达9000株/h，13 000株/h和10 000株/h。Transplant Systems公司生产的HD 144系列的穴盘苗全自动移栽机，适用于大田作业，移栽效率可达15 000株/h。

日本已研制和使用全自动移栽机，其自动化、机械化程度高，而且各种移栽机专用性很强，一般只适用于一种作物。日本目前拥有适应裸苗、带土单苗、纸钵单苗和链式纸钵苗等多种形式的蔬菜移栽机，针对穴盘苗的全自动移栽机也已开发成功并推广使用，日本洋马、井关农机及久保田等公司都有比较成熟的机型。以洋马自动移栽机为例，以原有插秧机技术为基础并加以改进，1行只配1个取苗机械手，机械手从育苗盘中将苗取出，夹持至栽植部件上方，投入栽植器。该类型移栽机机型体积小，移动灵活，特别适用于丘陵小地块作业。缺点是1次只取1株苗，速度较低，作业效率为50株/（行·min）。日本注重育苗方式与全自动移栽机相协调的标准化工作。例如，蔬菜穴盘采用挠曲输送方式，因此采用塑性和强度都比较好的专用穴盘，然而我国目前普通的蔬菜育苗穴盘都不适用。日本井关农机研制的PYHR2-E18型号移栽机，该机适用于各种种植作物的栽培体系，其效率可达3600株/h，栽植2行，行距可调节范围：300～400 mm，400～500 mm；株距调节范围：300 mm，

320 mm，350 mm，400 mm，430 mm，480 mm，500 mm，540 mm，600mm。洋马生产的 PF2R 乘坐式全自动移栽机，该机一次作业 2 行，移栽密度达 22 500～67 500 株/hm²，作业效率为 0.17 hm²/h，移栽行距为 600 mm，650 mm，株距调节范围：260～800 mm。

23.2 移栽机械国内发展现状

我国最早对移栽机的研究始于 20 世纪 50 年代，当时主要是试验研究棉花育苗移栽机和甘薯穴盘苗栽植机。到了 20 世纪 70 年代，我国开始研究裸根苗移栽机，主要是甜菜移栽。在 80 年代，成功研制了半自动蔬菜移栽机，在这期间，也引进了国外先进的移栽机械，但由于育苗技术和移栽配套性技术的局限性，未得到国内市场的认可。目前，国内已经成功研制出多种类型的移栽机械，其中，根据栽植器机构特点，移栽机可以分为：钳夹式移栽机、链夹式移栽机、挠性圆盘式移栽机、导苗管式移栽机、皮带式移栽机、吊篮式移栽机，各类移栽机结构特点及其代表机型见表 23.1。

表 23.1　各类移栽机结构特点及其代表机型

按移栽器结构分类	特点	代表机型
钳夹式移栽机	结构简单、株距和栽植深度稳定、成本低、较低速情况下可以保证不漏苗；但作业时易伤苗、高速时易漏苗、工作效率低	南通富来威农业装备有限公司的 2ZQ-4 型油菜移栽机、宁津县金利达田耐尔 2ZQ 型钳夹式秧苗移栽机
链夹式移栽机	可以保证株距和栽植深度的准确性，但易伤苗，工作效率低	黑龙江省农垦科学院研制的 2Z-2 型、2Z-6 型链夹式移栽机
挠性圆盘式移栽机	结构简单、成本低、株距的适应性较好。但栽植深度不易控制，易伤苗、挠性圆盘寿命较差	山东宁津县滕达农具厂 2YZ-1 秧苗移栽机、新疆农科院研制的 ZT-2 型纸筒甜菜移栽机
导苗管式移栽机	不伤苗，可以保证较好的秧苗直立度和栽植深度准确性；但株距调整不易，容易出现重栽、漏栽的现象，相对而言，结构较复杂、成本较高	中国农业大学研制的 2ZDF 型移栽机、山东理工大学研制的 2EG-2 型带喂入式钵苗移栽机
皮带式移栽机	结构简单、移栽速度高；但不能保证工作可靠性和移栽质量	石河子大学研制的新疆番茄苗输送带式移栽机
吊篮式移栽机	自行完成膜上打孔、不伤苗、保证了株距的准确性；但结构较复杂、移栽速度较慢	南通富来威农业装备有限公司的 2ZBX 型移栽机、山西省农机所研制的 2ZYB-2 型钵苗栽植机

目前，国内对全自动移栽机械的研究有了一定的成果，并有部分移栽机已经在农业生产中使用，例如：

（1）山东宁津县金利达机械制造有限公司生产的田耐尔自动穴盘苗移栽机。该机采用的是吊杯式栽植机构，适用于种植辣椒、番茄等农作物，其移栽效率为 8000～10 000 株/h，移栽速度较快，机械化及自动化程度较高。

（2）新疆农业大学赵晓伟等人设计的全自动移栽机。该机是在半自动吊杯式移栽机的基础上，增加了自动供苗装置、取苗投苗装置、分苗装置和合理的 PLC 控制系统。适用于种植辣椒等作物，其移栽效率达 4620 株/h，栽植合格率达到 95.31%。

（3）黑龙江八一农垦大学迟旭等人设计的小型吊篮式自动移栽机。该机在吊篮式半自动移栽机基础上进行改进，由接苗机构、移盘机构、顶苗机构、投苗机构和栽植器组成。移栽机工作时，移盘机构控制苗盘滑动一定距离，顶苗机构顶出穴盘苗，由接苗盘接苗，进入投苗器中，打开投苗器下方的开关，穴盘苗落入栽植器，随后进行覆土镇压工作，完成栽苗过程。

（4）黑龙江八一农垦大学工程学院汪春等人设计的小型蔬菜移栽机。该机主要是由动力输出部分、转动轮部分、开沟器部分、传动部分、栽植作业部分、控制操作部分组成。机器作业时，栽植臂通过取苗机构取出穴盘苗，在推秧器和投苗筒联合作用下，穴盘苗落入开沟器开出的沟内，随后进行覆土镇压，完成穴盘苗的栽植过程。

23.3　移栽机械发展方向

育苗移栽技术，能够在一定程度上实现大面积移栽，减轻劳动强度，提高移栽效率，满足季节性穴盘苗的栽植。国内在移栽机械方面也取得了一定的进展，但是大多数的全自动移栽机械还处在实验研究阶段。我国移栽机技术还存在诸多问题，具体情况如下。

1. 生产效率低，辅助人员多，综合效益不明显

目前，国内推广使用的移栽机均为人工投苗的半自动移栽机，要求操作人员喂苗准确、迅速、不能间断，精力高度集中，否则会造成漏苗、缺苗现象。如此长时间作业，劳动强度大，易造成操作人员精神紧张、疲劳。同时，由于受人工喂苗速度的限制和田块小而分散的影响，一般国内移栽机的作业效率只相当于人工的 5～15 倍，远低于耕整、收获等机械相对于人工作业的效率；另外，一台 2 行的移栽机作业时需要 1～2 名辅助人员跟踪补苗、覆土。因此机械化作业的综合效益不明显，目前仅在种植利润较高的经济作物如烟草、油菜中有一定的推广，对于蔬菜、玉米和棉花等种植利润较低的作物，半自动移栽机成本回收慢，至今未见大面积推广。

2. 生产制造水平较低，质量不稳定

目前，国产半自动移栽机的技术水平与国外进口移栽机不相上下，但是移栽机具多为作坊式生产，标准化水平低，缺乏完善的质量控制管理，导致产品质量稳定性较差，故障率较高，严重制约了本土移栽机具的应用与推广。

3. 移栽配套技术落后，农机与农艺脱节

我国大多移栽机械技术借鉴发达国家先进技术并在其基础上进行研发，发达国家与移栽相配套的育苗技术、整地技术等已非常成熟，而我国与移栽相配套的育苗设施和整地机械等

技术水平较为薄弱、落后。因此，国产移栽机械的结构设计方面经常存在与国内育苗和移栽农艺脱节的问题。此外，国内移栽作物的土壤环境千差万别，种植制度复杂多样，田块大多小而分散，这些都是严重制约我国移栽机应用与推广的重要因素。

趋势：

（1）半自动移栽机的结构性能将得到优化提升。目前，半自动移栽机仍是国内移栽机市场的主导，虽然其需较多辅助人员，但是适应较好、使用方便。

（2）全自动移栽机的研究将进一步加强。加强穴盘苗自动输送、自动取、投苗技术等研究是今后国内移栽机的发展趋势，也是目前的研究热点之一。

（3）专用移栽机和通用移栽机相结合研究。制定同一类型移栽机常用零件的标准，针对国内不同地区农作物的农艺要求，设计移栽机，实现一机多用，提高移栽机的利用率。

（4）农机与农艺相结合将进一步加大研究。铺膜、滴灌、穴盘苗的培育、穴盘苗的移栽是穴盘苗移栽机械化的系统工程，加强穴盘苗移栽机械整个系统的研究，将有利于国内穴盘苗移栽的效率和效益。

第二十四章　移栽机械主要成果

24.1　移栽机械主要产品

日本和欧洲在移栽机械领域的发展水平较高，涌现了一批领军厂商，如日本久保田、井关农机、洋马，意大利法拉利等，生产了多功能乘坐式插秧机、全自动蔬菜移栽机等一系列典型产品。从国内来看，莱恩农业装备、现代农装科技、浙江锦禾农业、南通富来威农业、常州东风农机等公司走在前列，生产了高速乘坐式插秧机、不等距插秧机、自驱式移栽机等高水平产品。

24.1.1　日本久保田——多功能乘坐式插秧机

日本久保田多功能乘坐式插秧机（图24.1）具有如下特点：①除草剂施药器：全滴下式除草剂施药器，即使平整度差时，也可以均匀地扩散除草剂，稳定发挥除草效果；②平地辊：采用平地辊的插秧机能够平整插秧作业时车轮行走和转弯造成的泥巴淤积，从而保证了插秧的效果；③GPS直行辅助驾驶：使用GPS直行辅助驾驶装置后，能够减少作业人数，节约人工成本，降低劳动强度，同时避免重插和漏插，提高作业效率，提升作业效果；④侧深施肥机：通过鼓风机吸引发动机周围的温热空气送到肥料排出软管，从而将肥料送到育苗根部附近。软管内干燥，没有肥料堵塞的担心。

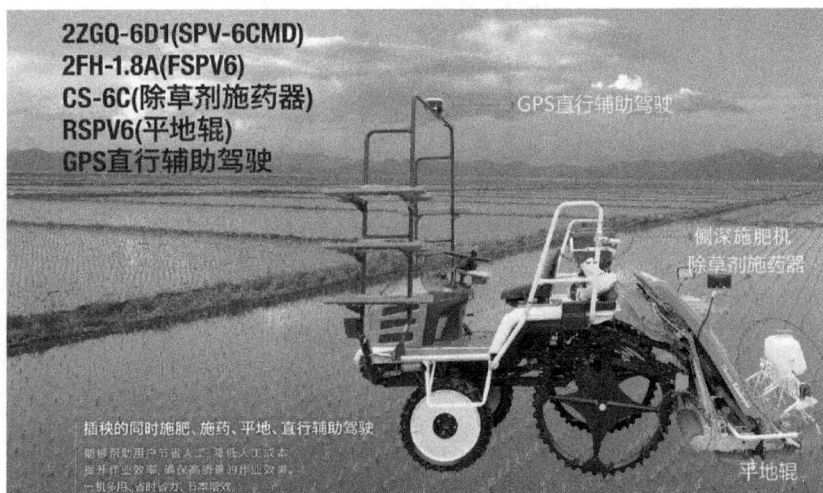

图24.1　日本久保田多功能乘坐式插秧机

24.1.2　日本井关农机——蔬菜移植机 PVHR2

日本井关农机研发的蔬菜移植机 PVHR2（图 24.2）具有如下特点：①搭载高性能发动机；②乘坐式插植作业；③交替插植；④机体升降传感器；⑤左右调整手柄；⑥优越的农场适应性。

图 24.2　日本井关农机蔬菜移植机 PVHR2

24.1.3　日本洋马——全自动蔬菜移栽机 PF2R

日本洋马研发的全自动蔬菜移栽机 PF2R（图 24.3）具有如下特点：①乘坐式踏板变速、方向助力、舒适作业；②两行钵体苗移栽，高产精准；③完成镇压、取苗、开孔、落苗、覆土全自动一体化移栽作业；④可起垄（单垄两行、两垄两行）、平地等状态下松土移栽；⑤标准化可蜷曲作业育苗盘。

图 24.3　日本洋马全自动蔬菜移栽机 PF2R

24.1.4　意大利法拉利公司——FPA 型移栽机

意大利法拉利公司研发的 FPA 型移栽机（图 24.4）适于膜上移栽，无拉、刮膜现象，镇压、覆土能一次性完成，操作、调整简单有据，可连续、长时（期）作业。可增配输苗器、加水器、颗粒施肥器、液体施肥器、自动划线仪、前镇压轮等。

图 24.4 意大利法拉利公司研发的 FPA 型移栽机

24.1.5 莱恩农业装备有限公司——星月神 2ZG-8Q2 型高速乘坐式插秧机

莱恩农业装备有限公司研发的星月神 2ZG-8Q2 型高速乘坐式插秧机（图 24.5）具有如下特点：①适合多种类型秧苗：既能插植"毯型秧苗"，又能插植"钵型秧苗"，不伤根系，返青快，能有效提高水稻产量；②高强度车架：精心选材、严控工艺，机器人焊接高强度车架，经久耐用；③模拟人工手插的插秧爪：插秧爪插植时，靠推秧机构把秧苗模拟手工栽植竖立压入土中，而不是弹射入土，确保秧苗栽植可靠、深浅一致；④电控载插自动平衡系统：插秧时车体会发生倾斜或晃动，自动平衡系统会对苗台的横向水平进行自动调整，确保插植精准；⑤超级回转式插秧机构：具有性能稳定、插植精准等优点，即使高速插秧时，也不必担心秧苗有倒伏、飘起等不良现象；⑥田面软硬感应系统：中央浮板对田面软硬感应机构，可做 7 挡微调（通常置于 4 挡），以保证苗台与田面距离一致，插植深浅始终保持一致。

图 24.5 星月神 2ZG-8Q2 型高速乘坐式插秧机

24.1.6　现代农装科技股份有限公司——2ZYY-4型移栽机

现代农装科技股份有限公司研发的2ZYY-4型移栽机（图24.6）可用于生菜、辣椒等蔬菜的移栽作业，作业模式为一垄4行。

2ZYY系列移栽机的设计从实际农艺需求出发，可一次完成垄面整形、铺滴灌管、覆膜、移栽及膜上覆土等功能。多功能联合作业大大提高了整体作业效率；独特的铺膜仿形技术，可以适应复杂的地形条件，保证栽植深度；先进的膜上提土覆盖技术，能满足北方地区作物移栽时的膜上覆土要求。

图24.6　2ZYY-4型移栽机

24.1.7　浙江锦禾农业科技有限公司——六行、八行、十行不等距插秧机

浙江锦禾农业科技有限公司研发的不等距插秧机（图24.7）实现了行距宽窄式的高速机插模式，明显提高了水稻光合效果。智能化仪表系统，可实现升降插一键全操控。大直径车轮和机体轻型化设计。具有纵向自动调平系统和横向自动平衡系统使插深均匀一致。左右前轮独立悬挂，震动小，作业舒适。横向取苗量无障碍调节，使取苗量调节变得操纵自如。可进行毯苗/毯状钵苗的插植。差速锁功能使车体陷入泥地打滑时锁定踏板，克服了烂田陷车困难。

24.1.8　南通富来威农业装备有限公司——2ZB-1自驱式移栽机

南通富来威农业装备有限公司研发的2ZB-1自驱式移栽机（图24.8）具有如下特点：①生产效率高：人工移栽的4~6倍，劳动强度低；②功率强劲：选用美国百力通（B&S）

图 24.7　不等距插秧机

公司 2.57 kW 汽油发动机；③可靠性高：开穴与移栽合为一体，动力消耗小，可靠性高；④性能优越：秧苗直立度好，成活率高；⑤适应性广：垄上、膜上均可实现移栽；行距、株距均可调整。

图 24.8　2ZB-1 自驱式移栽机

24.1.9　常州东风农机集团有限公司——2ZG-630 型乘坐式高速插秧机

常州东风农机集团有限公司研发的 2ZG-630 型乘坐式高速插秧机（图 24.9）具有如下特点：①配套大功率、低油耗、电子调速双缸柴油机；②大排量 HST 配多功能机械变速箱传动，产品适应能力强；③液压系统采用双联组合油泵加机油散热器配置，工作稳定可靠；④液压助力转向系统、最小转弯半径小于 30 cm，操作轻松、对行容易、作业效率高；⑤整体式主车架、方梁式插植台架、系统刚性好、使用维修方便。

图 24.9　2ZG-630 型乘坐式高速插秧机

24.2　国内相关项目

移栽机械国内相关项目见表 24.1。

表 24.1　移栽机械国内相关项目

计划名称	项目/课题名称	承担单位	立项/批准年度
国家科技支撑计划	蔬菜穴盘苗移栽机取苗机构研究	农业农村部南京农业机械化研究所；现代农装科技股份有限公司；江苏大学	2013 年
国家高技术研究发展计划	蔬菜穴盘苗不同方式机械化移栽关键技术研究报告	现代农装科技股份有限公司	2012 年
浙江省自然科学基金	基于"P"形静轨迹的夹取式水稻钵苗移栽机构反求设计方法与试验研究	浙江理工大学	2011 年
国家高技术研究发展计划	设施农业智能嫁接与高效移栽机器人研究应用	北京市农林科学院；华南农业大学	2010 年
国家科技支撑计划	新疆杂交棉育苗移栽及配套栽培技术研究	中国农业科学院棉花研究所；塔里木大学；新疆农垦科学院	2007 年

第二十五章　移栽机械专利分析

25.1　全球专利申请基本状况

移栽技术主要呈现在水稻的移植及旱地的移植当中，移栽机械是《农机装备发展行动方案（2016—2025 年)》中提出的重点发展的农业装备之一。本章基于专利文献，从发展趋势、重点技术领域、区域分布、优势机构、发明人、高引专利、技术路线图等方面开展移栽机械发展态势研究，为相关政府部门、企业和高校院所进一步发展移栽机械产业和技术提供情报支撑。

本研究采用 Derwent Innovation 专利数据库，在数据采集过程中结合关键词、国际专利分类号（IPC)、Derwent 手工代码的方法进行专利检索，共得到与移栽机械相关的 15 342 项专利族，24 664 件专利；中国专利 4925 项，其中，中国申请人申请的中国专利为 4489 项（检索时间范围为 1950 年至 2018 年 2 月)。

25.1.1　技术发展分析

图 25.1 展示了 1951—2016 年移栽机械相关专利数量的年度变化趋势，可以将移栽机械的技术发展分为 3 个阶段：

第一阶段（1951—1987 年)，移栽机械技术孕育期。该阶段申请专利数量少，每年专利申请量不超过 100 项，而且专利增速较为缓慢，专利申请主要来自苏联、美国和日本，申请主力是苏联林业机械研究所、日本井关农机和日本久保田，专利技术主要集中在用于种苗的移栽机械、装幼苗的盆、用于播种或种植的挖掘或覆盖坑穴的机械等。日本在 20 世纪五六十年代完成了移栽机械从步行式到乘坐式的过渡，70 年代开始研发水稻插秧机，80 年代改进提出旋转式分插机构[1]。

第二阶段（1988—2005 年)，移栽机械技术快速发展和调整期。该阶段，从 1988 年至1995 年，专利申请数量明显上升，而 1996 年后则呈现一定波动，日本加大了研发力度，专利申请量遥遥领先于其他国家，此外，中国也开始了移栽机械方面的研究，进行相关专利申请，申请主力是日本久保田、洋马和井关农机。这一时期的技术热点集中在用于种苗的移栽机械、由液压或气动装置操作的农机具调整机构、施肥机械等方面。主要研究成果有：日本相关公司如洋马研制有顶出式水稻钵苗移栽机、齿轮连杆式钵苗取苗机构；意大利 Ferrari公司研发有 FPC 型全自动膜上移栽机，一次性可以移栽 4 行穴盘苗[2-3]。

第三阶段（2006—2016 年)，移栽机械技术高速发展时期。专利申请数量飞速增长，其中，中国专利申请量增长最为迅速，在该阶段的专利申请量超越日本排名第一，这时期的申请主力是日本井关农机、日本久保田、浙江理工大学。这个时期的研究主要侧重于用于种苗的移栽机械、施肥机械、由液压或气动装置操作的农机具调整机构等方面。主要成果有：浙江理工大学、东北农业大学、沈阳农业大学等高校院所陆续研制出多种移栽机械并持续改进，如浙江理工大学赵匀团队研制了顶出式水稻钵苗移栽机、非圆齿轮行星系钵苗移栽机取苗机构、傅里叶齿轮行星系水稻钵苗移栽机构和旋转式椭圆－不完全非圆齿轮行星轮系水稻钵苗移栽机构等一系列钵苗移栽机构[4-10]。此外，南通富来威、柳州五菱、雷沃重工、现代农装等公司已有相关产品投入市场。

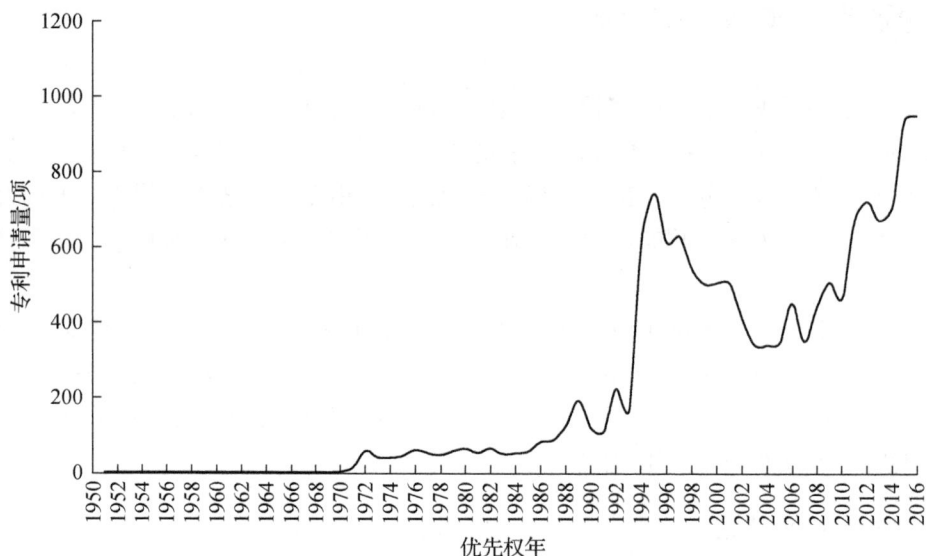

图 25.1　移栽机械专利申请量年度分布

由于专利从申请到公开通常存在 18 个月的期限，因此 2017 年和 2018 年的专利申请数据还不完整，未纳入图中。

25.1.2　技术生命周期

从图 25.2 可以看出，全球移栽机械技术经过 20 世纪 50 年代初至 70 年代初的第一阶段技术孕育期后，大致在 1972 年前后开始进入第二阶段技术成长期，专利申请人数量和专利数量总体出现大幅增长，表明该领域仍处于成长期。

25.2　技术领域专利申请状况

IPC 代码包含专利的技术信息，通过对相关专利的 IPC 代码进行统计分析，可以了解移栽机械的重点研发技术。

表 25.1 列出了移栽机械相关专利的 TOP 10 IPC 代码，可以看出用于种苗的移栽机械、施肥机械、由液压或气动装置操作的农机具调整机构、农业机械或农具的转向机构是该领域的关键技术。

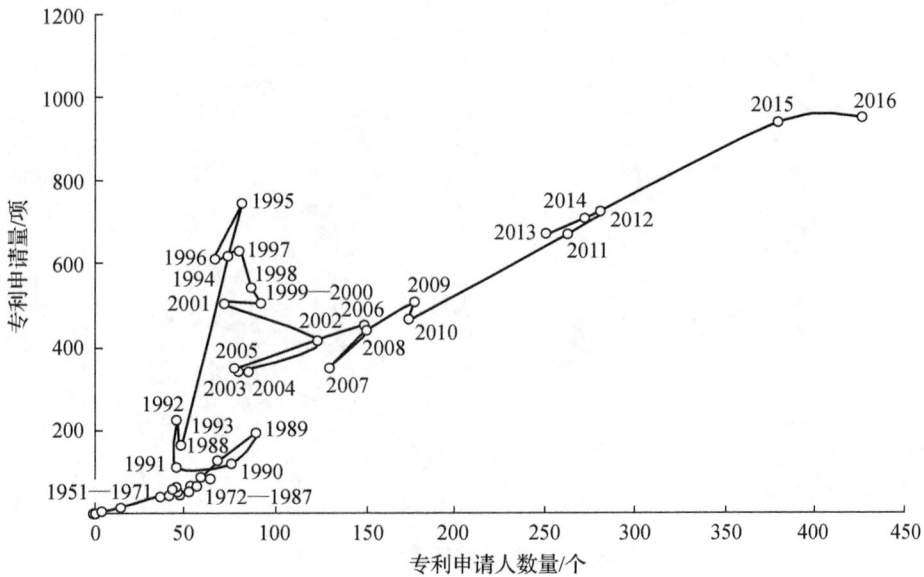

图 25.2　移栽机械技术生命周期

表 25.1　移栽机械专利申请的 TOP 10 IPC 代码

排名	IPC	IPC 类目	申请量/项	占比
1	A01C11/02	用于种苗的移栽机械	12 800	83.4%
2	A01C11/00	移栽机械	2483	16.2%
3	A01C15/00	施肥机械	712	4.6%
4	A01B63/10	由液压或气动装置操作的农机具调整机构	688	4.5%
5	A01B69/00	农业机械或农具的转向机构	435	2.8%
6	A01B69/02	隆起标记或类似装置；尺度索	302	2.0%
7	A01B49/04	整地部件与非整地部件联合作业机械	283	1.8%
8	B62D49/00	牵引车	283	1.8%
9	A01G09/10	装幼苗的盆；装幼苗的土壤营养钵	266	1.7%
10	A01C15/04	用吹送器的施肥机械	242	1.6%

　　图 25.3 是移栽机械领域的地形图，从中可以看出移栽机械相关机构如传动机构（变速箱、行星齿轮轴、离合器等）、动力装置（液压缸、泵、电池）、执行机构（输送带、秧爪等）、调节机构（螺纹滑块）、传感器检测、苗箱、钵苗盘、施肥机械等是该领域的研究重点。

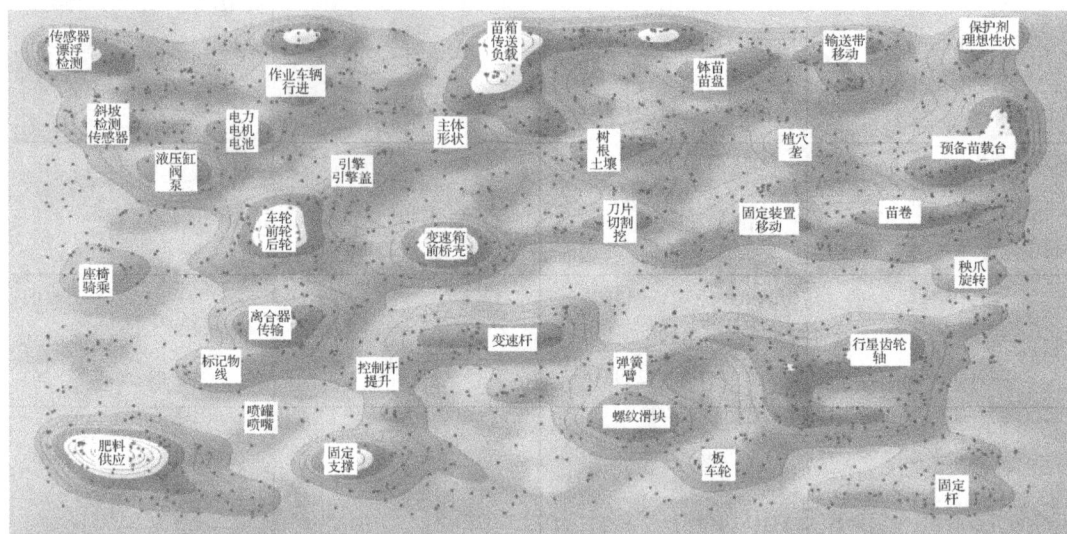

图 25.3　移栽机械技术专利地形图

25.3　专利区域分布状况

25.3.1　主要国家专利族分布

　　全球有数十个国家在移栽机械领域进行了专利申请。如图 25.4 所示，专利申请排名前列的国家和地区依次为日本、中国、苏联、美国、韩国和法国等。其中，日本在该领域技术基础最为雄厚，申请专利 8661 项，占该领域专利总量的 56%，排名第一；其次是中国申请专利 4489 项，占比 29%。排名前两位的国家专利申请量占比达 85%。单从专利数量上看日本具有很强的研究实力，引领移栽机械领域的技术发展。

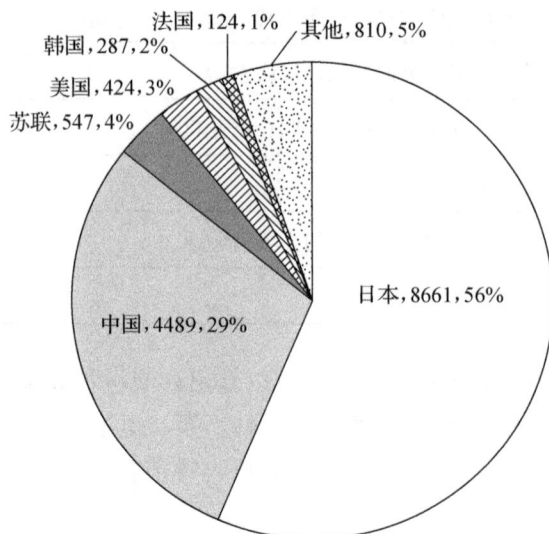

图 25.4　移栽机械专利来源国和地区

如图 25.5 所示，在 TOP 5 专利来源国（排除苏联）中，美国于 1968 年率先申请了第一项相关专利，主题为"具有加强筋的热成型隔室苗盘"，但研发热度不高，申请高峰出现于 2011—2012 年，达 40 余项；日本于 1969 年申请了第一项相关专利，主题为"用作水稻发芽人工种子床的打孔塑料膜"，研发活跃期在 1989 年之后，申请高峰出现在 1995 年，达 743 项，随后专利申请量总体上逐年下滑；韩国落后美日 10 余年，第一项专利申请出现于 1981 年，主题为"具有使植物板往复运动并带动侧架上种植杆的引导凸轮轴的水稻种植机动力传递装置"，但研发热度总体不高，每年专利申请量不超过 30 项。我国移栽机械技术研发起步相对较晚，落后美日近 20 年，在 1986 年由徐长孝申请了主题为"圆筒直插式插秧机"的第一项相关专利，不过直到 2006 年，研发活动才逐渐升温，2010 年起专利申请量超过同年度其他国家专利申请量，说明国内创新主体越来越重视移栽机械技术的相关研发。

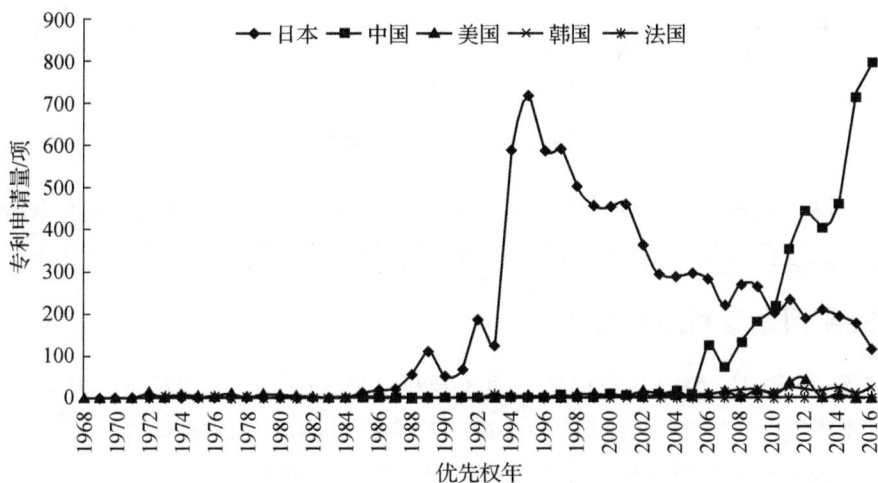

图 25.5　移栽机械 TOP 5 专利来源国专利申请量年度分布

25.3.2　主要国家全球专利布局

美国、日本、韩国和法国作为移栽机械技术研发的强国，其对世界市场的争夺也非常激烈，因此除了对本国进行专利保护外，为了在国外生产、销售移栽机械，其必须在国外地区申请相关专利以求获得知识产权保护，同时该国同族专利的申请也可以反映出其市场战略。

从图 25.6 中可以了解到，日本除在本国申请外，同时重点在中国、韩国、美国等国家和地区进行布局，表明日本更为重视这些国家和地区的市场；美国除在本国申请外，同时重点在加拿大、欧洲、日本、中国等国家和地区进行布局；韩国除在本国申请外，同时重点在中国等国家和地区进行布局；法国除在本国申请外，同时重点在欧洲、德国等国家和地区进行布局。

我国作为移栽机械领域专利申请量排名第二的大国，主要针对本国市场，只在国外零星地申请了一些专利，如在日本申请了 16 件，在韩国申请了 12 件，这说明国内创新主体的专利保护意识还不够强，而且值得向国外申请专利的真正有价值的技术少之又少，侧面印证了

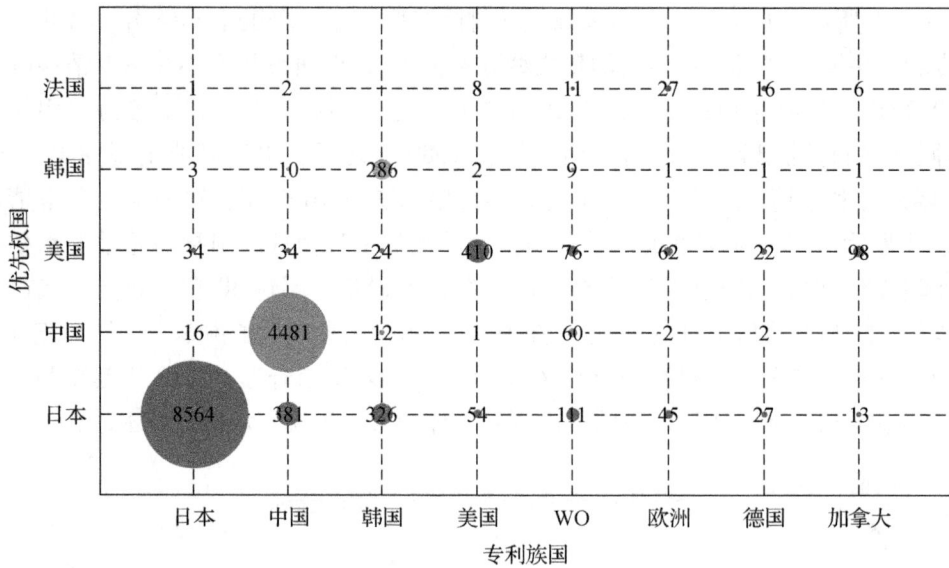

图 25.6　移栽机械 TOP 5 专利来源国全球专利布局

我国在移栽机械领域核心技术的缺乏。另一方面，日本、美国、韩国等国对中国市场非常重视，竞相在中国进行专利布局，也给我国移栽机械的研发工作带来一定专利壁垒。

25.3.3　主要国家专利质量分析

表 25.2 综合反映了 TOP 5 专利来源国的专利质量，中国专利引用≥5 次（占比）、平均被引次数、H 指数、PCT 专利数量、三方专利数量等专利质量指标远远落后于美国和日本，说明我国在该领域专利质量较低，研发水平还有待进一步提高。

表 25.2　移栽机械 TOP 5 专利来源国专利质量指标

专利来源国	日本	中国	美国	韩国	法国
申请量/项	14 402	5397	1759	464	261
引用≥5 次/项（占比）	1378（9.6%）	305（5.7%）	356（20.2%）	9（1.9%）	45（17.2%）
平均被引次数/（次·项$^{-1}$）	1.5	1.0	5.0	0.5	2.5
H 指数*	27	14	37	6	13
PCT 专利数量/项	111	60	76	9	11
三方专利**数量/项	27	0	22	0	0

＊H 指数是指至多有 n 件专利被引用了至少 n 次。

＊＊三方专利是指同时在世界上最大的 3 个市场（美国、欧盟和日本）寻求保护的专利。

25.4　专利竞争机构分析

本节主要研究移栽机械技术领域的优势机构，包括国内外优势机构的排名、专利申请动向、专利申请区域布局等。

25.4.1　全球专利申请人排名

全球有 3000 余家机构在移栽机械相关领域进行了专利申请,排名前 20 位的机构主要来自日本、美国、苏联和中国,其中,企业 11 家,研究机构 9 家,见表 25.3。

表 25.3　移栽机械主要专利申请人相关指标(截至 2018 年 2 月)

排名	申请人	申请量/项	活动年期/年	平均专利年龄/年	2011 年后申请量/项 (占比)
1	日本久保田	2559	39	16.7	330 (12.9%)
2	日本井关农机	2429	37	13.8	508 (20.9%)
3	日本洋马	1875	35	17.3	162 (8.6%)
4	日本三菱	1119	33	15.3	109 (9.7%)
5	浙江理工大学	389	14	4.6	286 (73.5%)
6	日本 MINORU SANGYO	136	23	13.0	29 (21.3%)
7	江苏大学	136	9	2.7	131 (96.3%)
8	日本蜻蛉工业	107	10	15.2	0 (0.0%)
9	苏联林业机械研究所	82	24	32.8	0 (0.0%)
10	日本神崎高级工机制作所	80	13	19.1	2 (2.5%)
11	东北农业大学	74	9	4.4	64 (86.5%)
12	农业农村部南京农业机械化研究所	76	11	2.7	72 (94.7%)
13	莱恩农业装备有限公司	67	3	4.9	67 (100.0%)
14	美国圣尼斯蔬菜种子	64	5	6.1	51 (79.7%)
15	石河子大学	58	8	1.4	56 (96.6%)
16	日本八鹿铁工	54	15	10.8	4 (7.4%)
17	浙江大学	50	12	4.8	41 (82.0%)
18	湖南农业大学	46	8	3.5	43 (93.5%)
19	日本环周铁工	42	14	18.7	2 (4.8%)
20	安徽农业大学	42	6	4.0	42 (100.0%)

日本在移栽机械领域具有雄厚的实力,TOP 20 申请人中有 9 个来自日本,包括:日本久保田(第 1)、日本井关农机(第 2)、日本洋马(第 3)、日本三菱(第 4)、日本 MINO-RU SANGYO(第 6)、日本蜻蛉工业(第 8)、日本神崎高级工机制作所(第 10)、日本八鹿铁工(第 16)、日本环周铁工(第 19),这些公司均较早就开始申请相关专利,但研发活跃期多在 2005 年之前,近年来专利申请量逐渐下滑,平均专利年龄最低为 10.8 年(日本八鹿铁工),最高为 19.1 年(日本神崎高级工机制作所)。

TOP 20 申请人同样有 9 个来自中国，包括浙江理工大学（第 5）、江苏大学（第 7）、东北农业大学（第 11）、农业农村部南京农业机械化研究所（第 12）、莱恩农业装备有限公司（第 13）、石河子大学（第 15）、浙江大学（第 17）、湖南农业大学（第 18）和安徽农业大学（第 20）。其中，浙江理工大学于 2003 年申请第一项相关专利，主题为"圆柱齿椭圆齿行星系分插机构"，自此每年均保持相关专利申请，活动年期在国内机构中最长，达 14 年；江苏大学则起步较晚，第一项专利申请于 2007 年，主题为"差动椭圆齿轮系分插机构及其用途"，研发活跃期在 2011 年后，平均专利年龄仅为 2.7 年；东北农业大学第一项专利申请于 2009 年，主题为"自动移栽机用链式纸钵"，自此每年均保持相关专利申请，研发活跃期为 2010—2013 年。

表 25.4 展示了全球移栽机械 TOP 20 专利申请人的申请区域布局情况。国外专利申请人除布局本国外，主要布局中国和韩国。除日本环周铁工外，其他国外申请人在中国进行了大量专利布局，给我国创新主体移栽机械技术研发带来较强专利壁垒。相对来说，日本三菱、日本环周铁工、日本蜻蛉工业、日本神崎高级工机制作所、日本八鹿铁工等在中国专利布局力度稍弱，我国创新主体可以考虑对这些公司未在中国申请同族专利的相关专利加以利用。

表 25.4　移栽机械主要专利申请人申请区域布局　　　　单位：项

申请人	日本	中国	韩国	美国	欧洲
日本久保田	2481	175	115	1	2
日本井关农机	2386	161	97	7	5
日本洋马	1860	90	92	7	7
日本三菱	1117	1	3	1	0
浙江理工大学	4	390	1	0	1
日本 MINORU SANGYO	123	11	2	0	1
江苏大学	0	136	0	0	0
日本蜻蛉工业	107	2	2	0	0
苏联林业机械研究所	0	0	0	0	0
日本神崎高级工机制作所	80	4	2	1	1
东北农业大学	2	76	0	0	1
农业农村部南京农业机械化研究所	0	70	0	0	0
莱恩农业装备有限公司	5	67	5	0	0
美国圣尼斯蔬菜种子	5	2	6	64	2
石河子大学	0	58	0	0	0
日本八鹿铁工	54	4	4	0	0
浙江大学	0	50	0	0	0
湖南农业大学	0	46	0	0	0
日本环周铁工	41	0	0	4	5
安徽农业大学	0	42	0	0	0

图 25.7 中，坐标横轴代表专利申请人在移栽机械领域中的关注度和专利技术实力，即专利申请人的专利性，气泡越往右专利性越强；坐标纵轴代表专利申请人总体的资源和财富，表征了其利用专利的能力，即专利申请人的市场性，气泡越往上市场性越强。可以看出，日本久保田（Kubota）、日本井关农机（Iseki）、日本洋马（Yanmar）综合实力较强，其中，日本久保田的技术实力处于领先位置。

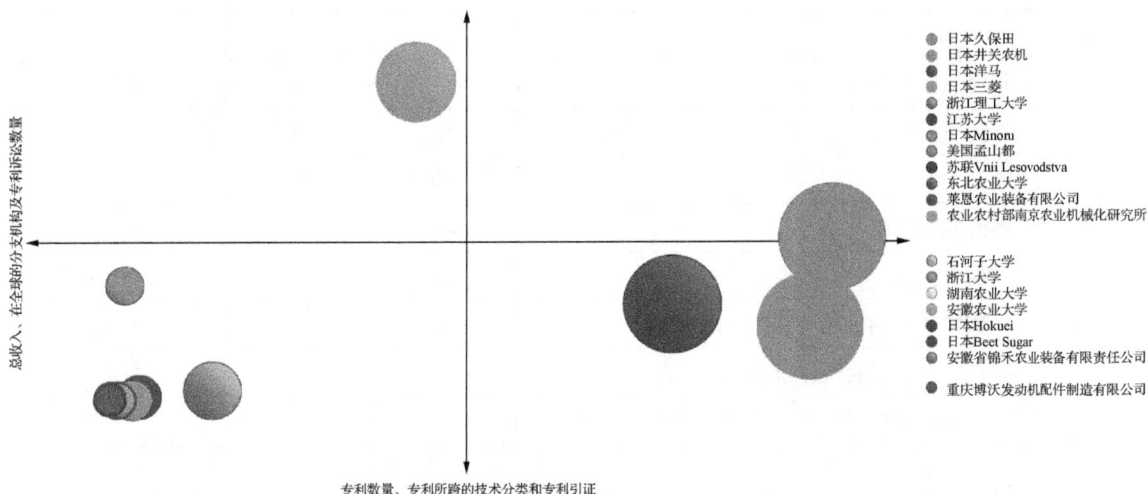

图 25.7　移栽机械专利申请人实力分布

25.4.2　中国专利申请人及技术领域分析

如图 25.8 所示，在 4489 项中国专利（中国为专利来源国）的申请人中，企业占 31%，大专院校和科研院所共占 37%，说明目前国内企业正在积极为移栽机械技术的产业化做准备，同时高校院所等研究机构也在针对移栽机械技术开展基础研究和应用研究工作。

在 4489 项中国专利（中国为专利来源国）中，排名前 10 位的申请人见表 25.5。

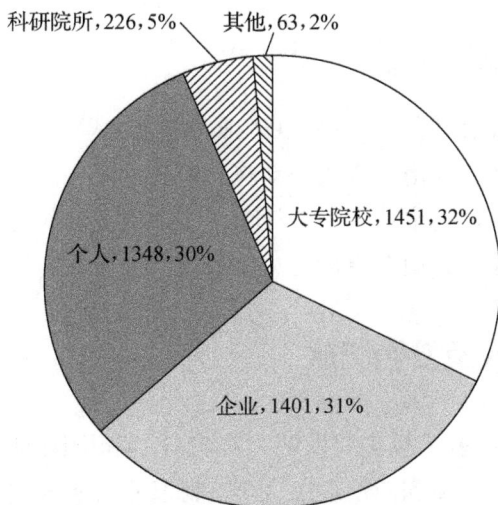

图 25.8　移栽机械中国专利申请人类型

表 25.5　移栽机械中国专利主要国内申请人相关指标

排名	申请人	申请量/项	活动年期/年	平均专利年龄/年
1	浙江理工大学	389	14	4.6
2	江苏大学	136	9	2.7
3	农业农村部南京农业机械化研究所	76	11	2.7
4	东北农业大学	74	9	4.4
5	莱恩农业装备有限公司	67	3	4.9
6	石河子大学	58	8	1.4
7	浙江大学	50	12	4.8
8	湖南农业大学	46	8	3.5
9	安徽农业大学	42	6	4.0
10	重庆博沃发动机配件制造有限公司	36	3	3.9
11	浙江小精农机制造有限公司	31	9	5.4
12	现代农装科技股份有限公司	31	7	3.7
13	华南农业大学	30	6	2.8
14	安徽省锦禾农业装备有限责任公司	30	2	2.2
15	华中农业大学	29	5	2.4
16	黑龙江八一农垦大学	29	6	6.6
17	河南科技大学	28	6	1.6
18	潍坊同方机械有限公司	27	6	2.0
19	无锡同春新能源科技有限公司	27	6	5.4
20	南京农业大学	26	8	5.8

25.4.3　中国专利申请地域分析

如图 25.9 所示，移栽机械领域，专利申请排名前十的省市依次是：浙江、江苏、山东、安徽、黑龙江、湖南、湖北、河南、重庆、新疆。浙江申请主力为浙江理工大学、莱恩农业装备有限公司和浙江大学；江苏申请主力是江苏大学、农业农村部南京农业机械化研究所和无锡同春新能源科技有限公司；山东申请主力是潍坊同方机械有限公司和山东农业大学。

25.5　主要专利发明人及发明团队

由表 25.6 可以发现，移栽机械主要发明人来自日本和中国的企业和科研院所，如日本井关农机、洋马、久保田、三菱和浙江理工大学，除日本井关农机的 Ishida I.、日本三菱的 Funo T. 外，其他发明人近期均保持研发活跃状态。

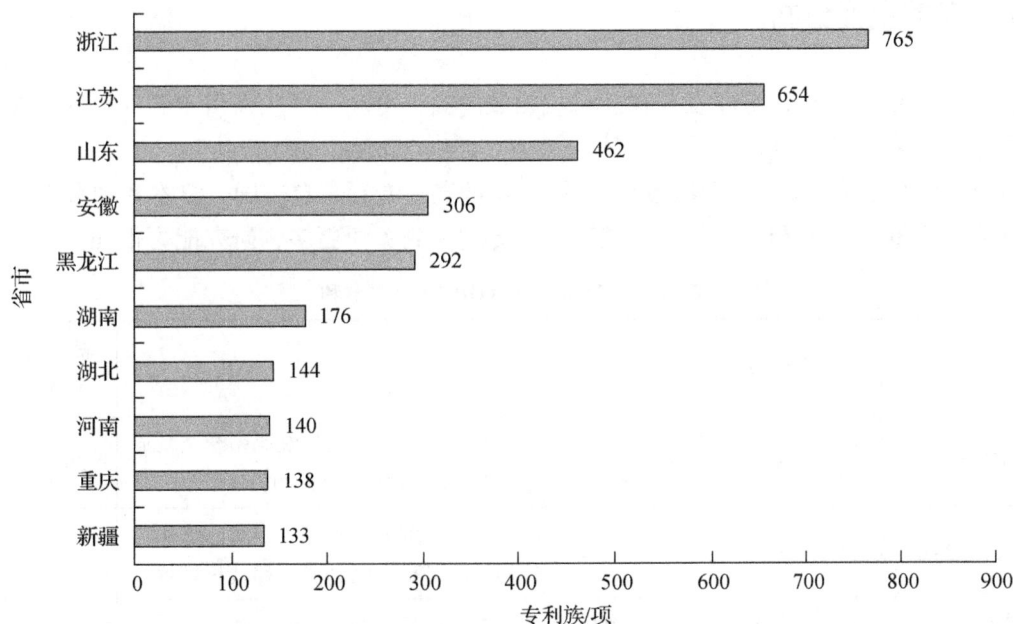

图 25.9　移栽机械中国专利来源省市

表 25.6　移栽机械专利主要发明人及团队

专利申请量/项	发明人	所属机构	TOP 3 合作者	时间区间
446	Muranami M.	日本井关农机	Yamane N.；Okubo Y.；Katsuno S.	1994—2017 年
369	Kato S.	日本井关农机	Saeki M.；Izeki H.；Yamaguchi M.	1992—2017 年
292	Namoto M.	日本井关农机	Yamazaki H.；Ishii K.；Saeki M.	1991—2017 年
269	Ishida I.	日本井关农机	Tamai T.；Kamiya H.；Shiozaki T.	1983—2012 年
254	Doi K.	日本洋马	Kato Y.；Takeyama T.；Miyake Y.	1994—2016 年
194	Takeda Y.	日本洋马	Kato Y.；Ogawa Y.；Miyake Y.	1987—2015 年
191	Fujii K.	日本久保田	Matsuki N.；Tanaka T.；Kubotsu M.	1990—2016 年
162	Funo T.	日本三菱	Ishitobi Y.；Shibata T.；Watari K.	1988—2009 年
161	Inoue M.	日本洋马	Matsuoka H.；Nishi Y.；Minaishi T.	1994—2016 年
139	俞高红	浙江理工大学	孙良；赵匀；叶秉良	2003—2017 年

25.6 技术引证分析

通过技术引证分析，可以发现移栽机械领域的高引专利，这些高引专利一定程度上是该领域的核心专利。

从表 25.7 可以看出，被引次数排名前 10 位的高引专利来自美国、日本和加拿大相关企业，说明这些企业的专利有着很强的基础性，专利受到关注更多，研究能力很强。

表 25.7　移栽机械 TOP 10 高引专利

公开号	专利权人	申请年	标题	被引次数/次	法律状态
US5606850A	日本 SAKURA GUM	1995	用于水稻移栽的自动化农业系统及其通过 GPS 检测和控制位置的方法	260	过期
US3921333A	美国联碳	1974	由可生物降解的易于经由金属盐氧化的热塑性乙烯聚合物制成的移栽机容器	153	过期
US5991694A	美国卡特彼勒	1998	农业生产中使用的苗位确定装置	101	过期
JP2002233220A	日本久保田	2001	具有自动下降装置的骑行式水稻种植机中种植装置的标高结构	77	有效
US4137852A	美国约翰迪尔	1976	具有中心底盘和与刚性拖杆连接的枢转外底盘的农业种子种植机	65	过期
JP2004344020A	日本井关农机	2003	基于车轮内部转速实现转弯时自动补苗的含转向联锁控制装置的工业车辆	59	有效
JP2002335720A	日本三菱	2001	含当转弯角度在预定范围内时向操作离合器输出进入信号的控制器的幼苗移栽机	59	过期
US4438710A	加拿大 TIMBER-LAND	1982	包括与车轮和地面工作器具连接的单力施加构件的移动式树木幼苗种植器	54	过期
US4869637A	美国 BUT ANTLE	1986	包括连续安装在环形输送机上的输送种植指的植物育苗托盘传送机构	53	过期
US8078367B2	美国 PRECISION PLANTING	2009	可监控和显示施加在构件上的负载的农业种子种植器监控系统	53	有效

基于相关核心专利，绘制了移栽机械的技术路线图。如图 25.10 所示，这些核心专利的申请人大多为美国和日本的相关机构，显示了这些国家在移栽机械技术领域的领先实力。此外，沿着时间轴剖析技术演进方向，可以发现移栽机械的发展呈现自动化、智能化、高适应性的趋势，逐渐引入 GPS 定位、自动下降、自动补苗、负载监控等先进技术，并通过种植机构的改进不断提高移栽机械对不同作业条件的适应性。

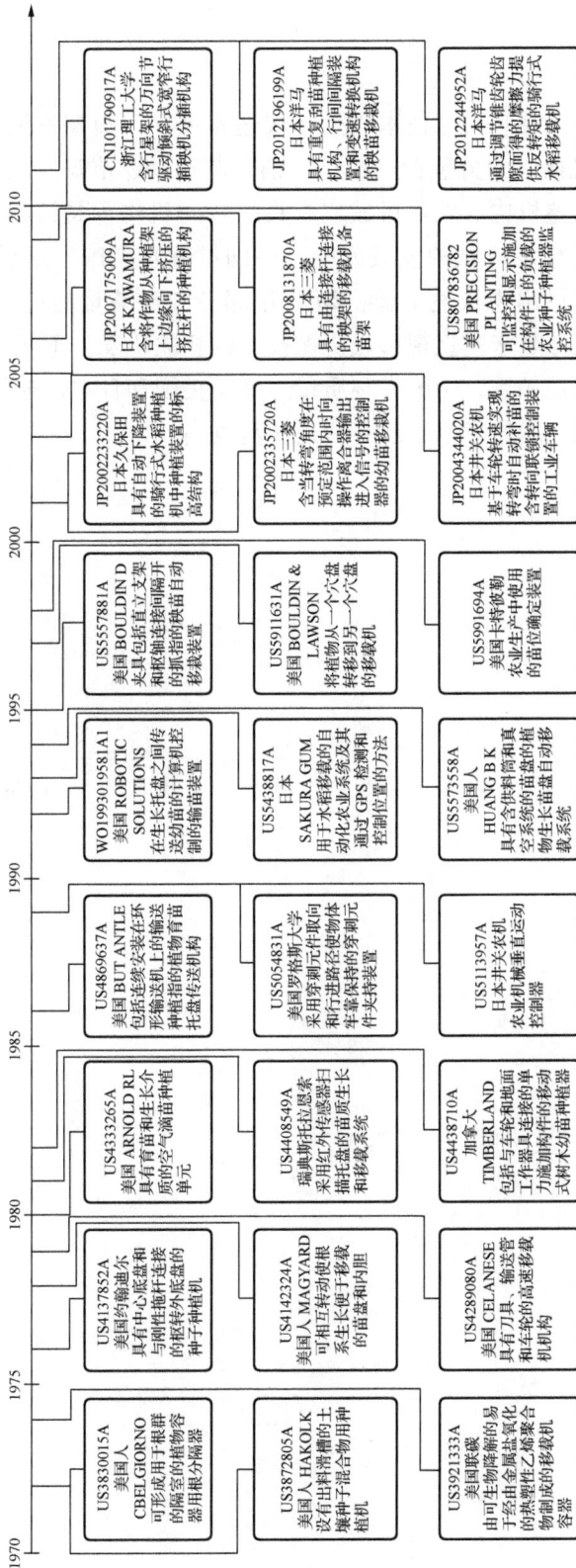

图 25.10　移栽机械技术路线

25.7 小结

从以上分析结果可以看出，移栽机械技术仍处于快速发展期，短期发展前景毋庸置疑。用于种苗的移栽机械（传动机构、动力装置、执行机构、苗箱、钵苗盘）、施肥机械、由液压或气动装置操作的农机具调整机构、农业机械或农具的转向机构等是该领域的关键技术，自动化、智能化、高适应性是移栽机械的发展方向。中国虽起步较晚，落后美日近20年，但近年来在该领域的专利申请量出现快速增长，2010年起专利申请量超过同年度其他国家专利申请量，说明国内创新主体越来越重视移栽机械技术的相关研发，不断开发新技术、新机型。但是，也应该看到，在该领域，中国专利质量远低于美国和日本，绝大多数高引专利来自日美企业，说明中国相关技术研发水平还有待进一步提高。

第二十六章　浙江省移栽机械产业
发展前景及建议

26.1　浙江省发展移栽机械产业的 SWOT 分析

26.1.1　浙江省移栽机械产业发展的机会和优势

1. 国内市场需求大，具有较高市场潜力

现代农机装备已不仅仅是替代人工劳力、减轻劳动强度的生产工具，机械化程度越来越直接地影响着农业生产成本和农民种植意愿。我国移栽机械化正处于快速发展阶段，玉米、棉花、甜菜、烟草、甘薯、蔬菜等作物的移栽面积正在逐年扩大。随着农村经济和产业结构的调整，以及农村劳动力的短缺和增值，移栽机械的需求量将大幅增加。

2. 国家政策大力支持，具有良好的宏观发展环境

《中华人民共和国国民经济和社会发展第十三个五年规划纲要》明确要求加快农业机械化，推进主要作物生产全程机械化，提出长江中下游地区重点推进高效植保、秸秆还田收贮、育苗移栽等机械化技术应用。《中国制造 2025》将农机装备列为重要领域，推动农业机械化科技创新和农机工业转型升级。《全国农业现代化规划（2016—2020 年）》对农业机械化提档升级做出了全面部署。《"十三五"农业科技发展规划》提出重点突破农作物耕作和栽培管理关键技术。2015—2017 年国家支持和推广的农机产品目录将 242 个品种的移栽机械纳入。

3. 浙江省在移栽机械领域已具有一定研发能力和产业基础

浙江省在移栽机械领域的专利申请量排名国内第一，涌现了莱恩农业装备有限公司、浙江小精农机制造有限公司、中机南方机械股份有限公司等重点企业和浙江理工大学、浙江大学等重点科研机构。同时，浙江省建有浙江莱恩农机重点企业研究院、浙江四方现代农机装备重点企业研究院、星光农业装备省级高新技术企业研究开发中心、浙江省台州农业机械技术创新服务平台等载体，在永康建有浙江省现代农业装备高新技术产业园区，这些均为浙江省移栽机械产业的发展奠定了良好的基础。

26.1.2　浙江省移栽机械产业发展的劣势和威胁

1. 浙江省移栽机械的专利技术缺乏核心竞争力

在移栽机械领域，中国虽然优先权专利数量排名第二，但专利引用≥5 次（占比）、平均被引次数、H 指数、PCT 专利数量、三方专利数量等专利质量指标远远落后于美国和日

本，说明我国虽然相关专利数量多，但是专利质量较低，研发水平还有待进一步提高。浙江省也同样如此。

2. 我国移栽机械的产业化水平与农机装备传统强国相比存在较大差距

在移栽机械领域，与日本等农机装备传统强国专利申请量均是企业居前的现状相比，我国专利申请量居前的绝大多数是高校和科研院所，说明我国在该领域仍偏向技术研发和积累阶段。而且，我国企业的移栽机械产品在自动化、智能化和复合作业水平方面与农机装备传统强国产品还存在相当大的差距。例如，日本久保田的多功能乘坐式插秧机具有 GPS 直行辅助驾驶功能，且能够实现在插秧的同时施药、施肥、平地。

3. 国外竞争对手在移栽机械领域进行了大量专利布局

从专利分析结果可以看出，移栽机械 3 个领军厂商，日本久保田、井关农机和洋马等企业为在中国市场销售自己的产品，均在移栽机械领域布局了大量专利，给其他后来者带来较强的专利壁垒。

4. 相关研究工作有待进一步深入

目前，与农艺的融合还没有形成工作机制，适合移栽的烟草、蔬菜等尚未有完整的适合自动化移栽的技术方案，苗盘、种植参数、田块要求等各自为政，尚不具备自动移栽的条件。

26.2　浙江省移栽机械产业发展建议

需要分别从政府和企业层面进行推进。

26.2.1　政府

加大财税政策支持力度，对于在结构、功能、自动化智能化程度、适应性方面有重大突破的移栽机械新机型给予首台套重大技术装备保费补贴，并相应强化农机购置补贴政策的导向作用；扩大对外合作与开放，鼓励国内相关企业与国外领军企业如日本久保田、井关农机、洋马、三菱合作开发和建立技术研究中心，提升核心技术、关键部件的研究开发能力，通过合资、合作生产等方式，积极引进相关企业的先进技术，带动农业和社会经济双重发展；加强专利预警工作，政府牵头，组织科技信息服务机构实时提供移栽机械专利预警服务，为相关企业移栽机械产品开发、生产、出口等保驾护航。

26.2.2　企业

加强关键技术研发，对于移栽机械技术领域，重点研发传动机构、动力装置、执行机构、施肥机械、由液压或气动装置操作的农机具调整机构等关键技术；加强与在移栽机械领域积累大量技术成果的高校院所的产学研合作，如浙江理工大学、江苏大学、农业农村部南京农业机械化研究所、东北农业大学、石河子大学等，加强在农机农艺融合和自动化移栽方面的合作研究，如不同作物、不同种植习惯的移栽机理研究，穴盘苗自动输送、自动取、投苗等自动化技术研究；加强人才引进，将移栽机械专利的主要发明人和团队作为重点引进方向，如日本井关农机的 MURANAMI M 团队、日本洋马的 DOI K 团队、日本久保田的 FUJII K 团队、浙江理工大学的俞高红团队等；加强失效专利，无中国同族的相关专利的利用，TOP 10 高引专利中就有 7 项失效专利，而日本三菱、日本环周铁工、日本蜻蛉工业、日本神崎高级工机制作所、日本八鹿铁工等在中国专利布局力度稍弱，我国企业可以考虑对这些专利合理利用，降低研发成本。

参 考 文 献

[1] 岳建魁，郭俊先，梁佳，等. 国内外移栽机械发展现状 [J]. 新疆农机化，2016 (5)：30 – 32，36.

[2] 高杰. 移栽机械发展现状与展望 [J]. 科技展望，2016，26 (29)：79.

[3] 陈清，云建，陈永生，等. 国内外蔬菜移栽机械发展现状 [J]. 蔬菜，2016 (8)：76 – 79.

[4] 尹华. 我国蔬菜移栽机械的发展趋势 [J]. 中国新技术新产品，2016 (9)：172 – 173.

[5] 向伟，吴明亮，徐玉娟. 幼苗移栽机械研究现状与发展趋势 [J]. 农机化研究，2015，37 (8)：6 – 9，19.

[6] 崔巍，颜华，高希文，等. 旱地移栽机械发展现状与趋势 [J]. 农业工程，2015，5 (2)：15 – 18.

[7] 周海燕，杨炳南，颜华，等. 旱作移栽机械产业发展现状及展望 [J]. 农业工程，2015，5 (1)：12 – 13 + 16.

[8] 于晓旭，赵匀，陈宝成，等. 移栽机械发展现状与展望 [J]. 农业机械学报，2014，45 (8)：44 – 53.

[9] 薛党勤，侯书林，张佳喜. 我国旱地移栽机械的研究进展与发展趋势 [J]. 中国农机化学报，2013，34 (5)：8 – 11.

[10] 吴畏，孙松林，肖名涛. 我国移栽机械的现状与发展趋势 [J]. 农业技术与装备，2013 (12)：7 – 8，10.